国際会社法論集

河村博文

九州大学出版会

はしがき

筆者は、一九八二年（昭和五七年）、国際会社法の研究として『外国会社の法規制』（九州大学出版会）を公刊したが、本書は、その後に執筆した論文・資料の内、比較的新しいものを収録した論文集である。外資に対するわが国資本市場の閉鎖性については、長年の間、外国および国際機関から指摘を受けてきたが、一九九八年（平成一〇年）以降、外資の対日直接投資は激増してきている。近時においては、外国企業とわが国企業とが開発・製造・販売等について業務提携を行い、外国企業がわが国企業に経営参加し、わが国企業の支配権を取得し（企業買収）、国際合弁会社を設立し、外国企業が在日支店を設置し、全額出資子会社を設立する等、もはや日常の出来事となってきている。これは一九九七年（平成九年）、金融システム改革の先駆者として外国為替及び外国貿易管理法の抜本的改正が行われ、それに続く金融分野での規制緩和が行われたこと、他方では一九九五年（平成七年）六月一三日の対日投資会議声明をふまえた各種産業分野での規制緩和および投資環境の整備が行われたこと、一九九七年の独占禁止法改正により純粋持株会社が解禁され、一九九九年以降、商法が改正されて株式交換・株式移転、会社分割の新設により企業結合法体系がようやく整ったこと等の効果である。このような事情を背景に国際会社法をめぐる学会の研究状況および立法状況は一変した。まず一九九九年（平成九年）春季の国際私法学会第一〇〇回研究大会では「企業の国際的活動と法的規制」という統一テーマで、国際私法および商法の立場からの研究報告が行われた。また翌二〇〇〇年春季の国際私法学会第一〇二回研究大会では、国際私法の立場から多国籍企業の責任問題が個別報告された。法律雑誌ジュリスト一一七五号（二〇〇〇年四月一日号）では、「国際的な企業組織・活動と法律問題」という特集が組まれ、国際私法および商法の立場からする論文が掲載された。法制審議会商法部会では、今後の基本方針の一つとして企業活動の国際化への対応をあげ、二〇〇一年（平成一三年）四月一八日公表の「商法等の一部を改正する法律案要綱中間試案」には『第二十八　外国会社』が掲げられている。ハーグ国際私法会議では、一九九九年六月の特別委員会において「民事及び商事に関する裁判管轄権及び外国判決に関する条約準備草案」が作成され、その後も準備草案に対する審議が続けられている。二〇〇一年秋季の国際私法学会第一〇五回大会では、シンポジウム「『民事及び商事に関する裁判管轄権及び外国判決に関する条約案』の検討」が開催された。これからは国内会社法の諸問題の考察においても、会社の渉外問題の検討が不可欠となることであろう。

本書の基本的立場はつぎの通りである。国際会社法は、一応、内国の会社法に対応するものとしてとらえることができよう。しかし内国会社法においては、企業をめぐる利害関係者の私的利益の調整という観点から、できるだけ周辺の法（例えば経済法、税法、労働法等）とは区別して、純粋な法理論を構築しようとする。これに対して国際会社法の場合には、国内実質法上の規定としては、実質的意義の民法上、外国法人に関するいわゆる外人法規定（民三六条・二条、鉱業一七条、船舶一条、航空四条、特許二五条、外人土地等）、また実質的意義の商法上、外国会社に関する外人法規定（商四七九－四八五条ノ二、銀行四七－五二条、航空一二六－一二九条等）が多数存在するものの、それらはいずれも部分的な法規制にすぎず、国際会社法の組織法的関係を一般的に規律するのは、国際私法によって指定された準拠法である。しかも国際会社の規律には、国際法である条約が登場し、国内法としても資金取引に関する外為法や、国際証券取引に関する証券取引法、市場競争に関する独占禁止法、租税に関する国際租税法等が国際会社の組織法的規制に密接に関連するのである。グロスフェルト教授は、国際会社法から国際企業法へときわめて広範な問題を取り扱っている（B・グロスフェルト（山内惟介訳）国際企業法（中央大学出版部　一九八九年））が、わたくしは、あくまで内国会社法に対応する国際会社法を中核としながら、この法規制を明らかにするために必要な限りにおいて、周辺の法分野を含めて考察し、国際会社法の体系化を目指したいと思う（本書第二章結語参照）。

論文・資料の掲載誌は、つぎの通りである。

第一章　「国際会社法の観念について」九州国際大学法学論集第三巻第二号（一九九七年）
第二章　「外国企業の対日進出に伴う法律問題」北九州大学法政論集第二三巻第三・四合併号（一九九五年）
第三章　「第六章　外国会社」服部榮三編・基本法コンメンタール〔第七版〕会社法3所収（日本評論社　二〇〇一年）
第四章　「外国法人認許の意義」早稲田法学第七五巻第三号（二〇〇〇年）
第五章　「投資に対する外為法上の規制」酒巻俊雄＝志村治美編・現代会社法の理論〔中村一彦先生古稀記念論文集〕所収（信山社　二〇〇二年）
第六章　「会社に対する国際課税」森　淳二朗編・企業監査とリスク管理の法構造〔蓮井良憲先生・今井　宏先生古稀記念〕所収（法律文化社　一九九四年）
第七章　「外国会社の責任の確保」沢野直紀＝高田桂一＝森　淳二朗編・企業ビジネスと法的責任所収（法律文化社　一九九九年）
第八章　「米国州外会社に対する裁判管轄権―内部事項理論―」酒巻俊雄＝奥島孝康編・現代英米会社法の諸相〔長濱洋一教授還暦記念〕所収（成文堂　一九九六年）
第九章　「アメリカ合衆国における州外会社（一）（二）（三）―アメリカ抵触法第二リステイトメント―」北九州大学法政論集第一四巻第三号（一九八六年）、第一六巻第二号（一九八九年）、第一九巻第四号（一

九九二年）
〈資料補遺〉「アメリカ抵触法第二リステイトメント第三〇二条」九州国際大学法学論集第四巻第三号（一九九八年）

論文の収録にあたっては、つぎの点をこころがけた。まず第一に論文執筆後の法律改正である。近年における国際会社法関係の改正は著しく、個々の規定の改正のみならず、法律そのものが廃止されてしまったものもある。これらの法律改正については、従来の本文および注はそのままにして、〔追記〕の形で補足した。これにより法律改正の経緯が明らかとなるであろう。〈資料〉アメリカ抵触法第二リステイトメントについても、一九七一年刊行後の第二リステイトメント条文引用の判例を一九七二年から二〇〇〇年にいたるまで補充した。第二に従来の論文をその後の文献を参照して書き直しを行い、あるいは新しい法案に対する自己の見解を示した。また論文執筆後に発表された参考文献を追加した。第三に本文の構成、注の記載方法についてもできるだけ統一するようにこころがけた。文献の略称は、ほぼ法律編集者懇話会の表示方法にしたがっている。外国文献の引用方法は、アメリカのA Uniform System of Citation(16th ed.) を参照した。

このように本書を刊行することができるのも多くの諸先生のおかげである。なによりもまず蓮井良憲先生にこころから感謝の言葉を捧げたいと思う。九州大学産業法研究会の創設者である高田源清先生から研究会会長を受け継がれた蓮井先生は、かねがね自分の仕事はこの研究会を発展させ、若い人を学会に押しだすことだとおっしゃられ、研究会でのご指導のみならず、多くの執筆の機会を与えて下さって、わたくしたちは研究発表に対する自信と勇気をうることができた。また蓮井先生と名コンビであられた今井　宏先生には、研究会を通じて論理の緻密さと価値判断の中庸性をご教示いただいた。研究会の現会長である森　淳二朗教授には、原稿の段階で目を通していただき、貴重なご指摘と国際会社法研究の将来性について励ましの言葉をいただき、本書の出版についてもご推薦を賜った。

九州国際大学法学部の古屋邦彦教授にも、原稿の段階で目を通していただき、長年の国際法務実務の観点から貴重なご示唆をいただいた。そのほかいちいちお名前をあげないが、九州国際大学法学部、経済学部の諸先生には、論文執筆に関して多くのご教示をいただいた。本書の刊行に際しては、九州大学出版会編集長の藤木雅幸氏には、なにかと気くばりのお世話をいただいた。藤木編集長およびスタッフの方々のご協力がなければ、このようにまとまった書物を出版することはできなかったであろう。また論文の転載にあたっては、関係の法学会・出版社から快くご承諾をいただいた。ここに皆様にあつく感謝の意を表したいと思う。

なお本書の刊行は、九州国際大学学術研究書出版助成金によるものである。

二〇〇二年（平成一四年）三月二日

河村博文

目次

はしがき……i
第一章　国際会社法の観念……三
一　国際会社法の意義と国際会社法研究の現状……三
二　国際会社法成立の可能性と法的性質……一〇
三　国際会社の概念……一四
四　国際会社の種類……一九
五　国際会社法の法源……二五
六　国際会社法の特質……二九
七　結　語……三三
第二章　外国企業の対日進出に伴う法律問題……三七
一　緒　論……三七
二　外資系企業の実態……三九
三　設立準拠法主義と本店所在地主義……四五
四　タックス・ヘイブン（租税回避国・地域）……四八
五　結　語……五三

第三章　商法外国会社規定の逐条解説　五五
――商法第六章　外国会社（第四七九条―第四八五条ノ二）――
第四章　外国法人認許の意義　九三
一　問題の所在　九三
二　制限理論と自由理論　九四
三　旧民法人事編第六条・現民法第三六条第一項の立法理由　九七
四　学　説　一〇三
五　結　語　一一七
第五章　投資に対する外為法上の規制　一一九
一　緒　論　一一九
二　「外為法」変遷の概観　一二二
三　外国為替法規制の概要　一二四
四　投資に対する法規制　一三三
五　結　語　一四二
第六章　会社に対する国際課税　一四五
一　緒　論　一四五

二　移転価格がどのように問題になるか……一四七
三　わが国移転価格税制の適用対象……一五〇
四　米国財務省規則……一五五

第七章　外国会社に対する国際裁判管轄権……一六三
一　問題の所在……一六三
二　国際裁判管轄権……一六五
三　国際裁判管轄権の具体的決定基準……一七〇
四　〔追記〕近時の国際的動向……一七九
五　結　語……一八六

第八章　米国州外会社に対する裁判管轄権……一八九
——内部事項理論——
一　緒　論……一八九
二　内部事項に関する判例……一九二
三　裁判管轄権行使辞退の判断基準……二〇六
四　結　語……二一一

第九章　〈資料〉アメリカ合衆国における州外会社……二二五
——アメリカ抵触法第二リステイトメント——
はじめに……二二五
第一三章　会　社……二二六
序　説……二二六
第一節　設立、承認及び解散……二二八
第二節　会社の権能及び責任……二四八
第五節　内部事項に対する干渉……二七二
〈資料補遺〉アメリカ抵触法第二リステイトメント第三〇二条……二九九
参考　アメリカ抵触法第二リステイトメント
索　引

国際会社法論集

第一章　国際会社法の観念

一　国際会社法の意義と国際会社法研究の現状

㈠　緒　言

国際会社法という用語は、近時、ヨーロッパ諸国においては数多く使用されているが[1]、わが国ではいまだ一般に使用されていない用語である。かつてはわが国においても商法に関する抵触法を意味するものとして国際商法という用語が登場したことがある[2]。最近、会社法の体系書において国際会社法の用語をはじめて使用されたのは龍田節教授であり、同書においては国際会社法の章が独立して設けられている[3]。

㈡　国際会社法の意義

本章にいう国際会社法とは、会社の法律関係について適用されるわが国抵触法によって選択指定された会社属人法[4]（外国法または内国法）、わが国外国法人規定（民三六条等）・外国会社規定（商四七九－四八五条ノ二、有七六条等）および内国会社の渉外関係事項（例えば内国会社の外国人役員、海外子会社等）に適用されるわが国商法規定の総称である[5]。

国際会社法の規律対象は、会社の法人格の存否ならびに会社の設立・構造・運営および消滅（以下設立ないし消滅という）であり、これは内国会社の会社法と同一である。会社に関する抵触法は、会社に関する法律関係一般を対象とし設立ないし消滅の法律関係に限定するものではない。しかし国際会社法には、これら会社に関する法律関係のうち設立ないし消滅を対象とする抵触法のみが関連を有するのである。

国際会社法の規制目的は、企業の維持発展のための要請、企業の利害関係者（社員および債権者）をめぐる私的利益の調整である。[6] これは内国会社の会社法の規制目的と同一である。[7] 以上のことから明らかなように国際会社法は内国会社の会社法に対応するものである。

ところで抵触法は、直接、法律関係の権利義務を規律する法（直接規範）ではなく、権利義務を規律する準拠法を選択指定する法（間接規範）であって、本来、その次元を異にするものである。かりに会社の設立ないし消滅を対象とする抵触法を考えるとしても、それは一般の抵触法理論にしたがうものであって、会社法の規制目的を考慮するものではない。しかし抵触法によって選択指定された準拠法（会社属人法）は、いずれかの国あるいは地域の会社法である。[8] 国際会社法の法源として会社属人法をとらえるならば、国際会社法の規制目的は内国会社の会社法の規制目的と一致するということができる。

㈢　会社に関する抵触法と外国法人規定（民三六条一項）

民法三六条一項主文は、外国会社の認許について定めている。ところで外国会社の法人格の存否は、抵触法上、会社属人法である設立準拠法によって定まる。設立準拠法上、法人格を取得しておれば、その法人格は法律上、当然にわが国領域内で承認される。民法三六条一項は、この抵触法理論を前提とし、認許法人の範囲を定めたものである。[9]

㈣　会社に関する抵触法と外国会社規定（商四七九―四八五条ノ二）

外国会社の設立ないし消滅を全面的に規律するのは、わが国抵触法によって選択指定された準拠法（会社属人法）である。商法の外国会社規定は、抵触法によって定まった準拠法をそのまま確認し、ときにはさらに準拠法と同じ立場から詳細に規定し、[10]あるいは内国取引保護の見地から準拠法の適用を制限・修正し、[11]あるいは準拠法の適用を排除してあらたに規定を設けることがある。[12]

(五) 国際会社法研究の現状

会社に関する抵触法理論は、法人一般に関する抵触法理論の中で論じられている。すなわち国際法人、[13]外国公法人（国、その行政区画およびその他の公法人）および外国私法人（公益法人、中間法人および営利法人）の問題としてとりあげられている。外国およびその行政区画は公権力の及ぶ地理的範囲が確定しており、かつ組織に適用される法も明確であるし、またその他の外国公法人も国や行政区画の特別の行政目的を達成するため特別法によって設立された法人であるから、後述の外国私法人の抵触法理論とは区別されることを要する。外国会社は外国私法人の一部であり、外国私法人の抵触法理論は私法人全部に共通である。したがって抵触法に関しては外国会社＝外国私法人の問題として、通常、論じられることがある。しかし外国会社のなかには法人格のない会社もあるので、厳密にいえば法人格のある会社のみを対象としていることになる。

国際私法の法典であるわが国法例（明三一年法一〇）には、法人に関する規定がおかれていないので、[14]法人に関する抵触法はもっぱら学説法として発展してきた。国際私法上、法人の抵触法理論はきわめて重要な課題であり、国際機関や国際民間団体等は古くから法人問題に関する条約案の検討・制定の努力を続けてきている。[15]他方、わが国の学説としては、川上太郎、山田鐐一、岡本善八の諸教授によって法人に関する抵触法理論の解明が進められてきた。[16]

このような国際私法学説の取り組みに対して商法学説においては事情が異なっている。商法典第二編第六章においては外国会社の規定がおかれている。しかし外国会社規定は全文わずか八ヵ条にすぎず外国会社の設立ないし消滅を全面的に規律するのは、前述したように抵触法によって選択指定された会社属人法である。このように外国会社規定の考察には抵触法の研究を必要とすること、また外国会社規定は断片的であり統一的考察が困難であること、外国会社規定の判例も少なく法律実務からの法理論深化の要請に乏しいこと等の理由から、会社法学においては、従来、この問題に対する取り組みが必ずしも充分ではなかったといえるであろう。[17] しかし近時、わが国企業の国際化や外国企業の対日進出が盛んになるにつれて国際会社法の研究の必要性はようやく高まりをみせ始めている。それはまず法律実務の要請にあらわれている。すなわち企業側から法務省に対する国際会社法上の質問が増加し、法務省担当官による外国会社の法律問題の研究が次第に蓄積されてきている。[18] また外国会社に関する新しい判例もあらわれてきている。[19] 他方において、近時、商法学者を含む学際的な多国籍企業法の研究もみられるようになってきた。[20] 国際会社法は多国籍企業法の基礎理論であり、国際会社法の研究は多国籍企業法の研究に啓発されてますます深化していくことがのぞまれるのである。[21]

（1） B・グロスフェルト（山内惟介訳）・国際企業法―多国籍企業組織法―（一九八九年）三七頁以下、C・T・エーベンロート（山内惟介訳）「ドイツ国際会社法における最近の展開」B・グロスフェルト他（山内惟介編訳）・国際企業法の諸相（一九九〇年）一四五頁以下所収、H・メンクハウス（佐藤文彦訳）「国際会社法をめぐる諸問題」名城四四巻二号（一九九四年）一頁以下。

（2） 国際商法とは商事に関する国際私法である。わが国の法例には国際商法に関する規定がおかれていないので、国際商法に関する特別規定（手八八―九四条、小七六―八一条）およびその法律関係の性質上、国際私法の一般原則によりえない場合を除いて、法例三条以下の一般規定によることになる（江川英文「国際商法」法律学辞典二巻（一九三五年）八四七頁以下）。外国の立法例には、国際私法の法典のなかに国際商法の規定をおくものがある（ブスタマンテ法典（一九二八年二月二〇日採択）二三二―二九五条）。ゲッチンゲン大学のU・ブラウロック教授は、一九九〇年九月二三日、北九州大学において「国際商法の法源」と題する講演を行った（多田利隆訳・北九州一八巻三号（一九九一年）九八頁以下）。

（3）龍田　節・会社法五版（一九九五年、初版一九八九年）四一一頁以下。龍田　節「国際化と企業組織法」現代企業法講座第二巻企業組織（一九八四年）二六一頁以下は、外国企業の対日進出および日本企業の海外進出の両者を包括的に論じており、本章の国際会社法の構想は同論文の示唆によるところが大きい〔追記　落合誠一＝神田秀樹＝近藤光男・商法Ⅱ会社〔第三版〕（初版一九九二年・三版一九九八年）二六三頁以下に「国際会社法」〔落合誠一〕として第三編がたてられ、簡潔ながら会社属人法、国際的企業結合および外人法上の外国会社規制が概観されている〕。国際私法学説において国際会社法の用語を使用されているのは、山内惟介教授である。山内惟介「国際会社法における〝本拠移転〟について㈠―ランズフート印刷会社事件の場合―」比較法雑誌二四巻四号（一九九一年）一頁以下、B. Grossfeld/K. Yamauchi, *Internationales Gesellschaftsrecht in Japan*, 30 DIE AKTIENGESELLSCHAFT 229 (1985). なおわが国においても近時、国際民事訴訟法、国際倒産法、国際労働法、国際刑（事）法等の用語が次第に定着しつつある。

（4）会社属人法は、会社の設立、構造、運営および消滅に関して一般に会社を規律する法律であり、会社がいかなる国にあっても追随して適用される。会社属人法の決定基準としては設立準拠法説、本店所在地説、設立地説、社員国籍説、株式引受地説等があるが、現在、世界では英米法系の設立準拠法説と大陸法系の本店所在地説が支配的である。わが国学説では近時、設立準拠法説が多数となっている。

（5）厳密にいえば、わが国企業が海外に進出した場合、当該進出国の外国法人規定および外国会社規定も国際会社法に含まれる。外国法人規定や外国会社規定を外人法という。外人法とは、外国人および外国法人の法的地位（権利の享有）ないし法律関係を含める国内実質法である。国際会社法との関係では、主として私法が問題となるが、外人法の概念には公法的規定も含まれる（例えば外国為替及び外国貿易管理法〔追記　平成九年改正により「管理」を削除〕、証券取引法、独占禁止法、税法等）。

（6）森本　滋・会社法〔第二版〕現代法学（一九九三年）四〇頁参照。

（7）外国法人規定および外国会社規定においては、内国会社に関する会社法規定とは異なる規制目的がある。すなわち外国会社をわが国法秩序のなかでどのように位置づけるか（内外人平等原則）、あるいは内国における取引安全の保護（外国会社の日本における代表者の選任や営業所の設置・登記等）である〔追記　近時、国内会社法の目的には国際競争力のある企業形態の形成が、また国際会社法の目的には国際競争円滑化の確保が追加される〕。

（8）アメリカ合衆国のように一国内に独立した法域がある場合には、その地域の法が準拠法となる。

（9）私見は、わが国の通説である外人法説とは異なり、国際私法説にたつものであるが、この点の検討は別の機会に行うこととしたい〔追記　私見は、その後見解をあらためて、通説である外人法説に従うこととした。すなわち外国法人の認許とは、外国法人がわが国領域で法人として活動するための法人格を承認することであると解する。第四章外国法人認許の意義参照〕。

(10) 外国の立法例としての典型的事例は、一九七五年カリフォルニア会社法二一一五条である。同条は擬似州外会社の内部事項に対して、会社設立州法の適用を排除し営業活動地州法＝法廷地州法を適用するという抵触法上の判例を立法化し、さらに詳細に規定したものである（河村博文・外国会社の法規制（一九八二年）三三頁以下）。外人法を含む渉外実質法については、一般の抵触規定との相互関係が問題となるが（烁場準一「渉外実質法・直接適用法」国際私法の争点〔新版〕（一九九六年）一九頁以下）、この問題は別の機会に論じることとしたい。

(11) 商法四八三条が典型的な規定である。ただしこの立法には批判がある〔追記　河村博文・基本法コンメンタール第七版　会社法3〔服部榮三編〕（二〇〇一年）一一五頁以下参照〕。

(12) 外国会社がわが国領域内で継続取引を行おうとする場合、日本における代表者の選任とその権限の法定および営業所の設置と登記が強制されるが（商四七九―四八一条）、これは本文の例である。

(13) 国際法上、一般に国際法人とは、条約によって直接・間接、設立された法人を意味するものとして用いられている。

(14) 現行法例（明三一年法一〇）は、旧法例（明二九年法九七）と同じく、外国法人に関する抵触規則をおいていない。旧法例は、一八六五年のイタリア民法典の前加篇をモデルとして制定されたが（全文一七条）、民法施行延期論の影響を受けて公布のみにとどまり施行されるにいたらなかった。明治二六年設置された法典調査会において、法例修正案起草委員として穂積陳重、その補助として山田三良があたり、草案の作成に際しては多数の国の法律・法律案・条約が参照された（七〇余）。そのなかでもドイツのゲープハルト草案が主たる基礎とされた。ゲープハルト草案は、第一草案（一八八一年）および第二草案（一八八七年）が作成されたが、二つの草案はともに第六条において法人属人法の規定をおいていた。「第一草案　法人ノ法律上ノ地位ハソノ住所ノアル地ノ法律ニ依ル」「第二草案　法人格ハ社団又ハ財団ガ其ノ住所ヲ有スル地ノ法律ニ依ル」。しかるにドイツ民法施行法（一八九六年八月一八日裁可、一九〇〇年一月一日施行）には、わが国民法三六条一項に相当する外国法人の認許の規定はおかれたが（民法一〇条）、法人属人法の規定はおかれなかった（川上太郎・独逸国際私法〈現代外国法典叢書〉（〔復刻版〕一九五五年）一七頁、一一九頁、二九六頁、舘田謙吉・国際私法論第一巻（一九三五年）一頁以下、山田三良・国際私法〈現代法学全集三四巻〉（一九三〇年）一〇頁以下、同「国際私法」法律学辞典二巻八一四頁以下、法例修正案理由書〈民法修正案理由書付録〉（〔第二版〕一八九八年）、NIEMEYER, ZUR VORGESCHICHTE DES INTERNATIONALEN PRIVATRECHTS IM DEUTSCHEN BÜRGERLICHEN GESETZBUCH 90, 315 (1915)）。石黒一憲・金融取引と国際訴訟（一九八三年）二五九頁以下は、現行法例の起草者が法人に関する抵触法規定をおかなかった理由として、外国法人の問題は民法・商法によって基本的には規律されつくされており、法例に法人の規定をおく必要を認めなかったためである、と指摘されている。

(15) 西欧諸国の多数国間条約については、国際法学会（一八九一年、一九二九年、一九六五年）、ハーグ国際私法会議（一九五一年）、国際法協会（一九〇六年、一九五二年、一九五八年、一九六〇年）、国際連盟専門委員会（一九二七年）、国際商業会議所（一九三九年、一九四七年）、EC（一九六八年）がこの問題をとりあげてきた（河村・前掲（注10）一四七頁以下、国際法学会、国際連盟、国際商業会議所の業績の概要については、法務省大臣官房調査課編「終戦後における国際私法に関する条約案（三）」法務資料三四〇号（一九五六年）五三二頁以下参照）。このような国際機関や国際民間団体の努力にもかかわらず、これらの条約はいずれも発効するにいたっていない。ヨーロッパ以外でこの問題を取りあげて発効した多数間条約としては、ラテン・アメリカ数ヵ国間に行われるモンテヴィデオ国際私法統一条約（一八八九年二月一八日採択、一九四〇年・一九七九年改正）三・四条、六—一一条、三六—三九条があり、また中南米十数ヵ国に行われるブスタマンテ法典（一九二八年二月二〇日採択）三一—三五条がある。

(16) 川上、山田、岡本の三教授は、外国法人・外国会社に関する多数の論文を執筆されているが、あえて代表的な論文をひとつあげるとすれば、つぎのものがある。川上太郎「会社」国際私法講座三巻（一九六四年）七〇九頁以下、山田鐐一「外国会社」株式会社法講座五巻（一九五九年）一七八七頁以下、岡本善八・新版注釈会社法一三巻〔上柳克郎ほか編〕（一九九〇年）五二一頁以下、一四巻（一九九〇年）五六三頁以下。

(17) 商法学者による国際会社法の先駆的業績は、田中耕太郎「世界株式会社法への展望」商法学特殊問題上〔田中耕太郎著作集八〕（一九五五年　一九五〇年執筆）一頁以下である。この論文は、株式会社法について世界統一法成立の可能性を論ずるものであるが、執筆後の世界の法の動向すなわちアメリカ合衆国における模範事業会社法の作成、EC／EUにおける会社法の調整やEU会社法の審議、中国における統一会社法の制定、ロシアにおける民法典の改正（有限会社・株式会社規定を含む）および株式会社法の制定等は、博士の見解の正当性を示している。また注目すべき文献として、第七回ハーグ国際私法会議での「外国会社・社団及び財団の法人格の承認に関する条約」（一九五一年一〇月三一日採択、一九五六年六月一日署名・開放・未発効）の審議資料として法務府に提出された鈴木竹雄教授および矢沢惇教授の条約案意見書がある（前掲（注15）法務資料三四〇号六四八頁以下）。とくに矢沢教授による意見書はきわめて詳細であり、国際会社法の研究はまずこの意見書の検討から始めるべきであると思われる。

(18) 亀田　哲・外国会社／外資系会社登記の実務（一九八九年）、中村　均・株式会社の渉外事例（一九九〇年）、元木　伸＝細川清編・裁判実務大系第一〇巻　渉外訴訟法（一九八九年）、なお後掲（注23）参照。

(19) 発起人が締結した仲裁契約の会社に対する効力（最判昭和五〇年七月一五日、渉外百選〔第二版〕二一事件〔三ツ木正次〕）、外国法人の行為能力（東京地判平成四年一月二八日、渉外百選〔第三版〕二三事件〔野村美明〕）。外国法人の不法行為能力（大阪地判平成二年一二月六日、渉外百選〔第三版〕二四事件〔河村博文〕）、ケニア・パートナーシップの当事者能力（東京地判昭和三五年八月九日、渉外百選〔増補版〕一九事件〔大原栄一〕）、商法四八二条の擬似外国会社（東京地判昭和二九年六月四日、渉外百選〔三版〕二五事件〔眞砂康司〕）。なお外国会社に関する従来の判例の総合研究として、岡本善八「外国会社に関する立法・判例の変遷（一）―（三）」同法五三号（一九五九年）一三頁以下、五四号四五頁以下、五五号三七頁以下がある。

(20) 近時の文献として、久保欣哉編・多国籍企業法の法規制（一九九三年）、総合研究開発機構編・企業の多国籍化と法〔多国籍企業の法と政策〕（一九八六年）、同編・企業の多国籍化と法〔多国籍企業と国際取引〕（一九八七年）。なお後掲（注38）（注41）の文献参照。日本国際経済法学会の第四回研究大会（一九九四年一〇月三〇日）においては、「多国籍企業の法的規制」の共通論題で競争政策、環境保護、労働問題、税法等の多面的な報告が行われた。日本国際経済法学会編・多国籍企業の法的規制〔日本国際経済法学会年報第四号〕には、つぎの論文が掲載されている。松岡　博「多国籍企業の法的規制―総論―」、栗田　誠「国際的企業活動に対する競争法規制」、奥脇直也「企業の国際的事業展開と地球環境保護」、水野忠恒「知的財産権にかかる課税問題」、中里　実「使用料に対する国際租税法上の源泉徴収に関するメモ」〔追記　最新の文献として、江頭憲治郎・株式会社有限会社法（二〇〇一年）では、会社に関する国際私法上の問題が随所にとりあげられている〕。

(21) 河本一郎＝岸田雅雄＝森田　章＝川口恭弘・日本の会社法〔新訂第一版〕（一九九五年　初版一九九三年）は、外国人向けに書かれた内容の書物であるが、「会社に関する渉外的法律問題」の項目において国際私法および外人法上の問題ならびに外国会社規制の問題が包括的に記述されている（同書五〇頁以下）。

二　国際会社法成立の可能性と法的性質

(一)　国際会社法の成立の可能性

国際会社法は、わが国抵触法によって選択指定された会社属人法、わが国外国人法・外国会社規定（外人法）および渉外関係事項に適用されるわが国会社法を包括的にとらえた観念であるが、これは単なる法のモザイク的集合体ではない。内国会社の組織的法律関係にはいうまでもなく内国の会社法が適用される。会社とくに株式会社においては、きわめて多数の利害関係者が存在する。会社法は、基本的には株主、取締役、監査役、会社債権者および会社との利害関係を私法上の権利義務ないし権限の法秩序をもって規整し、これら利害関係者の私的利益の調整をはかる。株式会社法の規定は詳細であり、この諸規定をふまえて緻密な法理論が形成されている。ところで国際会社についても同様の多数の利害関係者が存在するが、これに対する私法上の権利義務ないし権限の法秩序を認識することはできないか。これが私見の構想する国際会社法の出発点である。国際会社法の法源として抵触法によって選択指定された準拠法（会社属人法）を考えるならば、この会社属人法はいずれかの国の会社法であり、その規制目的は内国会社法と同一である。外国法人規定は、外国で成立した法人の法人格（一般的権利能力）のわが国領域内における存在を承認し（民三六条一項）、その権利能力の範囲（特別的権利能力）を定める（民三六条二項）。外国会社規定は、わが国法秩序における外国会社の位置づけとして内外法人平等原則を定めるとともに（商四八五条ノ二、なお民二条）、わが国会社法を脱法する詐欺的設立を防止し（商四八二条）、さらに外国会社の本国が遠隔地にあること、あるいは外国会社の組織（法）が相違すること等から、日本における代表者の選任と営業所の設置および登記（商四七九条）、内国会社の解散命令に代わる外国会社の営業所閉鎖命令（商四八四条）と営業所財産の清算（商四八五条）、日本における外国会社の株券や債券の発行および移転につき会社属人法の適用を排除してわが国商法を準用すること等を定めている。これらの外国法人・外国会社規定のなかには内外法人平等原則のように民法の一般原則に相当する規定も含まれているが、その多くは会社法に属する規定である。かくして抵触法によって選択指定された会社属人法と外国法人・外国会社規定とは同一平面の法秩序を形成するということができる。

他方において内国会社法は、渉外関係事項に適用されることによって国際会社法となる。(22) 内国会社法は、本来、渉外関係事項の適用を予定するものではないので、適用すべき規定の解釈および適用の有無について多くの疑問を生じている。近時、適用について疑問を生じた渉外関係事項にはつぎのようなものがある。[23] ①海外における営業活動（製造・販売）を主たる目的として内国株式会社を設立することができるか（商四八二条参照）、②内国会社の定款において英字新聞紙を唯一の広告掲載紙とする旨を定めることができるか（商一六六条四項）、③日本親会社は、全額出資の海外子会社に親会社の目的の範囲外の事業を行わせることができるか（商一六六条一項一号）、④内国会社が海外に営業所を設置する場合、定款および総会議事録の設備が必要か（商二四四条三項四項・二六三条一項）、⑤日本親会社は、全額出資の海外子会社に親会社の株式を取得させることができるか（商二一一条ノ二）、⑥株主総会の招集地を外国とする旨の定款規定は有効か（商二三三条）、⑦在日外国人に対する総会の招集通知は日本語でもよいか（商二三二条）、⑧外国会社全額出資の内国株式会社の場合、株主総会議事録および取締役会の議事録を英文で作成することができるか（商二四四条・二六〇条ノ四）、⑨内国会社の取締役会を外国で開催することができるか（二五九条）、⑩内国会社の監査役に外国人を選任することができるか（商二八〇・二五四条）、⑪日本親会社の監査役は、海外子会社の取締役または使用人を兼任することができるか（商二七六条）、⑫日本親会社の監査役は、海外子会社に対して営業報告を求め、また業務・財産の調査をすることができるか[24]（商二七四条ノ三）。以上はいずれも内国会社法の解釈問題であるが、同時に⑤・⑪および⑫は日本商法の域外適用の問題でもある。渉外関係事項を適用の対象とすることによって内国会社法は国際会社法となるが、本来、会社法なのであるから前述の会社属人法および外国法人・外国会社規定から成る法秩序と同一平面の法秩序を形成する。かくして国際会社法は統一された法秩序として認識することが可能となるのである。

(二) 国際会社法の法的性質

(1) 法人法

国際会社法は法人法に属する。一般に国際私法学説においては、つぎに述べる法人のすべてをとりあつかう。すなわち条約によって設立された国際法人、国およびその行政区画、これら以外の公法人、公益法人、非営利・私益法人、営利法人である。これに対して国際会社法は、これらの法人の内、最後の営利法人（条約によって設立された国際会社を含む）のみを対象としている。ところで外国の立法例には、ドイツの合名会社および合資会社やイギリス・アメリカのリミテッド・パートナーシップのように法人ではないとされながら、実質的には法人の属性すなわち、①団体の名において契約その他の法律行為をなすことができ、②団体の債務については団体の財産が引き当てとされ、③団体の名による不動産登記をなすことができ、④団体の登記（法人登記）が可能であり、⑤団体が訴訟当事者能力を有することを認められるものがある。[25] 国際会社法の対象には、かかる法人の属性を有する非法人団体も含まれ、民法三六条一項主文の類推適用を受ける。国際会社には、外国的要素を含む内国会社（例えば外国で主たる営業活動をする内国会社や外国会社によって支配される内国会社）も包含されるので、国際会社の概念は外国会社の概念より広い概念である。

(2)　営利団体法　国際会社法は営利団体法である。営利性とは対外的事業によって獲得した利益を団体構成員に分配することである。営利性の基準は、条約によって設立された国際法人や社会主義国の企業が国際会社法の対象となるか否かを決定するとき、とくに重要となる。営利性を有する団体は、民法三六条一項主文にいう外国会社として、法律上、当然にわが国領域内において法人格が承認される。

(22)　澤田壽夫他・国際取引法講義（一九八二年）一四頁〔澤田壽夫〕は、国際取引法についてつぎのように指摘されている。すなわち国際取引法の内容をなす諸国の国内法には二つあり、一つは本来、国際取引法としてつくられた法（貿易管理法、為替管理法等）であり、他はわが国民法（物権法、債権法等）のように本来、国際取引のためにつくられた法ではないが、国際取引の規範となるとき国際取引法として機能するものである。

(23)　①〜⑪は、稲葉威雄＝筧　康平＝宇佐見隆男＝永井紀昭＝柳田幸三＝吉戒修一・実務相談株式会社〔新訂版〕（一九九二年）

一～五に掲載されたつぎの相談事項である。三一、四九、一〇一、一三〇、三一七、四三八、四六二、六二六、八二五、八九〇、九七六。

(24) 上田　宏「一〇〇パーセント子会社および海外子会社に対する監査役の調査権」商事一〇八四号（一九八六年）三二頁。

(25) 上柳克郎「法人論研究序説」会社法手形法論集（一九八〇年）一頁以下、同「合名会社の法人性」前掲論集二三頁以下、河村・前掲（注10）二三一頁以下、国生一彦・アメリカのパートナーシップの法律（一九九一年）五六頁以下、なおフランスでは、わが国と同様に人的会社を含むすべての会社（合名会社、合資会社、有限会社、株式会社および株式合資会社）につき設立登記を条件として法人格の享有が認められる（一九六六年フランス会社法五条一項）（早稲田大学フランス商法研究会・注釈フランス会社法第一巻（一九七六年）五一頁）。

三　国際会社の概念

(一)　緒　言

国際会社法の規制対象が国際会社である。国際法上、国際会社という用語は、条約にしたがって直接または間接に設立された会社を意味するとされている。[26] しかしながら本章にいう国際会社は、条約にもとづく会社のみならず、ある国家法または地域法にもとづく会社を意味するのであり、むしろ実際には国家法また地域法に準拠する会社の方が主たる対象である。[27]

(二)　外国会社および内国会社

外国会社は外国法に準拠して設立された会社であり、原則として事実上の本店および主たる営業活動地がいずれかの国にあるかを問わない（設立準拠法主義）。ただし事実上の本店をわが国に有し、かつ、もっぱらわが国において営業活動を行う外国会社は、わが国領域内において外国会社としての法人格を承認されず、法人として活動するためには内国会社として再設立されることを要する[28]（商四八二条）。

内国会社は日本法に準拠して設立された会社であり、外国会社の概念と同じく、事実上の本店および主たる営業活動地が日本以外のいずれの国にあるかを問わない。

ところで外国会社または内国会社が国際会社に相当するというためには、つぎの一定の要素を有することが必要である。すなわち国際会社というためには、外国会社は内国的要素を、内国会社は外国的要素を有することが必要とされる。内国的・外国的要素とは、組織的要素および資本的要素である。組織的要素とは、例えば外国会社がわが国領域内に営業所を設置して代表者を通じて活動しているとか、外国会社がわが国に在日子会社を設立する場合である。資本的要素とは、外国会社が日本の居住者に対して株式・DRまたは社債を発行する場合である。

外国的要素を有する内国会社としては、組織的要素の場合、外国人や外国法人によって支配される内国会社[29]（在日子会社、国際合弁会社）、外国に営業所を設置して営業活動を行う内国会社、あるいは内国に事実上の本店＝登記上の本店を有し、営業活動をもっぱら外国において行う内国会社である。資本的要素としては外国居住者に対する株式や社債の発行である。

㈢　条約にもとづいて成立する会社

これには二つの場合がある。すなわち一つは条約が特定の国家法を指定してこの国家法に準拠して会社が設立される場合であり、他は条約そのものに準拠して会社が設立される場合である[30]。条約に直接、準拠して設立される法人には営利法人（国際会社）と国に準ずる政府間組織（国連、ＥＵ等）とがある。

㈣　国際会社の法的性質

国際会社は営利社団法人である。法人であることを原則とするが、会社の本国法上、法人とされていなくても、法人の属性を有する団体であれば足りる。団体であるから複数人の結合であることを要するが、団体構成員の有限責任の認められる会社にあっては、一人会社も社員とは独立した実体としての会社財産の法人化として承認される。[31]

営利性とは対外的な事業活動によって獲得した利益を企業構成員に分配することである。株式会社形態であっても外国政府または自治体が一定の政治的・社会的・経済的な政策の実現のために設立した会社であって、国家また自治体から事実上、独立採算性を付与されていないものは公企業的性格を有しているので、ここにいう国際会社に包含されない。[32]

なお外国保険相互会社は営利性を有しないが、とくに保険業法（平七年法一〇五）によってわが国における保険事業の行政監督が定められている[33]（保険一八五—二四〇条）。保険業法はとくに外国法人の認許に関する規定をおいていないが、わが国内の事業活動に対する行政監督は、当然に法人の認許を前提としていると解せられる。外国相互会社は国際会社に含まれないが、企業形態の類似性から比較的考察を加えることとしたい。

㈤　設立準拠法

国際会社の設立準拠法は一般には国家法である。しかしアメリカ合衆国のように複数の独立した法域を有する場合には、その独立した法域の法が設立準拠法である。条約にしたがってある国の国家法に準拠して設立された会社の設立準拠法は、条約およびその国家法である。条約によって直接設立された会社の設立準拠法は、いうまでもなくその条約である。[34]

(26)　B・グロスフェルト・前掲（注1）国際企業法四八三頁以下、B・グロスフェルト（山内惟介訳）・多国籍企業の法律問題—実務国際私法・国際経済法—（一九八二年）三〇三頁以下、F. A. Mann, *International Corporation and National Law*, The British Year Book of International Law 1967, 145, 174 (reprinted 1980).

(27)　ドイツの学説においては、国際会社法の規制対象は国家法または地域法に準拠する会社および条約に準拠する会社であるとしている（B・グロスフェルト・前掲（注1）国際企業法三七頁以下、C・T・エーベンロート・前掲（注1）一四七頁以下）。

(28)　商法四八二条の適用要件は、事実上の本店をわが国に設置した外国会社であれば、主たる営業活動をいずれの国において行うかに関係がないとし、また日本における営業活動を主たる目的とする外国会社は、事実上の本店をいずれの国に設置するかに関係がないとしている。しかし私見によれば、一般的に設立準拠法主義にたつ以上、一方では四八二条によって実現しようとする詐欺的設立の防止と、他方では一般的な設立準拠法主義の立場との調和という観点から同条の解釈をなすべきであると考える。このように考えると四八二条の適用範囲はできるだけ限定的に解するのを妥当とする。すなわち事実上の本店をわが国に有し、「かつ」、もっぱらわが国で営業活動を行う会社のみが疑似外国会社として規制を受けると解すべきである（河村・前掲（注11）四八二条の項目参照）。

(29)　これは組織的要素として子会社に注目した場合であり、親会社に注目すると内国的要素を有する外国会社となる。

(30)　条約が指定した特定の国の国家法に準拠して設立された会社には、つぎのようなものがある。国際決済銀行〔スイス特別法上の株式会社〕、欧州鉄道資材購入融資会社〔スイス特別法上の株式会社〕、モーゼル運河国際会社〔ドイツ特別法上の有限会社〕、欧州照射済核燃料化学処理会社〔ベルギー特別法上の株式組織の会社〕等。他方、条約によって直接設立された会社としては、つぎのようなものがある。国際復興開発銀行（一九四五年一二月二七日発効の国際復興開発銀行協定にもとづく国際法人）、国際金融公社（一九五六年七月二〇日発効の国際金融公社協定にもとづく国際法人）、欧州投資銀行（一九五八年一月一日発効のEEC条約一二九・一三〇条にもとづくEU法人）、スカンジナビア・エアラインズ・システム（SAS）（一九四七年のデンマーク・ノルウェー・スウェーデンの国営航空会社間のコンソーシアム協定にもとづく国際法人）、および現在、審議継続中のEU法にもとづくヨーロッパ株式会社等（岡本善八「外国法人の認許と混合経済会社―国際私法における法人の多元化―　国際八一巻四号（一九八二年）九頁以下参照）。以上が国際会社に属するが、そのほか国際法人には、一般条約により成立した政府間国際組織（国際連合とその専門機関等）および特別条約により成立した政府間国際組織（EU等）がある。政府間組織としての国際法人の法人格は、国際法上のものと国内法上のものとが区別される。前者は、条約の締結、損害賠償に関する国際的請求または国際責任、特権免除等、国際法上取得した一定の権利義務を取得・負担する能力であって、基本文書または加盟国の合意の推論から設定された法的地位である。後者は、政府間組織事務局の所在国において契約の締結、財産の取得、訴えの提起をなしうる能力であって、その具体的内容は加盟国の国内法によって決定される（櫻井雅夫・国際機構法（一九九三年）五三頁以下、横田洋三編著・国際機構論（一九九二年）一三七頁以下）。

(31)　丸山秀平「原始的一人会社の『社団性』について」川村正幸＝土橋　正＝布井千博＝野田　博編・現代会社法／証券取引法の展開〈堀口　亘先生退官記念〉（一九九三年）二七五頁以下参照。

(32) 独立採算性の点から、旧ソビエト連邦の国営企業は国際会社に含まれないが、新民法典(一九九五年一月一日施行)に定める営利組織としての国営または公営企業は国または自治体からの独立性の有無によって国際会社か否かが判断される(小田　博「ロシア連邦の新民法典―ロシア私法の再生―」ジュリ一〇六五号(一九九五年)六〇頁以下、同「ロシア連邦の新株式会社法」ジュリ一〇九六号(一九九六年)八四頁以下参照)。

中国の国営企業においては、一九九三年の統一会社法の制定前においても、国の所有権と企業の経営管理権との分離が認められ、国は企業の債務に対して責任を負わないという独立採算性が承認されていた(志村治美「中国会社法立法の論議と実態」石山卓磨=上村達男編・公開会社と閉鎖会社の法理〔酒巻俊雄先生還暦記念〕(一九九二年)三三〇頁、同「中国会社法の成立」ジュリ一〇四二号(一九九四年)一〇八頁以下)。現在、中国の私企業では国家株が大多数であるといわれているが(酒巻俊雄「中国の会社法と会社制度―日本法との比較において―」代行リポート一一一号(一九九五年)一七頁注一一)、統一会社法の施行後においても、前述の経緯からして大部分国家出資からなる企業の独立採算性が認められていると推測される。もっとも会社は株主の出資により形成されたすべての財産権を享有し、会社における固有資産の所有権は国家に帰属する(会社法四条)(徐　治文「中国におけるコーポレート・ガバナンスの現状と問題―中国会社法の施行を手掛かりに―」九大法学六九号(一九九五年)二頁以下参照。なお、統一会社法の条文については、代行レポート一一一号(別冊)一頁以下、宮坂　宏編訳・〔現代中国法令集〕企業法・税法篇(一九九五年)一一頁以下、最新の注釈文献としては、G. Wang & R. Tomasic, China's Company Law : An Annotation (1994) がある)。このような特殊性はあるが、行政からの独立性(過半数の民間資本)、独立採算性および営利性の三要件をみたすときには、統一会社法にもとづく会社(株式会社および有限会社)も国際会社に含めることができるであろう。

(33) 外国保険事業者については、従来、保険業法とは別に、外国保険事業者に関する法律(昭二四年法一八四)が定められていたが、平成七年(一九九五年)の保険業法の改正に際してこの特別法は保険業法と一体化され、第二編第九章　外国保険事業者(一八五―二四〇条)として定められている。

(34) 準拠法としては条約および定款が優越し、一般の会社法の適用はむしろ例外である(岡本「前掲」(注5)国際八一巻四号一三頁)。

四　国際会社の種類

(一)　外国会社、内国会社、条約にもとづく会社

準拠法による区別である。外国会社とは、外国法または独立した法域の法に準拠して設立された会社であって、事実上の本店や主たる営業活動地がいずれの国にあるかは問わない（設立準拠法主義）。ただし事実上の本店および主たる営業活動地が日本国領域内にあるものを除く（商四八二条）。内国会社とは、日本法にもとづいて設立された会社であって、事実上の本店や主たる営業活動地がいずれの国にあるかを問わない。国際会社というためには、外国会社は内国的要素を、内国会社は外国的要素を有しなければならない。条約にもとづく会社とは、条約によって直接または間接に設立された会社である。このような会社は、一般に条約加盟国の影響の強い公法的性格を有するので、たとえ株式会社や有限会社の形態がとられても、わが国民法三六条一項主文の認許の対象にならないとする見解がある。[35]条約にもとづく会社が経済活動をするときは、外国会社の活動よりもさらに国際的・普遍的な経済活動である。しかしながら問題はかかる会社の条約加盟国からの組織的・資金的独立採算性の有無である。[36]条約加盟国からの独立性がない場合にはつぎのようにいえるであろう。国は経済活動を含む一般的目的を有する存在であるが、民法三六条一項が外国の法人格を認許した立法の趣旨は、外国のわが国領域内における経済活動を念頭においたものではなく、外交施設の設置、借款等を可能とするために、不動産の取得・登記、契約その他の法律行為、訴えの提起を承認することにあったと解される。国およびその行政区画以外の公法人（経済活動主体が多い）を認許していないことは、かような考えの正当性を示している。したがって独立採算性のない場合には認許されない。[37]それに反して独立採算性の確立した会社の場合には、法律上、当然に認許されるのである。

㈡　擬似外国会社

外国法に準拠して適法に設立された会社であるが、わが国に事実上の本店および主たる営業活動地がおかれているものである。かかる会社は、わが国においてその法人としての活動がみとめられず、権利能力なき社団としてその存在が認められるにすぎない。会社の内部組織に対しても属人法の適用はない。法人としての活動を認められるためには、内国会社として設立し直されることを要する（大決大七年一二月一六日民録二四輯二三二六頁、東京地判昭二九年六月四日判タ四〇号七六頁）。わが国の多数説は外国会社について設立準拠法主義をとっている。しかし商法四八二条が住所地主義（本店所在地主義および営業活動地主義）をとっているため、設立準拠法主義の原則と所在地主義の例外とをどのように調和させるかが従来から争われているのである。

㈢　実質的外国会社

内国会社法に準拠して設立され、事実上の本店＝登記上の本店をわが国に有する内国会社であるが、社員、出資、議決権、業務執行者、代表者などの一定比率以上が外国人ないし外国法人によって占められる会社をいう。設立準拠法主義または本店所在地主義のいずれによってもかかる会社は内国会社であるが、内国法は、会社の実態に注目して実質的外国会社の権利能力や営業活動を禁止または制限することがある（国際電電四条〔追記　平成一〇年同法廃止〕、航空四条、船舶一条など）。

㈣　事実上の本店を外国に有する内国会社

定款上の本店＝登記上の本店はわが国に有するが、事実上の本店および主たる営業活動地を外国に有する会社が、内国会社法に準拠して設立されたものである。かかる会社が内国会社として設立を認められるかどうか異論の余地があるが、私見によれば、一般的に設立準拠法主義に立つ以上、かかる会社は国際的に活動する国際会社としてその設立を認めるべきだと考える。

㈤　在日子会社・海外子会社

外国会社がわが国または第三国において営業活動を行うため日本法に準拠して設立した内国会社である。在日子会社は実質的外国会社と重複するが、在日子会社は外国親会社との支配関係でとらえた概念であり、実質的外国会社は権利能力や営業活動の禁止・制限に注目してとらえた概念である。海外子会社は内国会社が海外に設立した外国会社である。

㈥　国際合弁会社

内国会社と外国会社とが共同事業を行うために合弁契約（合弁事業契約、合弁基本契約、株主間契約）を締結し、この合弁契約にしたがって設立された共同出資会社をいう。(38) わが国領域内で事業活動を行う場合には、通常、日本法に準拠して設立される。法形態としては株式会社形態が大多数であり、出資会社が少数であるため通常、閉鎖会社である。有限会社形態も利用されるが、合名会社や合資会社形態が利用されることはほとんどない。(39) 合弁契約は、合弁会社の設立および運営を定める参加企業間の契約であり、合弁会社を設立する前は発起人契約であるが、会社の設立後は株主間契約となる。合弁契約は会社の設立後、法律上当然には合弁会社を法的に拘束するものではないので、合弁契約中の重要事項すなわち合弁会社の概要、運営、当事者の権利・義務等はすべて合弁会社の定款に記載することを要する。

㈦　多国籍企業

頂上会社によって統轄された子会社ないし合弁会社などを通じて多数の国において営業活動を行う巨大企業をいう。(40) すなわち多国籍企業は巨大な国際コンツェルンである。(41) 多国籍企業の定義については、統計、法規制、学問的研究などそれぞれの目的に応じて違いがある。例えば、株主および経営者の国籍の多様性、営業活動の及ぶ国の範囲、生産・売上・取引の規模、従属会社の数などの基準が用いられることがある。(42) 法形態としては、頂上会社が一社で傘下に完全出資の子会社・孫会社を所有する古典的事例もみられるが（フォード、GM、フォルクスワーゲン）、実際にはタックス・ヘイブン[43]（租税回避国・地域）に持株会社を設立してその子会社を世界各国に設立したり、あるいは頂上会社に複数の国籍を異にする会社が存在する場合など（ロイヤル・ダッチ／シェル）、複雑な形態をとっていることが多い。

多国籍企業に関する国際会社法上の問題は、国際的親会社の法律問題にほかならない。内国の親子会社に関する法律問題はそのまま国際的親子会社の法律問題となるが、在日子会社（または海外子会社）の組織構造が日本法（または外国法）によって規律されるのにたいして、外国親会社（または日本親会社）の組織構造は外国法（または内国法）によって規律されるために、内国の親子会社に比べてその法律関係は一層複雑となる。主要な法律問題をあげると、①在日子会社（または海外子会社）の債権者は、子会社の法人格を否認して外国親会社（または日本親会社）の法律責任を追及できるか[44]、②国際的親子会社間の取引価格が公正か否かをいかにして判定するか（移転価格[45]）、③外国親会社（または日本親会社）の指図が在日子会社（または海外子会社）の利益に反する場合、在日子会社（または海外子会社）の少数株主をいかに保護するべきか、④外国親会社（または日本親会社）の定款に定める目的の範囲外の事業を営むために在日子会社（または海外子会社）を設立することができるか、⑤在日子会社（または海外子会社）は外国親会社（または日本親会社）の株式を取得できるか、⑥日本親会社の監査役は海外子会社の業務・財産を調査できるか[46]、⑦外国親会社と在日子会社（または海外子会社と日本親会社）とが事実上合併するには、どんな方法があるか、などがある。

（35） 岡本「前掲」（注30）国際八一巻四号一四頁。
（36） 国が出資をすれば株主としての権利を有する。かかる株主の権利として国が役員の選任や企業の運営に干渉し、あるいは経営不振に際して国の資金投入が行われる等の場合には、企業の独立採算性がないといえるが、その程度は私企業と比較して相対的に判断されるほかないであろう。

(37)　かかる会社がわが国領域内において法人として承認されるためには、法律による認許または条約による認許（条約への加盟を含む）を要する（民三六条一項但書）。

(38)　合弁会社の文献にはつぎのものがある。小中信幸＝仲谷栄一郎・国際法務のノウハウ―国際ビジネス最前線―（一九九二年）三〇頁以下、一三三頁以下、宍戸善一「国際ジョイント・ベンチャーの諸問題」総合研究開発機構編・企業の多国籍化と法Ⅱ〔多国籍企業と国際取引〕（一九八七年）三頁以下、同・国際合弁（一九八八年）、田中信幸・契約事例からみた日米合弁事業（一九九〇年）、C・R・ハリガン・ジョイントベンチャー成功の戦略（一九八七年）、松枝迪夫「合弁契約」遠藤浩＝林良平＝水本浩監修・現代契約法大系八巻　国際取引契約（1）（一九八三年）三〇六頁以下、山沢一郎「日本とロシアの合弁会社設立に関する実務上の問題点―法律上の諸問題を中心に」ジュリ一〇三九号（一九九四年）一〇七頁以下。

(39)　澤田壽夫編・新国際取引ハンドブック（一九九〇年　初版一九八四年）一二〇頁以下。

(40)　B・グロスフェルト・前掲（注26）法律問題一頁参照。

(41)　多国籍企業・国際コンツェルンの文献にはつぎのものがある。遠藤美光「外国会社に対するわが国の持株会社規制（上）（下）」際商一六巻四号（一九八八年）二九三頁以下、五号四〇五頁以下、奥島孝康「多国籍企業と会社法」宮崎繁樹編・多国籍企業の法的研究〔入江啓四郎先生追悼記念〕（一九八〇年）、B・グロスフェルト（山内惟介訳）「多国籍企業と国際経済法の新たな方向付け」新報九一巻一一・一二号（一九八五年）八一頁以下、同・前掲（注1）国際企業法、同・前掲（注26）法律問題、篠田四郎「国際コンツェルンにおける支配・従属関係の法規制―特に株主・債権者保護を中心に」久保欣哉編・多国籍企業の法規制（一九九三年）三〇頁以下、龍田　節「前掲」（注3）企業法講座二巻二六一頁以下、西尾幸夫「経済法の域外適用と会社法による対応―国際コンツェルンと会社法」龍谷一六巻二号（一九八三年）一頁以下、同「国際コンツェルンと会社法」私法四四号（一九八二年）一九七頁以下、ロルフ・ビルク（山内惟介訳）多国籍企業の法的諸局面」新報八七巻五・六号（一九八〇年）一一九頁以下、宮崎繁樹「多国籍企業の法構造」宮崎繁樹編・多国籍企業の法的研究（一九八〇年）一六頁以下、山内惟介「西ドイツ国際私法における結合企業の準拠法について―『コンツェルン抵触法』の試み―」中央大学社会科学研究所研究報告第五号（一九八五年）七五頁以下、山口　賢「多国籍企業の法的構造」国際商事仲裁協会編・多国籍企業の取引活動と法的諸問題（一九七六年）五〇頁以下。

(42)　宮崎「前掲」（注41）法的研究一六頁以下。

(43)　タックス・ヘイブンとは、法人税・個人所得税などを一般の諸国に比べて著しく低くするか、または全く課さないことによって、外国企業の誘致をはかっている国（または植民地のような地域）をいう。これらの国（地域）の収入は、主として会社設立の登録免許税・年間登記料や輸入関税などである。多国籍企業は、タックス・ヘイブンに子会社（ペーパー・カンパニーも多い）を設置して租税の回避をはかろうとする（租税の回避の方法については、河村博文「外国企業の対日進出に伴う法律問題」北九州二三巻三・四合併号（一九九五年）六六頁以下参照）。そこでわが国においては昭和五三年（一九七八年）に租税特別措置法が改正され、わが国の会社がタックス・ヘイブンに子会社を設置している場合、子会社がわが国親会社に利益の配当をしないときでも、子会社の留保利益を親会社の利益に合算してわが国がこれに課税できることとした（租特措六六条ノ六・四〇条ノ四）。タックス・ヘイブンの認定基準は税率が二五パーセント以下であることである。従来、タックス・ヘイブンとしては大蔵省が四一ヵ国を指定していたが、平成四年（一九九二年）にこの指定は廃止された。現在、タックス・ヘイブンはつぎのように分類される。①所得税、法人税、源泉所得税などが全くない国（地域）（バハマ、バミューダ、ケイマン諸島、バーレーンなど）、②税率の低い国（地域）（香港、英領チャネル諸島、マカオなど）、③国外源泉所得が非課税または低率の国（地域）（香港、リベリア、パナマなど）、④一定の会社形態または活動に特典を与える国（地域）（ルクセンブルグ、オランダ、スイスなど）。タックス・ヘイブンの文献にはつぎのものがある。犬飼貴博・タックスヘイブン活用の実際（一九八七年）、占部裕典「タックス・ヘイブン対策税制の現状と課題」ジュリ一〇七五号三一頁（一九九五年）、川田　剛・国際課税の基礎知識（初版一九八九年、改訂版一九九〇年）一八五頁以下、斎藤　泰「新しい国際課税と実務的対応2」税経通信一九九二年九月号一六一頁以下、白須信弘・国際租税戦略（一九八八年）八四頁以下、中里　実・国際取引と課税―課税権の配分と国際的租税回避―（一九九四年）二五二頁以下、宮武敏夫・国際租税法（一九九三年）一二三頁以下、吉牟田　勲「タックス・ヘイブン対策税制」田代有嗣＝吉牟田　勲・海外子会社の法律と税務（一九八九年）三三九頁以下。

(44)　落合誠一「多国籍企業における子会社の債権者保護」総合研究開発機構編・企業の多国籍化と法Ⅱ〔多国籍企業と国際取引〕（一九八七年）三八三頁以下、田代有嗣＝吉牟田　勲・海外子会社の法律と税務三二〇頁以下。なお田代＝吉牟田・前掲においては、本文の④⑤⑥（田代）および②（吉牟田）の問題がとりあげられている。

(45)　移転価格とは、一般には国際的親子会社（日本親会社と海外子会社または在日子会社と外国親会社）間の取引価格をいうが、親会社は子会社に対する支配力を行使して価格を操作することがよく行われる。この移転価格が通常の市場価格と比べて差がある場合、租税特別措置法（六六条ノ四第一項）は、課税の計算上、市場価格で取引がなされたものとしてその差額を内国法人の所得に加算して課税する（移転価格税制）。税法上、通常の市場価格（独立企業間価格）の決定方法については具体的規準が設けられているので、商法上の移転価格の公正性を判断する際に参考となる（河村博文「会社に対する国際課税」森　淳二朗編・

企業監査とリスク管理の法構造〔蓮井良憲先生・今井　宏先生古稀記念〕（一九九四年）六〇五頁以下）。近時の文献としては、渡邉幸則「最近における移転価格税制の問題点」ジュリ一〇七五号（一九九五年）一九頁以下。

(46)　④⑤⑥については、前掲（注23）参照。

五　国際会社法の法源

(一)　会社属人法

これは会社の法人格の存否ならびに会社の設立ないし消滅の法律関係につき、わが国抵触法によって選択指定された準拠法である。連結点は、わが国多数説の設立準拠法説にたてば設立登記地（設立登記しようとする地）であり、少数説の本店所在地説にたてば事実上の本店所在地である。(47)抵触法は間接規範であるから直接規範である会社法の規制目的とは関連がないが、選択指定された準拠法はいずれかの国の会社法であり、わが国の外国法人規定・外国会社規定の規制目的とは共通の側面を有する。

(二)　外人法（外国法人規定・外国会社規定）

外国会社のわが国法秩序における法的地位、外国会社の法人格の存否ならびに会社の組織・活動に関する国内実質法（渉外関係実質法）である。

第一に内外人および内外法人平等原則を定める規定がある（民二条・三六条二項、破二条、和議一一条〔追記　平成一一年和議法廃止、和議一一条に相当する条文は民再三条〕、会更三条等）。つぎにこの原則の例外として外国会社の権利享有ないし営業活動を禁止または制限するものがある。権利享有を禁止または制限するもの（外人土地、鉱業一七条・八七条、外為法二五条三項一号、船舶一条、海運四四条ノ二、航空四条、電電四条ノ二、国際電電四条〔追記　平成一〇年同法廃止）、航空一二〇条ノ二、外為法二七条、対内投資三条一項、対内投資命令三条、特許二五条、商標七七条三項、意匠六八条三項）。営業活動を禁止または制限するもの（電波五条、有線テレビ五条、船舶三条、銀行四七条一項、保険一八五・一八六条、外証三条、航空一二九条・一二六条一項）。

第二にわが国領域内における外国会社の法人格の存否および法人としての活動の承認を定める規定がある（民三六条、商四八二条、有七六条）。

第三にわが国抵触法によって定められた準拠法と同一の立場にたちながら準拠法の内容を敷延する規定（商四七九条四項等）、抵触法によって定められた準拠法を排除してわが国独自の立場から準拠法にかわる内容を定める規定がある（商四七九条（ただし四項は除く）、四八〇―四八一条・四八三―四八五条）。

㈢　条約

つぎのような条約がある。一つは外国法人の法人格の国際的承認および外国会社に関する各国規定の統一条約である。他は外国会社設立の根拠法としての条約である。

⑴　外国法人の法人格の国際的承認

国際法上は、各国が外国法人の法人格を承認する義務はない[48]。そこでヨーロッパにおいては多数国間条約として法人格承認の条約実現の努力が続けられてきた[49]。しかしかかる条約がどうにか成立しても発効するにいたったものはいまだ存在しない。このような条約が成立・発効しわが国がこれに加盟するときは、国際法上、加盟国法人の法人格の承認義務が生ずる。このほか現在、問題となりうる条約条項は、日米友好通商航海条約（一九五三年一〇月二八日条約二七）二二条三項である。わが国多数説は、この条項を民法三六条一項但書の条約による認許と解しているが、登記実務は第二次大戦前の会社互認条款と解している[50]（昭六〇年一月一六日民四第一四〇号民事局第四課長回答）。前者の立場をとればこの条項は法源の一つとなる。

(2)　外国会社規定の統一条約

外国会社規定の統一についても条約は成立したものの発効にいたったものはない。[51]

(3)　外国会社設立の根拠法

条約によって直接成立した場合は、その条約が法源となる。現在、審議が継続中のEC／EU会社法にもとづくヨーロッパ株式会社はこれに含まれる。[52]条約によってある国の国家法が指定された場合には、条約とその国家法が法源となる。

(47)　河村博文「外国法人の認許」山田鐐一＝早田芳郎編・演習国際私法新版（一九九二年）八九頁〔追記　道垣内正人・ポイント国際私法　各論（二〇〇〇年）一八五頁は、設立準拠法主義における連結点を設立登記地とする私見に対して、「連結点としては特定の法制度から中立的な場所的要素を用いるべきであって、登記・登録という法制度を持ち出す場合には準拠法的な処理にそぐわない」と批判されている。ところで山内惟介「法人の従属法とその適用範囲―欧州諸立法の比較検討とその立法論への示唆―」国際私法年報二〇〇〇（二〇〇〇年）一二七頁の（注23）によると、ハンガリー国際私法一八条二項は「法人の属人法は法人がその領域内において登記した国の法とする」とし、四項は「定款によれば法人が本拠を有しないか又は複数の本拠を有しており、そのいずれの法によっても登記がなされていない場合には、属人法は、中心的業務の執行がなされている地に効力を有する法とする」と定めている。このような外国立法例からすれば、設立登記地を連結点とみることがはたして妥当かどうか、検討の余地があるのではあるまいか。間違っているかもしれないが、私見は、設立登記をするためには、設立登記地国の法にしたがって会社の組織構造（定款、事業目的、本店・支店所在地、経営・監督機関、総会、資本、株式、経理等）が形成されること、設立登記によってはじめて会社は法人格を取得することに注目しているのである。その点では、設立行為地といってもよいが、この用語を用いると、設立行為とはなにかが問題となり、A国で設立行為（とくに定款作成）を行い、B国で設立登記をする場合に設立行為地はどこかが問題となるおそれがある。そこで設立手続の最後の行為である設立登記を連結点としたのである。ヤングは、「イギリス会社法によって登記された会社の場合、法人の属人法は少なくとも登記地によって決定される」と述べている（E. Hilton Young, Foreign Companies and Other Corporations (1912) 206）。他方においてスイス国際私法典一五四条一項の規定は「会社は、それが当該法上のそこに定められている公示規定また登記規定を満たしているとき、またはこの種の規定が欠けている場合においてそれがこの国の法にしたがって組織されていたとき、それが当該規定に従って組織されている国の法に服する」、リヒテンシュタイン国際私法六七六条一項の規定は「国内の会社とみなされるのは、国内法にしたがって組織化されているもの、すなわち国内の公示規定または登記規定を満たしているか、このような公示規定または登記規定が存在しないときは、国内法にしたがって組織化されたか、または認識できる形式で法選択が行われていなかったときは、その管理機関を国内に有するか、またはその事業の重要な部分を国内で行っているか、または、社員のうち少なくとも半数が国内に住所を有しているものとする」と定めている（山内・前掲一二九頁の（注40）、一二七頁（注20））。このスイス法およびリヒテンシュタイン法は、登記の要件を満たす会社の組織形成に注目している。連結点を会社組織形成地と解する立場によれば、設立登記をしている場合を包含するのみならず、会社の設立に登記を要しない場合も包含することができる。オランダ法においては、公証人の面前での公証設立証書の作成および司法長官の異議不申立証明書の発行により株式会社は法人格を取得する。公証設立証書には、発起人の名称、授権資本、払込資本額、各発起人引受株式数および会社の定款が記載され、株金払込証明書が添付される。会社の設立後、商工会議所の商業登記簿に登記される（EUROPEAN COMPANY STRUCTURES-A GUIDE TO ESTABLISHING A BUSINESS ENTITY IN A EUROPEAN COUNTRY 160 (Michael J. Oltmanns ed. 1998)）。連結点として登記を持ち出すことに問題があるとすれば、会社組織形成地を連結点と解することはできないであろうか」。

(48) アメリカ合衆国の学説・判例においては、州外会社の設立承認の正当性は礼譲（comity）原則によって根拠づけられる（河村博文「アメリカ合衆国における州外会社（1）―アメリカ抵触法第二リステイトメント―」北九州一四巻三号（一九八六年）一〇四頁）。G. C. HENDERSON, THE POSITION OF FOREIGN CORPORATIONS IN AMERICAN CONSTITUTIONAL LAW 36-49 (1918).

(49) 主要なものとしては、ハーグ国際私法会議「外国会社・社団及び財団の法人格の承認に関する条約」（一九五六年六月一日署名・開放）、国際法協会「会社に関する法の衝突に関する条約」（一九六〇年四九回ハンブルグ会議採択）、国際法学会「国際私法における株式会社」決議（一九六五年九月一〇日採択）、EC「会社及び法人の相互承認条約」（一九六八年二月二九日署名）。なおブスタマンテ法典およびモンテヴィデオ国際私法統一条約については、前掲（注15）参照。

(50) 河村博文「会社互認条款」国際関係法辞典一二三頁。

(51) 前掲（注49）参照。

(52) EC／EU会社法については多数の文献があるが、つぎに最新のものをあげておこう。石黒　徹「EC会社法の現状とヨーロッパ株式会社法案㈠―㈣」商事一一九五号（一九八九年）四四頁、一一九六号二三頁、一一九七号二六頁、一一九八号二六頁以

下、須網隆夫「ＥＣの会社法」松下満雄編・ＥＣ経済法―ＥＣ企業活動の法規制―（一九九三年）一二八頁以下、森本　滋・ＥＣ会社法の形成と展開（一九八四年）五八頁以下、布井千博「ＥＣ市場統合と会社法」際商二一巻二号（一九九三年）一五八頁以下、正井章筰・ＥＣ国際企業法―超国家的企業形態と労働者参加制度―（一九九四年）一〇五頁以下。

六　国際会社法の特質

国際会社法の特質は、他の法との比較法的考察を通じて明らかとなる。

㈠　国際私法と国際会社法

国際商法が商事に関する国際私法であるとすると、国際会社法は会社に関する国際私法であるというのが一般的な考えであろう。しかし私見の構想する国際会社法は、会社に関する国際私法によって選択指定された会社属人法を基本とし、それを確認・修正する外国法人・外国会社規定および渉外関係事項に適用される内国会社法を包括する法秩序である。すなわち国際会社法は国際私法とは異なり、会社の組織的法律関係を規律する直接規範である。もっとも会社属人法は、国際私法の指定をまたなければ具体的には定まらない。しかしいずれにしても国際私法の媒介によって直接規範である特定国の会社法が決定される。かくして国際会社法は、間接規範である国際私法の次元にではなく、直接規範である会社法の次元に位置づけられるのである。

㈡　国際取引法と国際会社法

国際取引法とはなにかについてはいまだに定説は存在しない。国際取引法の規制対象はいうまでもなく国際取引であるが[53]、国際取引法においては、通常、国際取引の当事者として外国法人・外国会社をとりあつかっている。国際会社法における国際会社は、国際取引の主体にほかならないが、内国会社をも含むという意味において国際取引法における観念よりは広い。国際取引法の範囲について、もっとも狭く解する立場では、国際取引を規律するための実体法規範をいうとする。(54) この説では、国際取引法は国際取引から生ずる私人間の権利義務を直接規律する法規範であり、さらに国際取引を規律の対象とする統一法、統一規則、慣習のほか各国の渉外実質法も含まれるとする。すなわち直接規範であるから間接規範である国際私法は除かれ、私法であるから公法は除かれ、実体法であるから手続法は除かれることになる。他方、広く解する立場では、各国の私法および公法、私法の抵触に関する国際私法、紛争解決に関する手続法、条約によって形成される統一私法、公法的規制を規律する二国間及び多数国間条約および国際商慣習法等、国際取引に関するすべての法が包含されるとする。(55) これらに対して国際会社法は、内国的要素を有する外国会社および外国的要素を有する内国会社の組織的法律関係を私法上の権利義務ないし権限の関係によって規律する直接規範である。すなわち会社の法人格ならびに会社の設立、構造、運営および消滅に関する、わが国抵触法によって選択指定された会社属人法が基本的部分を占めるが、それに会社の法的地位・組織を定める渉外関係私法（外国法人・外国会社規定）、渉外関係事項（例えば外国で行われる取締役会・株主総会開催の適法性）に適用される内国会社法が含まれる。このように国際会社法は直接規範であり、私法規範である。国際会社に関する各国公法、国際法、手続法を包括的に考察する法分野は後述の国際企業法である。

㈢　内国会社法と国際会社法

一般的にいえば、内国会社法の主たる適用対象は内国会社であり、国際会社法の主たる適用対象は外国会社である。ところで国際会社法の法源として抵触法によって選択指定された会社属人法をとらえるならば、内国会社法と国際会社法の規制対象および規制目的はかなり共通の側面を有している。すなわち規制対象は、会社の法人格の存否、会社の設立、構造、運営および消滅であり、規制目的は、企業の維持発展のための要請、企業の利害関係者の私的利益の調整である。もっとも国際会社法には独自の規制目的があり、外国会社を規制対象とする場合には、わが国法秩序における外国会社の位置づけが一つの重要な基本原則である（内外人平等原則とその例外）。

㈣　国際企業法と国際会社法

グロスフェルトは「国際会社法から国際企業法へ」と題する論文でつぎのように述べている。[56] すなわちドイツにおいては、大企業に対する開示法、コンツェルン法および共同決定法等の登場により、従来の個人的要素を基礎とする会社法から利益多元的協同関係を問題とする企業法へと発展してきており、このことは国際会社法においても国際企業法への発展へと導くものだと主張する。かかる立場から、グロスフェルトはその著書・国際企業法において、[57] 多国籍企業を対象に、国際法、国際私法、会社法、投資者保護法、金融法、独禁法、憲法、刑法、租税法、労働法および国際民事訴訟法等、きわめて広範な法領域をとりあげている。これに対し私見は国際会社法を中心に考察する。すなわち内国会社法が緻密な法理論を構築しているのに対応して、国際会社法を国際取引法から独立させ、国際会社の組織法上の問題について実際的かつ詳細な法理論を構築しようとするものである。

㈤　国際経済法と国際会社法

国際経済法とはなにかについて多数の説が主張されているが、[58] 一般的にいえば、国際経済を一体のものとしてとらえ、国際経済の主体である国家、国際組織、個人および多国籍企業の経済的決定につき、国際公法および各国公法の観点からこれに秩序づけを行おうとするものである。多国籍企業についてみれば、地域分割協定や価格協定等、世界市場における競争制限的行為が行われた場合、国際的競争秩序を維持するための機関の設置や法の形成が問題となる。これに対して国際会社法においては、多国籍企業の法律問題は国際的親子会社の組織法上の問題である。前述した国際企業法では、多国籍企業をめぐるあらゆる法を問題にするので国際経済法と類似するが、国際企業法においては、あくまで多国籍企業を中心とする法規制であるのに対して、国際経済法では一体としての国際経済を対象とするのである。

㈥　国際民事訴訟法と国際会社法

国際民事訴訟法の主たる内容は、国際裁判管轄権、訴訟手続法および外国判決の承認・執行である。[59] この内、わが国裁判所の事実審理に関連するものは、前二者である。会社法に関する渉外的民事訴訟がわが国裁判所の管轄に属するとき、裁判は渉外的民事訴訟に特有な手続法にしたがって進行する。国際会社法においても、国際裁判管轄権や訴訟当事者能力等、国際民事訴訟法と密接な関連を有する法律問題があるが、これらの法理論は実体法である国際会社法にではなく、国際民事訴訟法に属する問題である。

(53)　澤田他・前掲（注22）一頁以下〔澤田〕は、国際取引法の規制対象である国際取引について、つぎのように明確な説明をされている。すなわち国際取引法にいう「国際」とは、「国と国とのあいだ」という意味ではなく、「国境を越えた」という意味であり、国際取引の具体的内容は、物品（売買）・金銭（貸付等）・資本（投資等）、技術（特許権等）の移動、役務（運送等）の提供等である。これらの取引は個々に行われる場合もあるが、合弁事業において資本の移動と技術の移転が行われるように、いくつかの取引が合体して行われる場合もあると―。

(54)　高桑　昭＝江頭憲治郎編・国際取引法〔第二版〕（一九九三年　初版一九九一年）一二頁以下〔高桑　昭〕。

(55)　多数説である。山田鐐一＝佐野　寛・国際取引法（一九九二年）九頁以下、澤田他・前掲（注22）二頁〔澤田〕、澤田壽夫「国際取引法の広域性」際商一号（一九七三年）一九八頁は、国際取引法の内容が必然的にきわめて多岐にわたる理由として、国際的な取引の多様化、活発化、複雑化にともない、今まで確立されてきたいくつもの法の分野にまたがって国際取引の法律問題を総合的に考察することが必要となってきたことを指摘されている。また山本敬三・国際取引法（一九八四年）一五頁は、ヨーロッパおよびアメリカにおける国際取引法の定義の変遷を概観した後、国際取引を規律するすべての法を包括する立場をとられている。最新の文献、松岡　博編著・現代国際取引法講義（一九九六年）三頁〔松岡　博〕も多数説の立場にたたれている。

(56)　B・グロスフェルト（庄子良男訳）「国際会社法から国際企業法へ」法学四九巻五号（一九八五年）九一頁以下。

(57)　B・グロスフェルト・前掲（注1）国際企業法。

(58)　国際経済法の概念については、桑田三郎「国際経済法の概念的要素について―本会の発足に寄せて」日本国際経済法学会編・ガット法の研究〔国経法第一号〕（一九九二年）五頁以下、丹宗暁信＝山手治之＝小原喜雄編・新版　国際経済法（一九九三年

初版一九八七年）三頁以下参照〔丹宗暁信〕。

(59) 国際民事訴訟法の文献としてはつぎのものがある。石川　明＝小島武司編・国際民事訴訟法（一九九四年）、石黒一憲・国際民事訴訟法〔新法学ライブラリー32〕（一九九六年）、澤木敬郎＝青山善充編・国際民事訴訟法の理論（一九八七年）、道垣内正人「国際的裁判管轄権」新堂幸司＝小島武司編・注釈民事訴訟法（1）〔裁判所・当事者（1）〕（一九九一年）八六頁以下、廣江憲治・国際取引における国際民事訴訟法の法状態（一九九一年）、同・国際取引における国際私法（一九九五年）二七―七〇頁、山本和彦「国際民事訴訟法」斎藤秀夫＝小室直人＝西村宏一＝林屋礼二編・〔第二版〕注解民事訴訟法（五）（一九九一年）三三七頁以下、なお同書三七七―三九三頁に詳細な文献紹介がある。

七　結　語

最後にまとめをしておきたいと思う。

① 国際会社法という用語は、国際私法理論上、会社に関する抵触法の意味に通常、用いられている。しかし本章にいう国際会社法とは、会社の法律関係について適用されるわが国抵触法によって選択指定された会社属人法、わが国外国法人規定・外国会社規定および内国会社の渉外関係事項に適用されるわが国民商法規定の総称である。

② 国際会社法の規律対象は、会社の法人格の存否ならびに会社の設立・構造・運営および消滅であり、これは内国会社法の規律対象と同一である。

③ 国際会社法の法源として抵触法によって選択指定された準拠法を考えるならば、この会社属人法はいずれかの国の会社法であり、その規定目的は内国会社法と同一である。

④ わが国民商法中の外国法人・外国会社規定のなかには内外法人平等原則のように民法の一般原則に相当する規定も含まれているが、その多くは会社法に属する規定である。したがって抵触法によって選択指定された会社属

人法と外国法人・外国会社規定とは同一平面の法秩序を形成する。

⑤　内国会社法は、渉外関係事項に適用されることによって国際会社法となるが、本来、会社法なのであるから会社属人法および外国法人・外国会社規定からなる法秩序と同一平面を形成する。

かくして国際会社法は統一された法秩序として認識することが可能となる。

〔追記〕　本論文の脱稿後、国際会社法をめぐる学界の研究状況および立法状況は一変した。まず一九九九年（平成一一年）春季の国際私法学会第一〇〇回研究大会（六月一九日）において「企業の国際的活動と法的規制」という統一テーマで、山内惟介「法人の従属法とその適用範囲―立法論を中心として―」、江頭憲治郎「商法規定の国際的適用関係」が報告され（国際私法年報二〇〇〇（二〇〇〇年）一一七頁以下、一三六頁以下）、二〇〇〇年（平成一二年）春季の国際私法学会第一〇二回研究大会（五月一五日）では、田中美穂「多国籍企業に対する統一体としての責任追及―実質法、抵触法及び規律管轄権の観点から―」が報告された（近法四八巻一号（二〇〇〇年）八五頁以下）。またジュリスト一一七五号（二〇〇〇年四月一日号）では、「国際的な企業組織・活動と法律問題」という特集が組まれ、〈総論〉河野俊行「会社の従属法の決定基準―本拠地主義・設立準拠法主義」、藤田友敬「会社の従属法の適用範囲」、野村美明「外国会社の規律―居留地からグローバル社会へ」、小寺　彰「国際組織の『民営化』」、〈各論〉落合誠一「国際的合併の法的対応」、大杉謙一「会社の代理・代表の実質法・準拠法―『取引安全』のあり方について」、道垣内正人「担保附社債信託法の国際的適用範囲」、小塚荘一郎「国際法上の株主保護と投資保護」が掲載された。立法については、近時、急速に普及しつつあるインターネット取引に対応した商法改正の一つとして、商法四七九条に定める営業所設置・登記の要否が問題となっている（「今後の会社法改正に関する基本的な視点（座談会）」商事一五四八号（二〇〇〇年）三〇頁〔神田秀樹発言〕、「グローバルなネット取引と商法四七九条」商事一五六一号（二〇〇〇年）三八頁、原田晃治「新しい会社法制の構築に向けて」商事一五八三号（二〇〇一年）三八頁）。法制審議会商法部会（平成一二年九月六日）は、今後の基本方針の一つとして企業活動の国際化への対応をあげている（前田　庸「会社法改正の展開と今後の課題」商事一五七四号（二〇〇〇年）九頁、法制審議会会社法部会・平成一三年四月一八日公表「商法等の一部を改正する法律案要綱中間試案」第二十八外国会社（商事一五九三号（二〇〇一年）五〇頁以下）、試案に対する意見として外国会社規定改正問題研究会「『商法等の一部を改正する法律案要綱中間試案』中、外国会社規定の改正についての意見」商事一五九九号（二〇〇一年）三六頁以下）。

　そのほかの参考文献としては、つぎのものがある。王作全「中国会社立法の展開と機関に関する日本法からの示唆（一）（二）（三）」中京三二巻一号（一九九七年）一二五頁以下、三二巻二号九一頁以下、三三巻一号（一九九八年）二三頁以下、奥島孝康「国際会社法―日欧米の会社法システムの比較―」奥島孝康＝堀　龍兒編・国際法務戦略（二〇〇〇年）一六一頁以下、菊地伸「カルパースによる日本企業に対する議決権行使の手続と基準」商事一五〇八号（一九九八年）九頁以下、小島華子「国際私法における外国会社の承認について―ウルマー氏の理解を素材として―」中央大学大学院研究年報二七号　法学研究科篇（一九九八年）三〇三頁以下、高桑　昭「わが国の外国法人制度について」論叢一四〇巻五・六号（一九九七年）一六頁以下、同「わが国の商法（会社法規定）の国際的適用に関する若干の問題について」国際九九巻一号（二〇〇〇年）四七頁以下、道垣内正人「企業の国際的活動と法―会社法の国際的事案への適用―」落合誠一編・岩波講座　現代の法7（一九九八年）一四三頁以下、西島太一「外国会社と我が国民商法規定―所謂会社属人法の適用範囲及び擬似外国会社の取扱について―」阪法四八巻三号（一九九八年）七七三頁以下、西村幸次郎編・現代中国法講義（二〇〇一年）一一八頁以下〔三村光弘〕、村田源太郎「外国の取引所で相場のある有価証券を現物出資して株式会社を設立する場合の手続」商事一五〇七号（一九九八年）三八頁以下、山内惟介・基本法コンメンタール　国際私法〔木棚昭一＝松岡　博編〕（一九九四年）二七頁以下、同「ドイツ国際私法における反致について―実務及び学理の展開」新報一〇五巻二・三号（一九九八年）八九頁以下。

第二章　外国企業の対日進出に伴う法律問題

一　緒　論

最近、日本企業の海外進出が盛んなことは周知の通りであるが、これに対して外国企業の対日進出は大変遅れており、[1]現在、この点の規制緩和がひとつの重要な課題となってきている。本章では、外国企業の対日進出の法律問題を中心にとりあげるが、これとの関連で日本企業の海外進出に伴う法律問題にも触れたいと思う。[2][3]

ところで外国企業の対日進出の具体例をアトランダムにあげてみると、外国企業の全額出資子会社としては、ネスレ日本、モービル石油、アップルコンピュータ、フォルクスワーゲン、アウディ日本、ウォルト・ディズニー・エンタープライズ、プルデンシャル生命保険など、合弁会社としては、バドワイザー・ジャパン（アンハイザー・ブッシュ九〇%）、日本GEプラスチックス（GE五一%）、日本マクドナルド（マクドナルド五〇%）、三菱化成ダウ（ダウ・ケミカル五〇%）、東亜燃料工業（モービル二五%）など、さらに在日支店としては、外国銀行・外国証券の在日支店、アメリカンファミリー生命保険の在日支店などがある。[4]このような外国企業の対日進出を対内直接投資といっている。国際間で資金のやりとりをする場合には、外国為替及び外国貿易管理法（昭和二四年法、五四年改正、以下外為法という）〔追記　平成九年改正により「管理」を削除〕の規制を受ける。前に述べた全額出資在日子会社、合弁会社、外国会社在日支店が、対日直接投資のもっとも典型的な法形態である。[5] 直接投資とは、外国企業が日本に資本を投下して経営活動を行う場合である。具体的には、①非上場会社の株式取得、②上場株式の発行済株式総数の一〇パーセント以上の取得、③在日支店の設置である（外為法二六条二項一号・三号・五号）。間接投資とは、外国企業が日本において経営活動に参加するためではなく、たんに投資利益の獲得の目的で株式を取得する場合である[6]（外為法二〇条五号、二二条一項）。外国企業が日本に資本を投下することは、資金が日本に流入することである。そこで外為法がこの資金のやりとりを規制しているわけである。外為法は、一九四九年（昭和二四年）に制定されたが、一九五〇年（昭和二五年）に特別法として外資に関する法律（昭和二五年法）が制定され、対内直接投資に対しては、事前届出・認可制がとられていた。[7] しかし一九七九年（昭和五四年）に外為法が大改正されて外資法は廃止され、対日直接投資は、外為法中に第五章として定められた。一九九一年（平成三年）の改正により対内直接投資は、一般的には事後報告制（外為法二六条三項）〔追記　平成九年改正により五五条ノ五第一項〕、例外的に事前届出制・不作為期間三〇日（同二七条一項・二項）がとられるようになった。[8]

（1）〔追記　対内直接投資は、一九九八年（平成一〇年）以降、急速に増加してきている。この点につき、本書第五章（注1）参照〕。

（2）本章は、一九九五年（平成七年）一月二八日に行った北九州大学法学部最終講義の原稿に、その他の資料を加えて全面的に書きなおしたものである。

（3）ジェトロセンサー〈特集　増やせるか対日直接投資〉一九九五年一月号参照、外国企業の対日進出および日本企業の対外進出の問題を包括的に扱った文献として、龍田　節「国際化と企業組織法」竹内昭夫＝龍田　節編・現代企業法講座二巻企業組織（一九八五年）二六一頁以下がある。

（4）会社四季報一九九五年一集、住友生命総合研究所編・基本ゼミナール生命保険入門（一九九三年）二〇三頁参照。

(5) 対内直接投資は、それ以外にも会社の事業目的の変更、期間一年超の日本企業への金銭貸付、償還期限一年超の私募社債の取得、日本特殊法人の出資証券の取得などがある（あさひ銀総合研究所編・外為法実務ガイド〈一九九五年版〉八二頁以下）。
(6) 対内間接投資に対しては、事前届出制・不作為期間なしの有事規制が加えられるが（外為法二〇条五号、二二条一項）、指定証券会社経由の証券取得は届出不要である（外為法二二条一項ただし書）。指定証券会社は、一九九四年（平成六年）一〇月三一日現在、日本証券会社七一社、外国証券会社四七社である（前掲（注5）実務ガイド六四頁）。〔追記　平成九年の外為法改正により、対内間接投資は原則として事後報告制となり、指定証券会社制度は廃止された〕。
(7) 高桑　昭＝江頭憲治郎編・国際取引法（一九九一年）三八〇頁以下〔中山高夫〕。
(8) 〔追記　一九九七年（平成九年）、外為法は金融のグローバル化に対応した抜本的大改正が行われたが、対内直接投資については、すでに一九九一年（平成三年）の改正において原則自由化が実現していたので、事後報告の統合整理（外為法第六章ノ二）に伴う技術的改正にとどまった〕。

二　外資系企業の実態

㈠　全額出資子会社・合弁会社

通産省の統計(9)（平成四年三月三一日現在）によると、外資比率三分の一超の外資系企業で、経営参加を目的とするものは、つぎの通りである。

集計企業数　一、三四一社の内

外資比率	一〇〇%	六八七社（五一・二%）
	五〇%超一〇〇%未満	二六一社（一九・五%）
	五〇%（対等合弁）	三〇七社（二二・九%）
	三分の一超五〇%未満	八六社（六・四%）

まず五〇パーセントを超える外資系企業が七〇パーセントにも達していることが注目される。これは外国資本が日本に進出するにあたって自己が主導権をとり、全世界的経営戦略の立場から在日子会社を設置しているということを示している。しかし同時に対等合弁が二三パーセントと予想外に多い。国際的合弁は、外国企業と日本企業との共同事業にほかならず、親企業同士が対等の立場で相互に協力しあわなければ合弁事業そのものがなりたたない(10)。そこでこのように対等合弁の比率が高いものと思われる。

外国親会社の国籍をみると

アメリカ	六〇三社	(四五・〇%)
ヨーロッパ系	五六六社	(四二・二%)
ドイツ	一五五社	(一一・六%)
スイス	八五社	(六・三%)
イギリス	七七社	(五・七%)
フランス	七二社	(五・四%)
オランダ	六一社	(四・五%)
アジア系	一一七社	(八・七%)
香港	二八社	(二・一%)
韓国	二八社	(二・一%)

親会社の国籍をみると、アメリカ合衆国が四五パーセントで圧倒的に多いが、これは日米間の経済の緊密化から当然に予想されるところである。そのほか後述するタックス・ヘイブン(租税回避国・地域)に属するスイス、オランダ、香港の企業が目につく。

資本金別にみると

一億円以下　七七三社（五七・六％）
一億円超一〇億円以下　四〇八社（三〇・四％）
一〇億円超一〇〇億円以下　一三二社（九・八％）
一〇〇億円超　二八社（二・一％）

資本金の大きさからすると、一億円以下が五七パーセント強を占めており、中規模の企業の多いことが示されているが、他方において一〇億円超が一二パーセントにもおよび、とくに一〇〇億円が二・一パーセントもあるのは巨額の対日投資として注目すべき事柄であろう。

㈡　在日支店

亀田　哲氏の調査[11]（昭和六二年度）によると、外国会社在日支店の統計はつぎの通りである。

調査外国会社総数　一、八〇七社（二、〇一五営業所）
アメリカ合衆国　八一〇社（四四・八％）
香港　二一八社（一二・一％）
韓国　一六一社（八・九％）
イギリス　九一社（五・〇％）
パナマ　五九社（三・三％）
オーストラリア　四一社（二・三％）
カナダ　三八社（二・一％）
台湾　三七社（二・〇％）

スイス　三四社（一・九％）
その他　三一八社（一七・六％）
ドイツ連邦共和国　（一・五％）
オランダ　（一・三％）
フランス　（一・二％）
フィリピン　（一・二％）
シンガポール　（〇・九％）

設立準拠法国の数は五八ヵ国に及んでいる（ただし英領チャネル諸島、ケイマン諸島などタックス・ヘイブン地域も一国として数えられている）。在日支店においてもアメリカ合衆国国籍が四四・八パーセントと圧倒的に多い。つぎに香港が一二・一パーセントで注目されるが、これは日本にもっとも近いタックス・ヘイブンとして、日本企業側の香港進出件数も一九八四年（昭和五九年）二、五六八件であり、タックス・ヘイブンの中でパナマに次ぐ件数を数えている地域である。[12] そのほかタックス・ヘイブンとしてパナマ、スイス、オランダが目につくが、このうちパナマは、日本側の進出件数が一九八七年（昭和六二年）三、〇五九件で、総出資金額も第一位である。[13]

アメリカ合衆国においては、会社法は州ごとに制定されているので、つぎに在日支店八一〇社の州別会社数をみてみよう。

デラウェア州　二五九社（三二・〇％）
カリフォルニア州　一二〇社（一四・八％）
ニューヨーク州　一一五社（一四・二％）
ハワイ州　四七社（五・八％）

ネヴァダ州　　　　　　　三七社（四・六％）
マサチューセッツ州　　　二三社（二・八％）
イリノイ州　　　　　　　二二社（二・七％）
ワシントン州　　　　　　一七社（二・一％）
テキサス州　　　　　　　一六社（二・〇％）
ニュージャージー州　　　一六社（二・〇％）
その他の州　　　　　　一三八社（一七・〇％）

その他の州を含めると、合衆国の在日支店の設立準拠地州は四〇に達しており、前述の設立準拠法国と合計すると、約一〇〇の設立準拠法が登記に関係することになる。本来、外国会社の登記においても、内国会社の登記と同じく、株主総会議事録などを添付させて、登記官が直接、これら書類を審査すべきであるが、多数の設立準拠法について登記官がすべてこれを了知しておくことは事実上、不可能である。商業登記法は、在日営業所の設置登記の申請書の添付書類として、①本店の存在を認めるに足りる書面、②日本における代表者の資格を証する書面、③外国会社の定款その他外国会社の性質を識別するに足りる書面を要求しているが、これら書面は、本国の管轄官庁または在日領事などの認証を要するとして、この問題を解決している（商登一〇四条一項・二項）。実際には、在日領事の面前での外国会社の日本における代表者の宣誓供述書がほとんどである。[14]

つぎに注目されるのは、合衆国の会社の内、デラウェア会社が三二・〇パーセントと圧倒的に多いということである。合衆国においては、後述のように設立準拠法主義がとられており、事実上の本店がいずれの地にあるか（他州および外国を含む）、主たる営業活動をいずれの地において行うかに関係なく、自由に設立準拠地州（国）を選択することができる。そこで各州は、自州の財政収入の増加をはかるため、会社経営者にとって有利な制定法を定めようとして、ここに会社設立の勧誘競争が始まったのである。この競争の初期のリーダーはニュージャージー州であったが、一九一三年以降はデラウェア州がこれにとってかわり、いまやフォーチュン誌五〇〇社の半数以上、またニューヨーク証券取引所上場の会社の四割がデラウェア会社によって占められている。(15) デラウェア州は、複数の州にまたがって活動する会社（multistate corporation）にとってはもっとも評判のよい設立法域であり、多くの他の法域もデラウェア州と同種の有利な制定法を定めているが、デラウェア州ほど完全に、会社とくに会社経営者に対して便宜を与えている州は存在しない。(16) このような事情から、在日支店においてもデラウェア会社が多いのである。

（9）通商産業省産業政策局国際企業課編・外資系企業の動向（第二六回）（一九九三年）二頁以下。
（10）キャサリン・R・ハリガン・ジョイントベンチャー成功の戦略（一九八七年）七四頁。
（11）亀田　哲・外国会社外資系会社登記の実務（一九八九年）二二五頁以下。
（12）犬飼貴博・タックス・ヘイブン活用の実際（一九八七年）二〇一頁。
（13）犬飼・前掲（注12）二三二頁。
（14）亀田・前掲（注11）三九頁、五一頁。なお宣誓供述書のモデルについては、河本一郎＝村田溥積＝井上勝美編・解説実務書式大系（14）〈企業編V〉有限会社その他の会社（一九九四年）二九四頁以下。
（15）中原俊明「L・A・ベブチャク『連邦主義と会社―会社法における州間競争に対する望ましい制限』」琉法五〇号（一九九三年）二四六頁。例えばクライスラー、フォード・モーター、ゼネラル・モーター、スタンダード・オイル、ワーナー・ブラザーズ・ピクチャーズ、USスチールなどはすべてデラウェア会社である（H. G. Henn & J. R. Alexander, Laws of Corporations 185 n.2 (3d ed. 1983)）。USスチールは、一九〇一年、ニュージャージー州で設立されたが、一九六五年、デラウェア州に全額出資の子会社を設立し、この子会社が親会社を吸収合併して商号をUSスチールに変更し、かくしてニュージャージー会社からデラウェア会社に転換した（*Id. at* 179 n.9）。
（16）*Id. at* 185.

三　設立準拠法主義と本店所在地主義

前にも触れたようにアメリカ合衆国においては設立準拠法主義をとっているから、デラウェア会社であっても必ずしも事実上の本店（経営首脳部の人的・物的組織の所在場所）や主たる営業活動地をデラウェア州内に有するものではない。むしろこれらを州外に有するのが通常である。ところで、例えば事実上の本店や主たる営業活動地をカリフォルニア州に有する会社をデラウェア法にもとづいて設立した場合、かかる会社の成立はカリフォルニア州裁判所において承認される。(17) これが州外会社承認の問題である（わが国では民法三六条一項の外国法人認許の問題である）。この設立準拠法主義は、国際間においても英米法系諸国において採用されている。(18) これに対して、ほとんどの大陸法系諸国では、本店所在地主義が採用されている。(19)

わが国の法例（明治三一年法）には、外国法人に関する規定がおかれていないので、二つの主義のいずれによるかは、もっぱら学説に委ねられている。明治・大正時代においては、本店所在地主義が主流であったが、今日では設立準拠法主義が多数説になってきている。(20)

本店所在地主義は、いぜんとして大陸法系諸国のとる立場であるが、国際間で資本の移動の盛んな現代においてその理論の修正に迫られているのである。例えばフィリピンに事実上の本店をおく会社がデラウェア法にもとづいて設立された場合、本店所在地主義によると、事実上の本店所在地国であるフィリピンの法律にもとづいて設立されない限り、本店所在地主義国（例えばドイツ）の裁判所において、かかる会社の成立は承認されないことになる。(21)しかし世界には、設立準拠法主義を前提とするこのような会社が多数活動しているわけであるから、二つの主義の調整作業が必要となってくる。そこで国際団体・国際機関においては、古くから二つの立場の調整の試みがなされてきた。[22]もっとも著名なものは、第七回ハーグ国際私法会議において採択された「外国会社・社団及び財団の法人格の承認に関する条約」(一九五一・一〇・三一採択、一九五六・六・一署名に開放、ただし未発効)である。[23]この条約では、設立準拠法主義の原則を採用するとともに、本店所在地主義の例外を認めて二つの立場の妥協をはかった。すなわち本店所在地主義国は、設立準拠法上、有効に設立された外国会社であっても、事実上の本店が自国にあるか、または本店所在地主義国をとる第三国にある場合には、法人格の承認を拒むことができるとしている。

学説においても、本店所在地主義の適用について、つぎのような修正が主張されている。[24]すなわち国際私法のルールとして、まずフィリピン法(国内実質法・国際私法を含む)が指定される。つぎにフィリピン国際私法は設立準拠法主義をとっているので、国際私法上の転致によりデラウェア法が指定される。かくして設例の会社は、本店所在地主義においてもその成立が承認されることになる。しかしこの修正説にたつとしても、事実上の本店が本店所在地主義国(例えばメキシコ)におかれたデラウエア会社の場合、メキシコ国際私法上、メキシコの会社法にもとづいて設立されることを要するから、かかる会社は、他の本店所在地主義国(例えばドイツ)において承認されないことになる。

ところで同種の設例について、わが国では商法四八二条の適用が問題になる。すなわちわが国に事実上の本店を有する会社が、デラウェア法にもとづいて設立された場合、かかる会社の法人格は、わが国において認許されるのか(わが国に支店を設置し、支店登記をし、会社の名で契約を締結し、不動産を所有しうるのか)という問題である。この場合、まず日米通商航海条約(一九五三・四・二二)二二条三項の検討が必要となる。同条同項では、一方の締結国で関係法令にもとづいて成立した会社(有限責任の有無及び営利目的の有無を問わず、社団法人、組合、会社その他の団体をいう)は、「当該締結国の会社と認められ、且つ、その法律上の地位を他方の締結国の領域内で認められる」と定められている。わが国の多数説は、同項を民法に定める条約による認許(民三六条一項ただし書)と解しているが、登記実務は、戦前の会社互認条款と同一の効力すなわち訴訟当事者能力が認められるにすぎないとの立場をとっている。[25] 登記実務の立場を前提とすれば、つぎに商法四八二条の適用が問題となる。判例・通説によれば、設例のような会社（いわゆる擬似外国会社）は、たとえ外国会社法にしたがって適法に設立されたものであっても、その実態に照らして、本来、内国会社法に準拠して内国として設立されるべきであるとする（大決大七・一二・一六民録二四輯二三二六頁）。四八二条は、もともと住所地主義（本店所在地主義および営業活動地主義）の立場にたつものであるが、一般的に設立準拠法主義にたつ以上、一方では四八二条によって実現しようとする詐欺的設立の防止と、他方では一般的な設立準拠法主義の立場との調和という観点から、本条の解釈をなすべきであると思われる。かかる立場にたつならば、詐欺的設立として防止すべき会社は、事実上の本店をわが国に有するとともに、もっぱら日本で営業活動を行っている会社であるということができよう。いいかえれば事実上の本店をわが国に有し、「かつ」もっぱらわが国で営業活動を行う会社が四八二条の適用を受け、その認許を拒絶されることになるのである。[26]

（17）Restatement, 2d, Conflict of Laws §297. なお同条のコメントについては、河村博文「アメリカ合衆国における州外会社(一)」北九州一四巻三号（一九八六年）九九頁以下。

（18）すべてのコモンロー諸国のほかに、フィリピン、旧ソビエト、ペルー、ブラジル、少数のラテンアメリカ諸国（キューバ、グアテマラ、ウルグアイ）、ブスタマンテ法典一七条（2 Ernst Rabel, The Conflict of Laws 31-33 (2d ed. 1960)）。

（19）オーストリア、ベルギー、ブルガリア、デンマーク、フランス、ドイツ、ギリシャ、ハンガリー、イタリア、リヒテンシュタイン、ルクセンブルグ、オランダ、ポーランド、ポルトガル、ルーマニア、スペイン、スイス、トルコ、旧ユーゴスラヴィア、中国、エジプト、タイ、シリア、アルゼンチン、ブラジル、ホンジュラス、メキシコ、ヴェネズエラ、モンテヴィデオ条約（国際民法条約四条）。なお日本についてラーベルは、商法四八二条を引用して本店所在地主義にいれている（*Id. at* 33-35）。

（20）わが国における外国会社概念の変遷については、河村博文・外国会社の法規制（一九八二年）一八一頁以下。

（21）設例については、山田鐐一＝早田芳郎編・演習国際私法〔新版〕（一九九二年）八八頁以下〔河村博文〕。

（22）国際法学会、国際連盟、国際商業会議所の業績の概要については、法務省大臣官房調査課「終戦後における国際私法に関する

ヘーグ条約案㈢」法務資料三四〇号（一九五六年）五三二頁以下。

(23) この条約については、法務省官房調査課編「終戦後における国際私法に関するヘーグ条約案㈠」法務資料三三三号（一九五四年）一二二頁以下、同「前掲」（注22）五三二頁以下、なおこの条約に関する国際関係法辞典（一九九五年）の同項目〔河村博文〕参照、ECは、ローマ条約（二二〇条三号）にもとづいて、一九六八年に「会社及び法人の相互承認条約」を成立させたが（未発効）、これは種々の点において、一九五六年のハーグ条約を模範としている（西　賢「会社及び法人の相互承認に関する欧州経済共同体条約」神戸三〇巻二号（一九八〇年）二七五頁以下）。EC相互承認条約は、設立準拠法主義によりながらも、本店所在地主義に大幅な留保を認めており、そのため設立準拠法主義の立場をとる加盟国がこの条約を批准していない。現在のところこの条約発効の見込みはほとんどない（P・ベーレンス（今野裕之訳）「EC域内市場における会社法の調和と統一」O・ザントロック＝今野裕之編・EC市場統合と企業法（一九九三年）六〇頁）。

(24) B・グロスフェルト（山内惟介訳）・国際企業法（一九八九年）四二頁参照。なおグロスフェルトは、主たる営業所をケンタッキー州およびイリノイ州に有するデラウェア会社を例にあげて考察している。

(25) 日米通商航海条約二二条三項については、前掲（注23）国際関係法辞典「会社互認条款」の項目〔河村博文〕参照。

(26) 〔追記　詳細は、河村博文・基本法コメンタール第七版　会社法3〔服部栄三編〕（二〇〇一年）一一三頁参照〕。設立準拠法主義にたつアメリカ合衆国においても、擬似州外会社に対する法規制が、判例および立法上、形成されてきたが（河村・前掲（注20）三三頁以下）、この立場を厳密に理論化した学説がザントロックの重層化説である。重層化説をわが国に初めて紹介され、これを詳細に検討したものとして、山内惟介「西ドイツ国際私法における法人の属人法について―いわゆる『重層化説』を中心として―」新報八九巻九・一〇号（一九八三年）一六七頁以下がある。なお近時の文献として、O・ザントロック（桑原康行訳）「本拠地法説、重層化説およびEEC条約」O・ザントロック＝今野編・前掲（注23）六五頁以下。

四　タックス・ヘイブン（租税回避国・地域）

つぎにタックス・ヘイブン（tax haven）の問題をとりあげよう。(27) タックス・ヘイブンとは、法人税、個人所得税などを一般の諸国に比べて著しく低くするか、または全く課さないことによって、外国企業の誘致をはかっている国（または地域）[28]を言う。これらの国（地域）の収入は、主として会社設立の登録免許税・年間登記料や輸入関税などである。タックス・ヘイブンは、原則として他の国と租税条約を締結せず[29]、また為替管理をほとんど行わない。いかなる国（地域）がタックス・ヘイブンにあたるかは、わが国の税制上、税率二五パーセント以下の国とされている[30]。一九九二年（平成四年）までは、タックス・ヘイブンとして、大蔵省により四一ヵ国が指定されていたが、外国の税制の改正が頻繁に行われること、指定もれによる不公平の発生などから、この指定は廃止された[31]。大蔵省の指定は税率二五パーセントを基準としていたが、前述のように指定廃止後もこの認定基準は維持されている。

タックス・ヘイブンはつぎのように分類される。①所得税、法人税、源泉所得税などが全くない国（地域）（バハマ[32]、バミューダ[33]、ケイマン諸島、バーレーンなど）。②税率の低い国（地域）（香港[34]、英領チャネル諸島、マカオなど）。③国外源泉所得が非課税または低率の国（地域）（香港、リベリア、パナマ[35]など）。④一定の会社形態または活動に特典を与える国（地域）（ルクセンブルグ、オランダ、スイス等[36]）。

欧米企業は、タックス・ヘイブンを積極的に利用して国際課税の軽減をはかっているといわれている[37]が、その利用方法は外部からは容易に知ることはできない。しかし典型的な利用方法はつぎのようなものである[38]。

ケース1　まず内国会社が、直接、外国の相手方に商品を販売するとしよう。仕入一〇億円、売上一四億円で所得が四億円、税率を五〇パーセントとすると税額は二億円である。

ケース2　タックス・ヘイブン（税率一五％）に海外子会社（ペーパー・カンパニー）を設立し、帳簿上、この子会社を経由して商品をケース1と同一の外国相手方に再販売したとする。すなわち内国親会社は海外子会社に一二億円で販売し[39]、子会社は、外国の相手方に一四億円で再販売したとする。すると内国親会社の税額は一億円、海外子会社の税額は三〇〇〇万円となり、内国会社グループ全体としては一億三〇〇〇万円となる。この結果、七〇〇〇万円の節税となるのである。

ところで内国親会社がタックス・ヘイブンに設立した海外子会社を経由して外国の相手方と取引を行い、海外子会社に利益を留保したとしても、子会社から内国親会社に利益配当として支払いがなされない限り、わが国親会社に法人税が課されることはなかった。他方、便宜置籍法人の留保利益は、実質所得者課税の原則（法税一一条）によってわが国親会社の所得に合算課税されていたので、これとの均衡上、一九七八年（昭和五三年）、租税特別措置法が改正され[40]（租特措六六条ノ六・四〇条ノ四新設）、タックス・ヘイブン設立の海外子会社が内国親会社に利益を配当せず、利益を子会社に留保しているときでも、子会社の利益を内国親会社の利益と合算してこれに課税することとしたのである。

しかしこのようなタックス・ヘイブン対策税制が制定されても、これを回避するためにつぎのような方法がとられた[41]。①日本法人Aが、海外からの受取配当に全く課税しない国（例えばオランダ）に子会社Bを設立し、さらにタッ

ケース１

	内国会社
仕入	10億（円）
売上	14億
所得	4億
税率	50%
税額	2億（円）

ケース２

	内国会社	海外子会社
仕入	10億（円）	12億（円）
売上	12億	14億
所得	2億	2億
税率	50%	15%
税額	1億（円）	3000万（円）

クス・ヘイブンにBの子会社Cを設立する。この場合、Cの所得をすべてBに配当してしまうと、Bに対する受取配当に対しては課税がなく、他方、Cの所得はゼロになるから、わが国のタックス・ヘイブン対策税制の適用をのがれてしまうことになる。②日本法人Aが、内外法人の区別に関して管理支配地規準(42)（取締役会の開催、会計帳簿の保存場所、会計経営首脳部の所在地などを規準として内外法人を認定する立場）をとる国（例えばイギリス）に子会社Bを設立し、さらにBの支店をタックス・ヘイブンに設置して、この支店をBの営業活動の拠点とする。この場合、管理支配地基準からすると、Bはタックス・ヘイブンの法人となる。他方、日本の税制上は、内外法人の区別に関しては本店所在地規準(43)（定款および登記上の本店所在地を規準とする立場）をとるから、Bはイギリス法人である。わが国のタックス・ヘイブン対策税制上、イギリスはタックス・ヘイブンではないから、この対策税制の適用がないことになってしまうのである。これらの事例に対応するために、租税特別措置法が改正され、いずれの場合もタックス・ヘイブン対策税制の適用があることになった(44)。このようにタックス・プランニングの立場からタックス・ヘイブンの活用を案出する国際企業の態度と、国際租税の回避の防止をいかにしてはかるかという各国の税務当局の対応とが、タックス・ヘイブンをめぐる今日の状況であるといえるであろう。

(27)　白須信弘・国際租税戦略（一九八八年）八四頁以下、川田　剛・国際課税の基礎知識（初版一九八九年、改訂版一九九〇年）一八五頁以下、田代有嗣＝吉牟田　勲・海外子会社の法律と税務（一九八九年）三三九頁以下、斎藤　奏「新しい国際課税と実務的対応2」税経通信一九九二年九月号一六一頁以下、宮武敏夫・国際租税法（一九九三年）一二三頁以下、中里　実・国際取引と課税―課税権の配分と国際的租税回避―（一九九四年）二五二頁以下。なお犬飼・前掲（注12）は、タックス・ヘイブンの実際的活用の問題をとりあげている。

(28)　例えばバミューダ、ケイマン諸島はイギリスの植民地である。

(29)　租税条約を締結するのは二重課税を回避するためである。例えばわが国と租税条約を締結し、わが国のタックス・ヘイブン対策税制の適用を受けると、海外子会社の留保所得に対してわが国が一方的に課税することになり、相手国は、タックス・ヘイブンの利点を生かすことができなくなってしまう。それゆえタックス・ヘイブンは租税条約を締結しないのである。もっともオランダは租税条約を締結している。

(30) これはわが国の実効税率がほぼ五〇パーセントであるので、その二分の一を基準としたものである（表面税率、法人税三七・五％、住民税一七・三％（所得七〇〇万円超普通法人）、事業税六％で実効税率四七・一％）。〔追記　平成一三年三月三一日現在、法人税三〇％、住民税一七・三％、事業税九・六％で実効税率四〇・八％、実効税率の計算方法については、貝塚啓明ほか編・国際金融用語辞典〔第五版〕（一九九八年）参照〕。

(31) 斎藤「前掲」（注27）一六一頁。

(32) バハマの場合、税金としては会社設立登記の登録免許税、年間登記料、不動産の登録免許税、輸入関税のみで、その他の税は全く課されない（犬飼・前掲（注12）二四一頁）。

(33) バミューダについては、L・ミリガン・ワイト（大隈一武訳）「バミューダ―日本企業の国際的事業活動のための安定的な本拠地―（上）（下）」際商一九巻一二号（一九九一年）一五八八頁以下、二〇巻一号（一九九二年）五九頁以下が詳しい。〔追記一九九五年（平成七年）二月二七日に倒産した英国ベアリングス社は、日本にケイマン現地法人ベアリングス証券の東京支店として進出していた（日経平成七年三月五日）〕。

(34) 香港の場合、個人所得税一五パーセント、資産税六―一八パーセント、法人所得税一六・五パーセント、会社設立の登録免許税は資本の〇・六パーセント、年間登記料は五五〇香港ドルで、国外源泉所得は非課税である（犬飼・前掲（注12）二〇七頁）。

(35) リベリア、パナマは、便宜置籍船の船籍地として有名である。これらの国では、船舶または航空機の運航、貸付、売買に関しては非課税である。便宜置籍船に関する国際私法の本格的研究としては、山内惟介・海事国際私法の研究（一九八八年）がある。近時の文献としては、水上千之・船舶の国籍と便宜置籍（一九九四年）。

(36) スイスでは、持株会社や国際的事業のみを行う法人については非課税である（犬飼・前掲（注12）二一五頁）。

(37) 中里・前掲（注27）二五五頁以下。

(38) 白須・前掲（注27）九五頁参照。なお私見の観点から若干の書換えを行っている。

(39) 内国会社が海外子会社に対して、通常の市場価格より低い価格で売却した場合、移転価格税制が問題となる。この点については、河村博文「会社に対する国際課税」森　淳二朗編・企業監査とリスク管理の法構造〈蓮井良憲先生・今井　宏先生古稀記念〉（一九九四年）六〇五頁以下。

(40) 白須・前掲（注27）八四頁。

(41) 中里・前掲(注27)二五五頁。中里　実「国際租税上の諸問題」総合研究開発機構編・企業の多国籍化と法I　多国籍企業の法と政策(一九八六年)一〇九頁。
(42) 税法上の管理支配地規準は、国際私法上の本店所在地主義に相当する。
(43) 税法上の本店所在地規準は、国際私法上の設立準拠法主義に相当する。
(44) 中里・前掲(注27)二五五頁。

五　結　語

国際会社法は、一応、内国の会社法に対応するものとしてとらえることができよう。しかし内国会社法においては、企業をめぐる利害関係者の私的利益の調整という観点から、できるだけ周辺の法(例えば経済法、税法、労働法等)とは区別して、純粋な法理論を構築しようとする。これに対して国際会社法の場合には、国内実質法上の規定としては、実質的意義の民法上、外国法人に関するいわゆる外人法規定(民三六条・二条、鉱業一七条、船舶一条、航空四条、特許二五条、外人土地等)、また実質的意義の商法上、外国会社に関する外人法規定(商四七九—四八五条ノ二、銀行四七—五二条、航空一二六—一二九条、国際電電四条、外国保険等(追記　国際電信電話株式会社法は平成一〇年五月に廃止され、外国保険事業者に関する法律は、平成七年六月、新しい保険業法の成立とともに同法第九章に吸収された))が多数存在するものの、それらはいずれも部分的な法規制にすぎず、国際会社の組織法的関係を一般的に規律するのは、国際私法によって指定された準拠法である。しかも国際会社の規律には、国際法である条約が登場し、国内法としても資金取引に関する外為法や、国際証券取引に関する証券取引法、市場競争に関する独占禁止法、租税に関する国際租税法などが国際会社の組織法的規制に密接に関連するのである。グロスフェルト教授は、国際会社法から国際企業法へときわめて広汎な問題を取り扱っているが、[45] わたしは、あくまで内国会社法に対応する国際会社法を中核としながら、この法規制を明らかにするために必要な限りにおいて、周辺の法分野を含めて、今後、国際会社法の体系化を目指して努力したいと思っている。

（45） B・グロスフェルト・前掲（注24）、B・グロスフェルト（山内惟介訳）・多国籍企業の法律問題―実務国際私法・国際経済法―（一九八二年）。

〔追記〕参考文献　中村雅秀・多国籍企業と国際税制（東洋経済新報社　一九九五年）九五頁以下。斎藤　奏「租税回避規制②タックス・ヘイブン対策税制」税経通信五五巻一〇号（二〇〇〇年）七六頁以下。

第三章　商法外国会社規定の逐条解説

――商法第六章　外国会社（第四七九条―第四八五条ノ二）――

〔参考文献―文中に引用の文献はゴシックで示す〕

〔あ行〕　跡部定次郎「法人の国籍に関する最近の学説に就て」論叢二〇巻二号（一九二八年）、石黒一憲・国際私法（新版）（有斐閣　初版一九八四年・新版一九九〇年）、同・国際私法〔新法学ライブラリ一六〕（新世社　一九九四年）、同「ボーダーレス・エコノミーへの法的視座（第二二回）（第二三回）（第四二回）（第四三回）」貿易と関税四一巻四号、四一巻五号（以上、一九九三年）、四二巻一二号（一九九四年）、四三巻一号（一九九五年）、上柳克郎「法人論研究序説」「合名会社の法人性」会社法・手形法論集（有斐閣　一九八〇年、二論文とも執筆は一九七二年）、内間　裕「検査役調査・外国会社」ジュリ一二〇六号（二〇〇一年）、江頭憲治郎「外国証券の日本における流通」証券研究一〇二巻（一九九二年）、同「社債法の改正」ジュリ一〇二七号（一九九三年）、同「商法規定の国際的適用関係」国際私法年報二〇〇〇（二〇〇〇年）、同・株式会社／有限会社法（有斐閣　二〇〇一年）、江川英文・国際私法（有斐閣　一九五〇年）、大杉謙一「会社の代理・代表の実質法・準拠法―『取引安全』のあり方について」ジュリ一一七五号（二〇〇〇年）、大隅健一郎＝大森忠夫・逐条改正会社法解説（有斐閣　一九五一年）、大隅健一郎＝今井　宏・会社法（下）Ⅱ（有斐閣　一九九一年）、岡本善八・新版注釈会社法一三巻〔上柳克郎＝鴻　常夫＝竹内昭夫編〕（有斐閣　一九九〇年）、同・基本法コンメンタール第五版　会社法3〔服部榮三＝星川長七編〕（日本評論社　一九九四年）、同「外国法人の認許と承認」国際私法の争点（新版）（一九九六年）、落合誠一「国際的合併の法的対応」ジュリ一一七五号（二〇〇〇年）、落合誠一＝神田秀樹＝近藤光男・商法Ⅱ会社（第三

版）（有斐閣　初版一九九二年・三版一九九八年）〔落合誠一〕、**折茂　豊**・国際私法（各論）（新版）（有斐閣　初版一九五九年・新版一九七二年）。

〔か行〕　外国会社規定改正問題研究会『商法中の一部を改正する法律案要綱中間試案』中、外国会社規定の改正についての意見」商事一五九九号（二〇〇一年）、**加藤勝郎**・新版注釈会社法一四巻〔上柳克郎ほか編〕（有斐閣　一九九〇年）、**亀田　哲**・外国会社と登記（商事法務研究会　一九九八年）、**川上太郎**「外国会社の内国営業」神戸経済大五〇周年論文集（有斐閣　一九五三年）、同「会社」国際法学会編・国際私法講座第三巻（有斐閣　一九六四年）、**河村博文**・外国会社の法規制（九州大学出版会　一九八二年）、同・注解会社法下巻〔戸田修三＝蓮井良憲＝元木　伸編〕（青林書院　一九八七年）、同「外国法人の認許」山田鐐一＝早田芳郎編・演習国際私法（新版）（有斐閣　一九九二年）、同「法人の不法行為能力」渉外判例百選（第三版）（一九九五年）、同「法人の外部関係」国際私法の争点（新版）（一九九六年）、同「国際会社法の観念について」九国三巻二号（一九九七年）〔本書第一章所収〕、同「外国会社の責任の確保」沢野直紀＝高田桂一＝森淳二朗編・企業ビジネスと法的責任（法律文化社　一九九九年）〔本書第七章所収〕、同「外国法人認許の意義」早法七五巻三号（二〇〇〇年）〔本書第四章所収〕、同・基本法コンメンタール第七版　会社法3〔服部榮三編〕（日本評論社　二〇〇一年）〔本書第三章所収〕、**河本一郎**＝**岸田雅雄**＝**森田　章**＝**川口恭弘**・日本の会社法（新訂二版）（商事法務研究会　初版一九九三年・新訂二版一九九八年）、**神崎克郎**「外国株式」証券研究五〇巻（一九七六年）、**喜多川篤典**「外国会社のはじめにかえって」小室直人＝本間輝雄篇・企業と法（上）（有斐閣　一九七七年）、**北川俊光**・ビジネス国際法務入門（日本経済新聞社　一九九五年）、**北沢正啓**・会社法五版（青林書院　初版一九七九年・五版一九九九年）、**木棚照一**＝**松岡　博**＝**渡辺惺之**・国際私法概論（第三版）（有斐閣　初版一九八五年・三版一九九八年）〔木棚昭一〕、久保欣哉篇・多国籍企業の法規制（中央経済社　一九九三年）、**B・グロスフェルト**（山内惟介訳）・多国籍企業の法律問題―実務国際私法・国際経済法（中央大学出版部　一九八二年）、同（山内訳）・国際企業法―多国籍企業組織法―（中央大学出版部　一九八九年）、同（山内編訳）・国際企業法の諸相（中央大学出版部　一九九〇年）、**経済企画庁**調整局対日投資対策室編・対日M＆Aの活性化をめざして〔資料篇〕（大蔵省印刷局　一九九六年）、**河野俊行**「会社の従属法の決定基準―本拠地法主義・設立準拠法主義」ジュリ一

一七五号（二〇〇〇年）、小塚荘一郎「国際法上の株主保護と投資保護」ジュリ一一七五号（二〇〇〇年）。

〔さ行〕　斎藤秀夫・注解破産法（改訂版）〔斎藤秀夫＝麻上正信編〕（青林書院　初版一九八三年・改訂版一九九二年）、斎藤祥男＝絹巻康史編・国際プロジェクトビジネス（文眞堂　二〇〇一年）〔古屋邦彦〕、坂井秀行「国際倒産（検討事項第三部）」ジュリ一一三四号（一九九八年）、櫻田嘉章・国際私法（第二版）（有斐閣　初版一九九四年・二版一九九八年）、澤木敬郎＝道垣内正人・国際私法入門（第四版再訂版）（有斐閣　初版一九七二年・四版再訂版二〇〇〇年）、澤田壽夫編・新国際取引法ハンドブック（有斐閣　一九九〇年）、志村治美＝奥島孝康編・中国会社法入門（日本経済新聞社　一九九八年）〔志村治美〕、鈴木竹雄＝石井照久・改正株式会社法解説（日本評論新社　一九五〇年）、総務庁編・規制緩和白書（九九年版）（大蔵省印刷局　一九九九年）、曽野和明「多国籍企業」国際私法の争点（新版）（一九九六年）。

〔た行〕　高桑　昭「わが国の外国法人制度について」論叢一四〇巻五・六号（一九九七年）、同「わが国の商法（会社法）規定の国際的適用に関する若干の問題について」国際九九巻一号（二〇〇〇年）、高桑　昭＝江頭憲治郎編・国際取引法（第二版）（青林書院　初版一九九一年・二版一九九三年）（松岡　博）、田頭章一「国内手続の対外効／国際倒産管轄」金融・商事判例一一一二号（二〇〇一年）、龍田　節「証券の国際取引に関する法的規制」証券研究四一巻（一九七五年）、同「国際化と企業組織法」竹内昭夫＝龍田　節編・現代企業法講座第二巻〔企業組織〕（東京大学出版会　一九八四年）、同「外国企業の開示規制」龍田　節＝神崎克郎編・証券取引法大系〔河本一郎先生還暦記念〕（商事法務研究会　一九八六年）、同「商法四八三条と証券取引法」国際私法の争点（新版）（一九九六年）、同「国境を越える証券取引」鴨　武彦＝伊藤元重＝石黒一憲編・リーディングス国際政治経済システム３　相対化する国境Ⅱ（有斐閣　一九九七年）、田中耕太郎・改正商法及有限会社法概説（有斐閣　一九三九年）、同・改訂会社法概論下巻（岩波書店　一九五五年）、田中誠二・再全訂会社法詳論下巻（勁草書房　初版一九六七年・再全訂一九八二年）、谷口安平・倒産処理法〔現代法学全集三三〕（筑摩書房　一九七六年）、同編・現代倒産法入門（法律文化社　一九八七年）〔竹内康二〕、溜池良夫・新版注釈民法２総則２〔林　良平＝前田達明編〕（有斐閣　一九九一年）、同・国際私法講義（第二版）（有斐閣　初版一九九三年・二版一九九九年）、通商産業省編・通商白書（総論）平成一二年版（大蔵省印刷局　二〇〇〇年）、道垣内正人「企業の国際的活動と法」〔岩波講座〕現代

の法7　企業と法（岩波書店　一九九八年）、同「担保附社債信託法の国際的適用範囲」ジュリ一一七五号（二〇〇〇年）、同・ポイント国際私法　各論（有斐閣　二〇〇〇年）。

〔な行〕　西島太一「外国会社と我が国民商法規定―所謂会社従属法の適用範囲及び擬似外国会社の取扱について―」阪法四八巻三号（一九九八年）、西原寛一・会社法（第二版）（岩波書店　一九六九年）、野村美明「法人の行為能力」渉外判例百選（第三版）（一九九五年）、同「外国会社の規律―居留地からグローバル社会へ」ジュリ一一七五号（二〇〇〇年）。

〔は行〕　橋本寿朗＝中川淳司編・規制緩和の政治経済学（有斐閣　二〇〇〇年）〔中川淳司〕、服部榮三・改訂会社法原理（ミネルヴァ書房　一九六〇年）、濱田邦夫「外国発行体の円貨債券に関する債権者集会の開催に関する諸問題（中）」商事一二九七号（一九九二年）、早川吉尚「国境を越えたM&Aの抵触法的規律」立教五九号（二〇〇一年）、原田晃治「社債をめぐる法律関係とその準拠法」（上）（下）」商事一三五六号、一三五八号（一九九四年）、早田芳郎「外国会社の意義」国際私法の争点（新版）（一九九六年）、廣江健司「国際企業法研究序説」桐蔭法学五巻一号（一九九八年）、深山卓也「国際倒産法制の整備に関する法律の概要」ジュリ一一九四号（二〇〇一年）、同「国際倒産法制整備の概要」金融・商事判例一一一二号（二〇〇一年）、藤田友敬「会社の従属法の適用範囲」ジュリ一一七五号（二〇〇〇年）、法制審議会会社法部会「商法等の一部を改正する法律案要綱中間試案　第二十八外国会社」商事一五九三号（二〇〇一年）、法務省大臣官房調査課編「終戦後における国際私法に関する条約案（三）」法務資料三四〇号（一九五六年）、法務省民事局参事官室「商法等の一部を改正する法律案要綱中間試案の解説」商事一五九三号（二〇〇一年）。

〔ま行〕　眞砂康司「擬似外国会社の法規制の問題」関法三八巻四号（一九八八年）、同「事実上の本店を日本に置く外国法人と商法四八二条」渉外判例百選（第三版）（一九九五年）、松岡　博編・現代国際取引法講義（法律文化社　一九九六年）〔松岡　博〕、松本烝治「民事会社ノ意義ニ付テ」私法論文集（巖松堂　一九二六年・執筆は一九一二年）、宮崎繁樹「多国籍企業の法構造」宮崎繁樹編・多国籍企業の法的研究〔入江啓四郎先生追悼〕（成文堂　一九八〇年）。

〔や行〕　山内惟介「西ドイツ国際私法における法人の属人法について―いわゆる『重層化説』を中心として」新報八九巻九＝一〇号（一九八三年）、同「西ドイツ国際私法における法人の属人法について―いわゆる『個別化説』を中心として」

新報九〇巻七＝八号（一九八四年）、同・基本法コンメンタール国際私法〔木棚昭一＝松岡　博編〕（一九九四年）、同「ドイツ国際私法における反致について―実務及び学理の展開―」新報一〇五巻二＝三号（一九九八年）、同「法人の従属法とその適用範囲―欧州諸立法の比較検討とその立法論への示唆―」国際私法年報二〇〇〇（二〇〇〇年）、山口　賢「多国籍企業活動の法的構造」北川善太郎編・多国籍企業の取引活動と法的諸問題（機械振興協会・国際商事仲裁協会　一九七六年）、山田三良「商法第二百五十八条ニ就テ」法協二一巻五号（一九〇三年）、同「外国法人論」穂積先生還暦祝賀論文集（有斐閣　一九一五年）、同・国際私法〔末広厳太郎編・現代法学全集三四巻〕（日本評論社　一九三〇年）、山田鐐一「外国会社」田中耕太郎編・株式会社講座五巻（有斐閣　一九五九年）、同・国際私法（有斐閣　一九九二年）、同「商法四八二条の『同一ノ規定』の意義」国際私法の争点（新版）（一九九六年）、山本和彦「民事再生手続と国際倒産」金融・商事判例一〇八六号（二〇〇〇年）、横田洋三「国際法人」国際私法の争点（新版）（一九九六年）。

前注

㈠　緒　説

(1)　外国会社の対日進出形態

外国会社がわが国に企業進出する場合、通常、つぎの法形態がとられる（企業の海外進出形態につき、北川・二七頁以下、澤田編・一〇四頁以下、なお国際コンソーシアム形態につき、齋藤＝絹巻・四七頁以下〔古屋邦彦〕参照）。まず日本の販売業者と代理店契約を締結し、あるいはこれと並行して駐在員事務所を設置する。ついでその事務所を支店に昇格し、さらに本格的に営業活動（生産・販売・役務等）をするためには全額出資の在日子会社の設立または日本企業と合弁会社を設立する（準拠法は通常、日本法）。駐在員事務所は、情報収集、市場調査、広告宣伝、販売代理店の監督等を行うが、営業活動自体は行わないので、商法四七九条の登記は不要である（なお銀行五二対比）。これに反して支店においては営業活動が行われるので四七九条の登記が必要となる。

(2) 多国籍企業

頂上会社によって統轄された子会社ないし合弁会社等を通じて多数の国において営業活動を行う巨大企業をいう（グロスフェルト・法律問題一頁参照）。すなわち多国籍企業は巨大な国際コンツェルンである。多国籍企業の定義については、統計、法規制、学問的研究等それぞれの目的に応じて違いがある。たとえば、株主および経営者の国籍の多様性、営業活動の及ぶ国の範囲、生産・売上・取引の規模、従属会社の数等の基準が用いられることがある（宮崎・一〇頁以下参照）。法形態としては、頂上会社が一社で傘下に完全出資の子会社・孫会社を所有する古典的事例もみられるが（フォード、GM、フォルクスワーゲン）、実際にはタックス・ヘイブン（租税回避国・地域）に持株会社を設立してその子会社を世界各国に設立したり、あるいは頂上会社に複数の国籍を異にする会社が存在する場合等（ロイヤル・ダッチ／シェル）、複雑な形態をとっていることが多い（多国籍企業の法構造に関する唯一の文献は山口・四三頁以下）。

(3) 対内直接投資

対内直接投資とは、外国法人等の外国投資家が、わが国企業に対する法律上・事実上の経営参加を目的として投資（株式・社債の取得、長期貸付等）を行うことをいうが、外国法人の在日支店の設置（および支店の種類・事業目的の実質的変更）もこれに含まれる（外為二六）。外国為替及び外国貿易法は、資本移動自由化の見地から対内直接投資に対して、原則として事後報告、例外として審査付事前届出の規則を加えている（外為五五ノ五）（本書第五章参照）。

(二)　会社属人法と外人法
――外国法人規定・外国会社規定――

(1)　会社属人法

外国会社の法人格の存否ならびに会社の設立・構造・運営および消滅を全面的に規律する法は、わが国国際私法によって選択指定された法（準拠法）である。この準拠法を会社属人法（または会社従属法）という。国際私法理論上、会社属人法の決定基準としては、設立準拠法説、本店所在地説、管理説、設立地説、社員国籍説、株式引受地説等がある。現在、世界では英米法系の設立準拠法説と大陸法系の本店所在地説（または本拠地法説）とがあり（2 Ernst Rabel, The Conflict of Laws 31-35(2d ed. 1960). 山田（鐐）・講座一七九五頁以下、近時の欧州諸立法の状況については、山内・年報一一七頁以下参照）、わが国の多数学説（江川・一六八頁、山田（鐐）・国際私法二〇五頁、溜池・講義二八四頁、石黒・新法学三〇〇頁、木棚＝松岡＝渡辺・一一一頁〔木棚昭一〕、櫻田・一六七頁、道垣内・ポイント一八九頁、松岡編・一五一頁〔松岡　博〕）は設立準拠法説を支持しているが、本店所在地説（折茂・五一頁、河野・四頁も本拠地法主義に好意的）もなお有力である。設立準拠法説と本店所在地説との調和を試みる立場としては、原則として設立準拠法説をとりながら、設立準拠法国に事実上の本店が存在しない場合には、本店所在地国は本店所在地法を適用することができるとする説（川上・講座七三六頁）、法人の内部関係と外部関係とを区別し、それぞれについて別個の連結を主張する個別化説や原則的な設立準拠法の適用に加えて本店所在地法の強行規定を重ねて適用する重層化説がある（山内・基本法三〇頁）。

(2)　外人法

外人法とは、外国会社のわが国法秩序における一般的法的地位、すなわち法人格の存否および会社の組織・活動に関する国内実質法（渉外関係実質法）である。民法の外国法人規定は、外国で成立した法人の法人格（一般的権利能力）のわが国領域内における存在を承認し（民三六Ｉ）、その権利能力の具体的範囲（特別的権利能力）を定める（民三六Ⅱ）。商法の外国会社規定は、わが国法秩序における外国会社の位置づけとして内外法人平等原則を定めるとともに（商四八五ノ二――以下、商法は条文のみを示す、なお民二）、わが国会社法を脱法する詐欺的設立を防止し（四八二）、さらに外国会社の本国が遠隔地にあること、あるいは外国会社の組織（法）が相違すること等から、日本における代表者の選任と営業所の設置および登記（四七九）、内国会社の解散命令に代わる外国会社の営業所閉鎖命令（四八四）と営業所財産の清算（四八五）、日本における外国会社の株券や債券の発行および移転につき会社属人法の適用を排除してわが国商法を準用すること等を定めている（野村・ジュリ二一一頁以下参照）。

(3)　会社の渉外法律関係に対するわが国商法の適用

近時、つぎのような問題が提出されている（江頭・年報一三六頁以下、落合・ジュリ三六頁以下、高桑・国際三二頁以下、道垣内・ジュリ五〇頁以下、藤田・九頁以下参照）。①日本親会社が外国に完全子会社を設立している場合、子会社債権者（日本国居住）は法人格否認の法理によって日本親会社の責任を追及することができるか、②日本会社と外国会社間で株式交換により親子会社となることができるか、③日本会社と外国会社との国際合併は認められるか、④外国子会社による日本親会社の株式取得は認められるか、⑤外国会社が日本市場で株式を公募した場合、株式の取得者は計算書類の虚偽記載を理由に外国会社の取締役に対して商法二六六条ノ三第一項にもとづく責任を追及することができるか、⑥日本親会社の監査役は、外国子会社の調査をすることができるか、⑦外国会社が日本で円建（円表示）社債を発行した（社債契約の準拠法は日本法）が、契約条項の変更の必要が生じた場合、わが国商法上の社債権者集会の決議が必要であるか、⑧日本会社が外国で社債を発行する場合（社債契約の準拠法は日本法）、わが国商法上の社債管理会社を定める必要があるか、また⑨日本会社が在日不動産を担保として外国で社債を発行する場合、担保付社債信託法のどの規定が適用されるか等である。

㈢　外国会社の法人格の認許

⑴　一般的説明

外国法人の認許とは、わが国領域で法人として活動するための法人格を承認することである（山田（鐐）・講座一八三二頁以下、溜池・新注民一九四頁以下、河村・早法二五七頁以下）。民法三六条一項は、当然に認許される外国法人の範囲として、外国およびその行政区画（本国で法人格を有することが必要）ならびに外国商事会社を定めている。その結果、外国およびその行政区画以外の公法人、外国公益法人、外国非営利・私益法人（協同組合等）は、法律上、当然には認許されないことになる。ただし同条二項は、認許されない外国法人であっても、法律または条約によって認許することができる旨を定めている（外国保険相互会社、EU等）。

商法会社編第六章「外国会社」の主たる規定は、外国会社がわが国において継続的営業活動をする場合の規定であるが、民法三六条の規定は、継続的活動のみならず、個別的活動をする場合をも含んでいる（反対、岡本・争点九七頁）。

⑵　外国商事会社と外国民事会社

一九一一年（明治四四年）の商法改正により、同法五二条二項（旧四二条二項）が追加され、現行法上、民事会社（原始産業など商行為以外の営利行為を業とする会社）も商法上の会社とみなされることとなった（なお有一参照）。明治四四年改正前においては、民事会社は民法上の営利法人とされ、商法上の会社（商行為を業とする会社）とは区別されていた（松本・三六三頁）。このような規定を背景に民法三六条一項は外国商事会社の成立の認許を定めたのである。しかし明治四四年改正後は、民事会社も商法上の会社に含められることとなったので、民法三六条一項にいう外国商事会社には、外国民事会社も含まれると解すべきである（同旨、山田（鐐）・国際私法二三二頁、木棚＝松岡＝渡辺・一一四頁〔木棚昭一〕、反対、田中（耕）・概論下五九一頁）。

(3)　法人格を有しない外国会社

ドイツの合名会社および合資会社や英米のリミテッド・パートナーシップは法人ではないが、実質的には法人の属性、すなわち、①団体の名において契約その他の法律行為をなすことができ、②団体の債務については団体の財産が引当てとされ、③団体の名による不動産登記をなすことができ、④団体の登記（法人登記に準ずるもの）が可能であり、⑤団体が訴訟当事者能力を有することを認められる（法人の属性につき、上柳・一頁以下、一六頁以下参照）。このような外国会社は、民法三六条一項主文の類推適用を受ける（反対、溜池・講義二九二頁、早田・九九頁）。

(4)　外国保険相互会社

保険業法はとくに外国保険相互会社の認許に関する規定をおいていないが、わが国内の事業活動に対する行政監督（保険一八五―二四〇）は、当然に法人格の認許を前提としていると解せられる。

(5)　擬似外国会社

外国法に準拠して設立された会社であっても、わが国に事実上の本店を有し、またはわが国での営業活動を主たる目的とする会社（四八二）は、その法人格を認許されないとするのが通説・判例である。

(6)　社会主義国の会社

株式会社形態であっても外国政府や自治体が一定の政治的・社会的・経済的な政策の実現のために設立した会社であって、国家または自治体から事実上、独立採算性を付与されていないものは公企業的性格を有しているので、当然には認許されない。行政からの独立性（過半数の民間資本、人事の独立）、独立採算性および営利性の三要件をみたすときは、当然に認許されると解すべきである（中国会社法の特異性につき、志村＝奥島編・一七頁以下〔志村治美〕参照）。

㈣　外国会社の概念

⑴　一般的説明

国内実質法である外人法（外国人・外国法人の法的地位を直接定めるもの）上の外国会社の概念（民三六、商四七九―四八五ノ二、有七六）は、国際私法上の会社属人法の決定基準を導入してこれを定める。会社属人法の決定基準は、国際的要素を有する会社の法人格の存否、設立ないし消滅の法律問題を、いずれの国の法律に従って規律するのがもっとも妥当であるかという観点から定められる。かつては自然人の国籍と同様に会社についても国籍があるとされ（会社国籍論）、その国籍を有する国の法律によって国際私法上および外人法上のすべての問題を一律に規律するという説が主張された。今日では概念の相対性が承認され会社国籍論は否定されているが、会社の国籍の決定基準は、会社属人法の決定基準として生かされている（会社国籍否認論および概念の相対性については、跡部・五〇一頁以下参照）。

会社属人法の決定基準としてはさまざまな説が主張されていたが、現在の世界の諸国においては、設立準拠法説と本店所在地説とに二分されている。この二つの立場の国際的調整の努力は、国際機関等によって続けられてきているが（河村・法規制一四九頁以下参照）、いまだ実現していない。国内実質法である外人法上の外国会社規定も国際的な統一を指向すべき規定である。このように外国会社の概念は、国際的な考慮を要する概念であって、わが国独自の概念を構成することはできないのである。

⑵　外人法上の外国会社の概念

会社の国籍の決定基準（山田（三）・穂積八八二頁以下参照）のうち、外人法上の外国会社の概念として重要なものは、①設立準拠法説、②住所地説（本店所在地説と営業活動地説とがある）、および③管理説である。これらのうち、会社の法人格の存否、設立ないし消滅を規律する会社属人法の決定基準は、設立準拠法説と本店所在地説である。

したがって民法三六条一項および商法四七九条―四八五条ノ二（四八二を除く）の外国会社の概念はこのいずれかの説によることになる（決定基準学説の詳細につき、岡本・新注会五二一頁以下、河村・法規制一八一頁以下参照）。

(イ) 設立準拠法説（前掲国際私法学説のほか、大隅＝今井・一七九頁、岡本・新注会五二三頁、河本＝岸田＝森田＝川口・五八頁、喜多川・二一頁（注5）、北沢・三七頁、鈴木＝石井・三五七頁、龍田・講座二八〇頁、服部・六頁等） この説は、外国会社とは、外国法に準拠して設立された会社をいうとし、事実上の本店または主たる営業活動地がいずれの国にあるか、経営者ないし出資者の国籍がいずれであるかを問わないとするものである。この説の根拠はつぎの点にある。会社がある国の法に準拠して設立されるとき、社団の形成、資本の確保、機関構造および資本構造の形成は、準拠した法に従って行われる。それゆえ会社の法人格の存否、設立ないし消滅に関する事項は、会社の設立に際して準拠した法に従って規律されるのがもっとも妥当であるという点にある。しかも設立準拠法の決定と適用はきわめて明確である。しかし準拠法説によるときは、会社の設立者は自由に外国の法を選択することができるから、事実上の本店所在地や主たる営業活動地の法の回避が可能となる（擬似外国会社の規制）。

(ロ) 本店所在地説（前掲国際私法学説のほか、田中（耕）・概論下五八九頁、西原・一五頁等） この説は、外国会社とは、事実上の本店所在地国の法に準拠して設立された会社をいうとし、主たる営業活動地がいずれの国にあるか、経営者ないし出資者の国籍がいずれであるかを問わないとするものである。この説の根拠は、会社の住所は事実上の本店所在地（会社経営者首脳部所在地）＝登記上の本店所在地にあり（五四Ⅱ参照）、事実上の本店所在地国が会社の監督をなすのにもっとも妥当であるという点にある。しかしこの説にあっても、会社が成立したというためには、法に準拠して設立されることを要するのであるから、設立準拠法説とまったく異質の説としてとらえるべきではなく、準拠法説の変形として位置づけすることができる（2 E. RABEL, *supra*, at 38. 喜多川・三九頁）。本店所在地説は、いぜんとして大陸法系諸国のとる立場であるが、国際間で資本の移動の盛んな現代においてその理論の修正に迫られている（理論の修正につき、グロスフェルト・国際企業法四二頁、山内・新報一〇五巻二＝三号八九頁以下参照）。

なお外国会社の概念は商法四八二条の解釈によるとし、わが国は準拠法説を原則とするが、これに事実上の本店説を併用したものであるとする説がある（田中（誠）・一三二一頁）。

(ハ)　営業活動地説　この説は、外国会社は主たる営業活動地国の法によって設立されることを要するとする。すなわち、住所地説を前提とし、事実上の本店所在地国と主たる営業活動地国とが異なる場合、会社の住所は主たる営業活動地国にあるとするものである。この説の根拠は、会社に関する法はその領土内において営業をなす会社を監督することを目的とするという点にある（山田（三）・穂積八八八頁・八九六頁以下参照）。商法四八二条は、本店所在地説および営業活動地説の立場からする規制である。

(ニ)　管理説　会社が事実上または法律上、外国人ないし外国法人によって支配されている会社が外国会社であるとする（跡部・五一八頁参照）。内国法が、会社の実態に注目して外国会社の権利能力や営業活動を禁止または制限する場合がある（電電六、電波五Ｉ③、鉱業一七、航空一三〇、外国人漁業規制三②等）。内国会社法に準拠して設立され、事実上の本店をわが国に有する会社は、設立準拠法説または本店所在地説のいずれの立場からも内国会社であるが、社員、出資、議決権もしくは業務執行者ないし代表者の一定比率以上が外国人ないし外国法人によって占められる場合には、実質的外国会社として禁止・制限を定める法律の適用対象となる。

〔外国会社の代表者および営業所〕

第四七九条①　外国会社ガ日本ニ於テ取引ヲ継続シテ為サントスルトキハ日本ニ於ケル代表者ヲ定メ其ノ住所又ハ其ノ他ノ場所ニ営業所ヲ設クルコトヲ要ス

② 前項ノ場合ニ於テハ外国会社ハ其ノ営業所ニ付登記及公告ヲ為スコトヲ要ス此ノ登記及公告ハ日本ニ成立スル同種ノモノ又ハ最モ之ニ類似スルモノノ支店ノ登記及公告ノ規定ニ従フ

③ 前項ノ登記ニ在リテハ会社設立ノ準拠法並ニ日本ニ於ケル代表者ノ氏名及住所ヲモ登記スルコトヲ要ス

④ 第七十八条ノ規定ハ外国会社ノ代表者ニ之ヲ準用ス

〔昭二五法一六七本条全部改正〕

㈠ 本条の趣旨

本条は、外国会社の日本における代表者の選任と営業所の設置義務、および内国会社の支店登記に準ずる会社組織の公示義務を定めることによって、日本における取引安全の保護をはかろうとするものである。

わが国領域内で外国会社と取引をする者は、外国会社の代表者、その代表権限の範囲、在日営業所の所在地、および会社の組織内容を知る必要がある。そこで本条は、外国会社が個別取引ではなく、継続取引をなそうとするときは、代表者の選任と営業所の設置および営業所の登記を要するとしたのである（本条Ⅰ・Ⅱ）。一九五〇年（昭和二五年）改正前においては、外国会社が「日本ニ支店ヲ設ケタルトキハ」支店設置の登記および公告を要するとしていたが、日本に支店を設置しないで取引を行ったり、日本に支店を設置して継続取引を行いながらも支店設置の登記を懈怠する事例が頻発したので（大決大一〇・五・四民録二七輯八五二頁、大判昭三・四・二七民集七巻三〇二頁、大判昭一八・八・二四民集二二巻一八号八一二頁）、改正法は継続取引を中心に定め、外国会社が継続取引をなそうとするときは営業所の設置および登記を要するとした（昭和二五年改正につき、大隅＝大森・五六四頁以下参照）。登記を懈怠した場合、日本における代表者は一〇〇万円以下の過料に処せられる（四九八Ⅰ①）。登記前の継続取引は禁止され（四八一Ⅰ）、これに違反して取引をなした者はその取引につき会社と連帯責任を負担し（四八一Ⅱ）、かつ営業所設置の登録免許税額相当額の過料に処せられる（四九八ノ三）。本条は、外国有限会社に準用されている（有七六）。

㈡　要　件

(1)　外国会社の意義

外国会社は継続取引の主体である。本条にいう外国会社は、民法三六条一項の適用または類推適用によってその法人格または法人の属性をわが国領域内で承認された会社である。

わが国の通説である設立準拠法説にたてば、外国法に準拠して適法に設立されておれば事実上の本店がいずれの国にあるかを問わない。たとえば、事実上の本店をフィリピンに有する会社がデラウェア会社法に基づいて設立された場合であっても、その会社の法人格はわが国領域内で承認され、本条の規制対象となる。これに対して本店所在地説にたてば、かかる会社はフィリピン法に準拠して設立されない限りその法人格はわが国領域内で承認されず、本条の規制対象とはならない（河村・演習八八頁以下参照）。

(イ)　外国民事会社は民法三六条一項の外国商事会社の概念に含まれるので、本条の規制対象となる。

(ロ)　ドイツの合名会社および合資会社や英米のリミテッド・パートナーシップのように民法三六条一項主文の類推適用を受ける会社は、本条の規制対象となる。これに反して同条同項主文の類推適用のない英米のゼネラル・パートナーシップの場合には疑問を生ずる。この点に関して本条の登記は、内国取引の安全保護のために外国会社の監督を定めたものであって、民法三六条一項の認許とは無関係であるとの説が有力に主張されている（川上・五〇周年二七頁、早田・九九頁）。ゼネラル・パートナーシップは、その営利団体性（営利を目的とし構成員はパートナーシップ債務につき連帯無限責任を負う）および団体の単一性（商号を有し、その名で契約をなし、若干の法域ではその名で不動産登記をなすことができ、訴訟当事者能力がある）において、わが国の合名会社と実質的な類似性が認められるから、本来、民法三六条一項によって認許された外国会社に適用すべき本条の規定は、このパートナーシップにも類推適用されると解すべきである（早田・前掲同頁は当然適用説）。

(ハ) 外国法によって適法に設立された会社であっても、日本に事実上の本店を有するか、または日本での営業を主たる目的とする会社は（四八二）、わが国領域内では擬似外国会社としてその法人格は承認されず、在日支店の設置登記は認められない。大審院大正七年一二月一六日決定（民録二四輯二三二六頁）は、デラウェア会社法に準拠して設立され、同州に定款上の本店を有し、かつ設立登記をした会社が、東京に名義上の支店を設置したが、登記官はその支店が事実上の本店であると認定して支店設置の登記の抹消をした事案につき、登記官の抹消行為を適法とした。かかる立場に対して、近時、わが国の通説である設立準拠法説をより徹底させ、擬似外国会社も外国法に準拠して適法に設立された以上、わが国領域内でその法人格を承認すべきであるという説が有力となっている（山田（鐐）・国際私法二三五頁、龍田・講座二七二頁、江頭・株式有限六五四頁等。なお学説・判例の詳細につき、山田（鐐）・争点一〇〇頁以下参照）。この説に従えば擬似外国会社も本条の規制対象となり、営業所の設置・登記を要することになる。

(2) 継続取引の意義

継続取引とは、外国会社の事業目的である営業活動（生産・販売・役務等）を集団的かつ反復的に行うことである。個別取引に対する概念である。個別取引の場合には、本国における代表者が外国会社を代表する。これに反して継続取引の場合には、本条によりとくに日本における代表者が選任されなければならない。開業準備行為も継続取引に含まれる。これに反して株券や社債の発行、取締役会や株主総会の開催、銀行口座の開設等は、本条にいう継続取引には含まれない（アメリカ模範会社法一〇六条参照）。学説には、株券や社債の発行を継続取引に含める立場がある（山田（鐐）・国際私法二三三頁）。その理由は、商法四八三条が営業所について定めていること、および内国投資家の保護にあると思われる。しかし四八三条が株券や社債の発行のみを行う外国会社の営業所を定めたものと解することには疑問があり、また内国投資家の保護は代理人の選任で足りるから（龍田・講座二七七頁）、この説には賛成しがたい。継続取引行為は営業活動行為である。したがって、駐在員事務所が、単なる市場の調査や情報の収集、販売代理店の監督等を行う場合には継続取引にあたらないが、広告宣伝活動に付随して契約の申込みを受け付ける場合には、営業活動の準備行為として継続取引に含まれる。

在日代理店や在日子会社を通じての外国会社の活動は、代理店や子会社が外国会社とは別法人であるから、本条にいう外国会社の継続取引にはあたらない（河村・早法二七七頁参照）。

㈢　効　果

(1)　代表者の選任と営業所の設置

(イ)　日本における代表者の選任

外国会社がわが国領域内で継続取引を行おうとするときは、日本における代表者を選任しなければならない。

(a)　選任の方法　代表者の選任方法は、会社の内部事項であるから会社属人法による。いかなる者（本国の取締役、役員、従業員あるいは第三者等）を日本における代表者に選任するかは自由である。

(b)　代表者の代表権限　日本における代表者は、外国会社の営業に関する一切の裁判上または裁判外の行為をなす権限を有する（本条Ⅳ・七八）。代表権の地理的範囲について、大審院明治三八年二月一五日判決（民録一一輯一七九頁）は、「其日本ニ設ケタル支店ノ営業ニ関スルト日本以外ノ国ニ在ル本支店ノ営業ニ関スルトヲ論別セス会社ノ営業全部ニ付キ代表権ヲ有スル」としている。しかし多数説は、本条が、内国の取引債権者の保護を目的として、とくに法定代理人の選任を義務づけたものであるから、代表権は在日営業所を拠点とする国内取引に限定すべきであると解している（山田（鐐）・国際私法二三二頁等）。裁判外の行為については多数説が妥当であるが、裁判上の行為は、外国の本支店がすでになした行為に関するものであるから、代表者の権限は、会社の営業全部の行為にも及ぶと解すべきである。前述の大審院明治三八年二月一五日判決は、海外支店の行った行為に基づく損害賠償の請求について、在日支店の日本における代表者を相手に訴えを提起した事案である。

日本における代表者は、その支店を代表するものではなく外国会社を代表するものであるから、日本に設置した一支店の所在地に登記をした代表者は、日本の全国に対して代表権を有する。日本における代表者が数人あるときは、各自が会社を代表する（大判明三八・四・二六民録一一輯五八七頁）。日本における代表者は日本に住所を設けることを要する。その理由は、代表者が外国会社規定に違反した場合、過料の制裁を受けるが（四九八Ⅰ①・⑮・㉓・㉙、四九八ノ三）、過料の制裁の実効性を担保するためには、代表者が日本に住所を有することを要するからである。登記先例では、日本における代表者のうちの一名が、日本に住所を有することを要求している（昭和五九・八・九民四第四一〇九号民事局第四課長回答）。

(ロ)　営業所の設置　営業所は、会社属人法またはわが国の商法上、支店の実質を有していなくても日本における営業の中心であれば足りる（鈴木＝石井・三五八頁等）。しかし通常、営業活動の便宜および対外取引の信用確保のためには、ある程度の独立性をもった営業活動の中枢としての人的・物的組織の存在が必要であり、かかる組織を前提として営業所閉鎖命令（四八四）および営業所財産の清算開始命令（四八五）が定められている。

(2)　営業所の登記および公告

外国会社が継続取引をしようとするときは、在日営業所につき登記および公告をなすことを要する（本条Ⅱ。在日営業所の登記につき、亀田・三九頁以下参照）。登記の申請人は日本における代表者である（商登一〇三）。登記および公告は、同種または類似の内国会社の支店に関する規定に従う。登記所に外国会社登記簿を備えるとされるが（商登六⑨)、外国会社特有の様式の用紙はなく、その外国会社が合名会社、合資会社、株式会社または有限会社のいずれと同種または類似するかに応じて、外国会社の各登記簿を作成する（商登規九四・一但書)。登記期間は、営業所の設置から三週間以内であるが（六五Ⅰ)、登記事項が外国において生じたときは、その通知の到達した時から期間を計算する（四八〇)。登記すべき事項は、内国会社の支店設置の場合の事項のほか、設立準拠法ならびに日本における代表者の氏名および住所が追加される（本条Ⅲ)。なお、登記の公告は現在なされていない（法務局設置整理法附則9・10)。

外国相互保険会社については、登記所に外国相互保険会社登記簿が備えられ（保険二二四)、申請人等に関して商業登記法が準用されている（保険二二六。なお外国法人につき非訟一二四頁参照)。

(3)　国際裁判管轄権

外国会社が、わが国に従たる営業所を有する場合、わが国は、営業所の行った業務について裁判管轄権を認められる（河村・企業ビジネス一六九頁以下参照)。

(4)　営業所設置の意義

近時、急速に普及しつつあるインターネット取引において営業所設置は強制されるべきか。二〇〇一年（平成一三年）四月一八日、法制審議会会社法部会公表の「商法等の一部を改正する法律案要綱中間試案」第二十八　外国会社では、営業所設置義務の廃止を提案している（商事一五九三号二七頁)。これはインターネット取引のみならず、外国会社の継続取引すべてについてである。営業所設置の必要性は、商品の引渡、代金の支払、アフターサービスの提供等の債務の履行の確保、およびわが国における国際裁判管轄権の所在である。これらの内、国際裁判管轄権以外の問題については、ほかの代替制度によることが可能である。しかし国際裁判管轄権問題は、営業所設置義務の廃止により在日債権者はきわめて不安定な立場におかれる。国際裁判管轄権のルールとして、少なくとも在日営業所との取引については、わが国が裁判管轄権を有している。したがって在日営業所の設置は、国内債権者の取引保護のためには、きわめて重要なのである。そのほか一定の場合、契約締結地に裁判管轄権を認める学説があるが、これはいまだ確立したルールではない（河村・企業ビジネス一七六頁以下、座談会「今後の会社法改正に関する基本的な視点」商事一五四八号〔神田秀樹発言〕三〇頁、スクランブル「グローバルなネット取引と商法四七九条」商事一五六一号三八頁参照）。

〔登記期間の特則〕

第四八〇条　前条第二項及第三項ノ規定ニ依リ登記スベキ事項ガ外国ニ於テ生ジタルトキハ登記ノ期間ハ其ノ通知ノ到達シタル時ヨリ之ヲ起算ス

〔昭二五法一六七本条改正〕

本条は、前条第二項および第三項の規定により登記すべき場合、登記期間の起算点について、わが国で生じた登記事項と外国で生じた事項とを区別し、前者は一般原則に従うのに対して、後者はその例外による旨を定めたものである。一九五〇年（昭和二五年）、商法四七九条の根本改正を受けて本条も改正されたが、規定の内容に変更はない（同旨の規定、三四一ノ四Ⅳ・三四一ノ一五Ⅱ。なお民四九Ⅰ但書参照）。本条は、外国有限会社に準用されている（有七六）。

外国会社の営業所の登記は、同種または類似の内国会社の支店の登記手続に従う（四七九Ⅱ）。在日営業所の登記事項に変更があった場合には、遅滞なく変更登記をしなければならないが（一五参照）、その登記期間については、支店の設置・移転およびすでに登記された事項の変更の場合につき、それぞれ規定がおかれている（六五―六七・

一八八Ⅲ)。登記期間の起算点に関する一般原則は、変更事由発生の日であり(初日不算入〔民一四〇〕)、支店における登記も同様に解されている(大判大五・九・一四民録二二輯一四三三頁)。外国会社の場合、この一般原則が適用されるのは、登記事項がわが国で生じたときに限られる。たとえば、日本における代表者の権限に基づく営業所の移転、第二営業所の設置および支配人の選任等である。これに対して事業目的の追加・変更、商号の変更、本店の移転、資本額の変更もしくは会社代表者の変更等、本国で生じた登記事項については、本国から在日代表者への通知(文書)に時間を要すること、登記申請書の添付書類として本国の管轄官庁の認証手続を要すること等から(商登一〇五Ⅰ)、登記事項の起算点を変更事由の通知の到達した時とする特則を設けたのである。外国において生じた事項の登記を申請する際には、申請書にその通知書の到達した年月日を記載しなければならない(商登規九七Ⅱ・八一)。通知の到達した時とは、日本における代表者が通知を受領した時であるが、変更登記の添付書類につき在日領事の認証を受ける場合には(商登一〇五Ⅰ)、その認証の時と解すべきである(岡本・新注会五二九頁。なお領事認証の在日代表者の宣誓供述書の問題点につき、亀田・九七頁以下参照)。

〔登記前の継続取引の禁止〕

第四八一条①　外国会社ハ第四百七十九条ニ定ムル登記ヲ為ス迄ハ日本ニ於テ取引ヲ継続シテ為スコトヲ得ズ

② 前項ノ規定ニ違反シテ取引ヲ為シタル者ハ其ノ取引ニ付キ会社ト連帯シテ其ノ責ニ任ズ

〔昭二五法一六七本条改正〕

㈠　本条の趣旨

本条は、営業所設置登記前の継続取引そのものを禁止することによって、継続取引をなそうとする外国会社の日本における営業所の設置とその登記を促進し、同時に違反行為者個人の民事責任を定めることによって、取引相手方による外国会社側の責任の追及を確実にしようとするものである。

一九五〇年（昭和二五年）改正前の旧四八一条は「外国会社ガ始メテ日本ニ支店ヲ設ケタルトキハ其ノ支店ノ所在地ニ於テ登記ヲ為ス迄ハ第三者ハ其ノ会社ノ成立ヲ否認スルコトヲ得」と定めていた。そのため日本に支店を設けないで取引した場合には同条の適用がないこととなるし、成立の否認の解釈については、登記がない限り第三者はその登記未了を知って取引をした場合でも成立を否認することができるのか、登記前に取引した場合には登記後でも会社の成立を否認することができるのか等、多くの疑問が生じた（鈴木＝石井・三五九頁）。そこで本条は、支店設置の要件に代えて登記前の継続取引を禁止することとし、成立否認の効果に代えて違反行為者の民事責任を定めたのである。本条は、外国有限会社に準用されている（有七六）。

㈡　登記前の継続取引の禁止

本条一項は、継続取引を中心に定められ、日本における営業所の登記（設置がその前提となる）をするまでは、継続取引をしてはならないとされているので、その反面として継続取引をするためには営業所の登記が必要となる。昭和二五年改正前とは異なり、日本に支店を設置したかどうかで取扱いに相違を生ずることはなくなった。一項の規定は、日本における取引を規制して、国内取引の安全の確保をはかることを目的とする取締規定であるから、四七九条二項の営業所設置登記とは異なり、登記のみが基準となり、公告は基準に含まれない（岡本・新注会五三一頁）。

本条一項に違反して登記前に取引が行われても、会社に対する関係では、その私法的効力に影響がない。すなわち、取引が外国会社を代表しまたは代理する者によって会社の名においてなされた限り、会社はその取引について相手方に責任を負い、相手方も登記未了の事実について悪意であったとしても、その取引の効力を否認することはできない。他方において、一項に違反して行為した者は、後述のように当該取引について会社との連帯責任を負うとともに（本条Ⅱ）、営業所設置の登録免許税相当額の過料に処せられる（四九八ノ三）。かくして一項の禁止規定は、二項の行為者の責任を生ずる前提条件としての意味を有するにすぎないともいえるのである。

㈢　本条一項違反者の個人責任

本来、外国会社を代表または代理する者が、その権限の範囲内において（四七九Ⅳ・七八参照）、会社の名において取引をした場合には、その取引につき会社のみが責任を負うべきものである。しかし登記されていない外国会社の場合、その実体が不明確であるから、本条二項は、会社とならんで取引を行った行為者個人もその責任を負うものとした（大隅＝大森・五六九頁以下参照）。

取引をなした者とは、会社の名において実際に取引をした者をいうが、その行為者が、会社を代表または代理する権限を有していることを要する。日本における代表者に限らない。行為者が会社の名において取引を行ったが、代表権または代理権を有せず、あるいは会社の実体がない場合には、無権代理等の一般原則によって処理される。会社の名称とまぎらわしい名称で日本において取引を行ったが、いずれの地にも会社として設立されておらず、実体は個人企業である場合、取引をなした者は、本条による連帯責任を負うものではない、という判例がある（東京地判昭三五・八・九判時二三九号一六頁）。登記前の取引については、登記後であっても行為者個人の責任は存続する。

〔擬似外国会社〕

第四八二条　日本ニ本店ヲ設ケ又ハ日本ニ於テ営業ヲ為スヲ以テ主タル目的トスル会社ハ外国ニ於テ設立スルモ

ノト雖モ日本ニ於テ設立スル会社ト同一ノ規定ニ従フコトヲ要ス

〔昭一三法七二本条改正〕

㈠　本条の趣旨

設立準拠法説によれば、事実上の本店や主たる営業活動地がいずれの国に所在するかにかかわりなく、自由にある国の法を選択することができるが、本条は、その例外として、事実上の本店や主たる営業活動地がわが国にある会社については、日本法に準拠して設立しなおすことを要すると定めて、外国法による詐欺的設立を防止しようとするものである（法典修正案理由書二五八頁、山田（三）・法協六七七頁、松本・一三三頁、大決大七・一二・一六民録二四輯二三二六頁）。本条の規定文言は明確性を欠いているため、立法当初から、その解釈をめぐって争いがみられた（松本・一三二頁）。近時、設立準拠法説の立場を徹底させ、ある国の法律に準拠して設立された以上、本条の要件をみたす外国会社もわが国においてその法人格が承認されるという説が有力となってきている。本来、本条は、住所地説（本店所在地説および営業活動地説）の立場にたつものであるが、一般的に設立準拠法説にたつ以上、一方では本条によって実現しようとする詐欺的設立の防止と、他方では一般的な設立準拠法説の立場との調和という観点から、本条に関する個々の問題を解決すべきであると思われる。本条は、外国有限会社に準用されている（有七六）。

㈡　要　件

(1)　日本に本店を設けること

本店とは事実上の本店をいう。定款上の本店は、およそある国の法律に準拠して設立される以上、その設立準拠法所属国に設置されるのが通常であるから、本条の要件に含まれない。事実上の本店とは、会社の営業の本拠なわち会社の営業の全般にわたって指揮命令を発する経営首脳部の所在場所をいう。株主のほとんど全部が外国に居住し、外国で株主総会が開催されるような会社の場合、かかる会社は国際会社であって本条の要件をみたさない。会社の設立当初から日本に事実上の本店を設置する場合と、すでに外国に設置していた事実上の本店を日本に移転する場合とを含む。

(2)　日本において営業をなすことをもって主たる目的とすること

この要件は、会社国籍の決定基準であった営業中心点説（営業活動地説）にたつものである。通説は、この基準を充足すれば本条の要件をみたすと解している。しかし営業活動地基準は、事実上の本店との関係でとらえるべきものである。すなわち営業活動地基準は、外国に虚偽の本店を設けて内国会社法の適用を免れようとする設立詐欺を防止しようとする場合に限り、補充的な基準となるにすぎない（山田㈢・全集二四四頁）。

事実上の本店については、日本にこれを有する限り、営業活動地がまったく日本になくとも本条の要件を充足すると解するのが通説である（学説につき、山田（鐐）・争点一〇〇頁以下参照）。しかし一般的に設立準拠法説にたつ以上、外国法に準拠して適法に設立された会社は、その設立を尊重すべきであること、本店を日本に有し、もっぱら外国で営業活動を行う会社は国際会社というべきものであること（国際会社の概念につき、河村・九国六四頁以下参照）、および前述の営業活動地基準の補充的基準性等から、詐欺的設立として防止すべき会社は、事実上の本店を日本に有し、かつ、日本でもっぱら営業活動を行っている会社と解すべきであろう。

(3)　外国において設立されたこと

この要件は、会社国籍の決定基準であった設立行為地説にたつものである。設立行為をどう解するかの争いはあるが、設立行為を定款の作成のみならず、設立登記を含む設立手続を意味するとすれば（山田㈢・全集二四一頁参照）、設立準拠法説と一致することになるから、本要件は外国法に準拠して設立されたことをいう。

㈢　効　果

本条の要件をみたす会社は、日本において設立する会社と同一の規定に従うことを要する。日本において設立する会社とは、前述㈡の要件⑶と同じく、日本法に準拠して設立された会社である。

⑴　同一の規定の意義

(イ)　通説・判例　同一の規定とは、内国会社法の全体を意味するとし、本条の要件をみたす会社は、内国会社として設立しなおされることを要すると解している（学説の詳細は、岡本・新注会五三四頁参照。前掲大決大七・一二・一六）。すなわち擬似外国会社は、外国会社としてわが国領域内でその法人格は承認されず、日本法上、権利能力なき社団として取り扱われることになる。かくして本条は、民法三六条一項主文の例外規定として位置づけられるのである。

(ロ)　近時の有力説　本条の要件をみたす会社であっても、外国法に準拠して適法に設立された以上、わが国領域内でその法人格を承認すべきであり、同一の規定は、設立規定以外の規定を意味すると解する（山田（鐐）・国際私法二三五頁、同・争点一〇一頁、龍田・講座二七二頁、北沢・三七頁、落合＝神田＝近藤・二七一頁〔落合誠一〕、江頭・株式有限六五四頁、なお立法論につき、同・六五五頁〔注8〕参照）。この立場は、設立準拠法説を理論上、徹底させ、国際的活動を行う外国会社の実状にそった解決を導こうとするものと思われる。しかし設立手続以外の内国会社規定を適用することの困難性（①擬似外国会社は内国会社と同一の規定に従うため、外国会社であるにもかかわらず、本条を除いて商法第六章の外国会社規定の適用がなく、四七九条に定める登記義務もないということになること、②事実上の本店や主たる営業活動地は商法上、開示が要求されていないが、事実上の本店等が外国に移転して通常の真正外国会社となり、在日営業所がその支店となるとき、突如として内国会社規定の適用がなくなり、第六章の外国会社規定が適用されることとなり、株主や会社債権者に不測の損害を与えるおそれがあること等）、および外国法による詐欺的設立の防止の必要性から、前述の立場は支持しがたい（設立手続不要説の問題点および不要説を前提とする立法論につき、河村・法規制七二頁以下参照）。したがって解釈論としては、本条の適用範囲をできるだけしぼり、事実上の本店をわが国に有し、かつ、わが国で主たる営業活動を行っている会社は、わが国領域内で外国会社としての設立を認められず、日本法に従って再設立することを要すると解すべきである。

〔株券・社債券に関する準用規定〕

第四八三条　第二百四条乃至第二百七条、第二百九条第一項、第二百二十六条、第三百六条第一項、第三百七条及第三百八条ノ規定ハ日本ニ於テスル外国会社ノ株券又ハ債券ノ発行及其ノ株式ノ移転若ハ質入又ハ社債ノ移転ニ之ヲ準用ス此ノ場合ニ於テハ始メテ日本ニ設ケタル営業所ヲ以テ本店ト看做ス

〔昭和二五法一六七・平二法六四本条改正〕

㈠　本条の趣旨

外国会社が、日本国内で株券または社債を発行し、あるいはその株券または社債を譲渡する場合、株主または社債権者と会社その他の第三者との関係は、原則として会社属人法によって規律される。しかし本条は、内外の証券に対する法規制の均等化をはかること、および日本における外国会社証券の取引の安全をはかるために、若干の事項につき、会社属人法を排除して内国会社法を準用する旨を定めたものである。このように本条は、会社の内部関係に関する事項（内部事項）であるから、できるだけ本条の適用の範囲をしぼるべきであるという主張が、近時、有力となってきている（法務省・法務資料三四〇号六七二頁〔矢沢惇〕参照。龍田・講座二八六頁、喜多川・六〇頁）。わが国の有限会社は、持分証券または社債券を発行できないから、外国有限会社に対する本条の準用はない（有七六参

照）。

(二)　株券に対する準用

本条適用の典型的事例はつぎのようなものである。わが国で継続取引を行っている外国会社が、資金を調達するためにわが国で新株を発行し（二二六準用）、その株主から株券の譲渡（二〇五準用）をうけた譲受人が、本店とみなされている在日営業所（本条後文）の株主名簿に記載を求める（二〇六準用）といったケースである。

通説は、本条適用の要件として、継続取引および営業所の設置・登記を要求していない（山田（鐐）・国際私法二三三頁は、私見と異なり株券等の発行自体を継続取引に含める）。その理由は、営業所の設置・登記いかんにかかわらず、国内における外国株券の発行・流通を保護すべきだからである。しかし、①本店とみなされる在日営業所の株主名簿の記載があってはじめて本条の実効性が確保されること、②本国の裁判所が、国際私法上、本条を適用するという保証はないこと、③本条の適用の有無が明確であること、の理由により、継続取引および営業所の設置・登記が本条適用の要件であると解すべきであろう。継続取引等がない場合には、国際私法の一般原則によることになる。

営業所の設置・登記がある限り、外国で発行された株券の流通にも本条の適用がある。なお外国証券の発行および流通については、証券取引法の適用があるが（龍田・システム一三八頁以下参照）、証券取引法の適用については営業所の設置・登記は関係がない。外国株券振替決済制度を利用する場合は、原株券は、本国の保管機関に預けられているから、本条の適用はない（外国株券振替決済制度につき、神崎・四七頁以下、江頭・証券研究六四頁以下参照）。

(三)　社債券に対する準用

外国会社がわが国で社債を発行する場合、主として三つの準拠法、すなわち社債契約の準拠法（社債権者と発行会社との関係)、発行会社の会社属人法および引受契約の準拠法(引受会社と発行会社との関係)が問題となる。通常、わが国で社債が発行される場合には、社債契約の準拠法として日本法が指定される(法例七条参照。石黒・新法学五頁、原田・商事一三五六号一二頁)。外国会社が、日本を募集地(発行地)とし、日本法を社債契約の準拠法とした場合、わが国商法中の社債関連規定の適用はどうなるか。まず社債発行の可否、発行しうる社債の種類、社債発行の内部手続等は、組織法的(内部事項)規定であるから、会社属人法によって規律される(龍田・証券研究二三頁、石黒・貿易と関税四一巻四号一三一頁、高桑・国際四八頁)。組織法的規定以外の社債関連規定は、国際私法理論上、①私法規定、②刑事法以外の公法規定、③刑事法規定とに分類することができ、①は国際私法の対象となるが、②および③は、国際私法の対象とはならない(道垣内・岩波講座一五五頁)。本四八三条は、②の公法規定と位置づけられるから、本条が準用する三つの社債関連規定(社債の発行要件、社債移転の対抗要件、記名社債と無記名社債との転換)は、準拠法が外国法か日本法かにかかわりなく準用される(岡本・新注会五四〇頁参照)。問題は、本条準用規定以外の社債関連規定の適用の有無である(とくに社債権者集会および社債管理会社設置の規定)。第一説は、外国会社にわが国商法の適用を認める制定法がないことを理由に本四八三条を除いては、社債関連規定の適用はないとする説(濱田・商事一二九七号二二頁)、第二説は、当事者(事実上、発行会社)が社債契約の準拠法として日本商法を指定したときは、社債管理会社の設置強制等の強行規定を含めて、日本商法の社債契約に関する規定(すべての規定を①と位置づける)が原則として適用されるとする説(原田・商事一三五八号一一頁)、第三説は、社債関連規定を①と②とに分類し、①は社債契約の準拠法によるが、②は属地的公法規定として発行地が日本である以上、当然に日本法が適用されるとする。第三説は、社債契約の準拠法が外国法の場合に意義を有する。しかし①と②をどのように分類するかは学説によって異なり、(a)利率、利息の支払とその時期、償還期限、期限利益の喪失事由等は①に含まれるが、社債契約の成立、社債権者集会および社債管理会社の設置等は②に属するとする説(高桑・国際四八頁以下)、(b)社債権者集会は①に含まれるが、社債管理会社の設置は②に属するとする説（江頭・年報一四四頁、道垣内・岩波講座一五七頁は社債管理会社の設置については、江頭説と同旨であるが、社債権者集会については言及されていない）、第四説は、社債権者集会および社債管理会社の設置規定は、絶対的強行規定であって、社債契約の準拠法いかんにかかわらず、日本と密接な関係のある場合には（日本企業がユーロ市場で社債を発行し、日本の機関投資家に対してこれを販売する場合等）適用されるとする説である（石黒・貿易と関税四一巻四号一三三頁、四三巻一号七三頁）。

外国会社の属人法も、社債権者の保護、発行会社の便益および社債権者と株主との利益調整等を目的として社債関連規定を有している。しかし社債権者は、株主とは異なり、会社外の第三者なのであり、社債関連規定が属人法でなければならないとする根拠は存しない。また発行地が異なるとき、単一法による統一的規律は必ずしも要求されない（河村・法規制一三三頁以下）。かくして発行地が日本である場合、日本法が社債契約の準拠法として指定されることが可能となる。日本法が準拠法である場合には、①と②を分類する必要はない。他方、準拠法として属人法が指定された場合には、第三説がもっとも有用である。属地的公法規定か否かの認定基準としては、もっぱら発行地における社債権者保護の規定であること、他の法制度による代替措置が不可能であること、過料の制裁等が課せられていること等があげられよう（道垣内・岩波講座一五七頁、江頭・年報一四四頁参照）。

〔在日営業所閉鎖命令〕

第四八四条①　裁判所ハ左ノ場合ニ於テハ法務大臣又ハ株主、債権者其ノ他ノ利害関係人ノ請求ニ依リ外国会社ノ営業所ノ閉鎖ヲ命ズルコトヲ得

一　営業所ノ設置ガ不法ノ目的ヲ以テ為サレタルトキ

二　正当ノ事由ナクシテ第四百七十九条ニ定ムル登記ヲ為シタル後一年内ニ営業ヲ開始セズ若ハ一年以上営業

ヲ休止シタルトキ又ハ正当ノ事由ナクシテ支払ヲ停止シタルトキ
三　外国会社ノ代表者其ノ他営業所ニ於テ業務ヲ執行スル者ガ法務大臣ヨリ書面ニ依ル警告ヲ受ケタルニ拘ラズ法令ニ定ムル会社ノ権限ヲ踰越シ若ハ濫用スル行為又ハ刑罰法令ニ違反スル行為ヲ継続又ハ反覆シタルトキ
② 第五十八条第二項及第五十九条ノ規定ハ前項ノ場合ニ之ヲ準用ス
（昭二五法一六七・昭二六法二〇九本条改正、昭二七法二六八第一項改正）

外国会社は、民法三六条一項主文により、法律上、当然にその法人格がわが国領域内で承認されるが、わが国の公益維持の観点から外国会社の存在が許されない場合には、その法人格を認める実質的根拠がない。しかし外国会社は外国法に準拠して設立されたものであるから、内国会社とは異なり、全面的にその法人格を剥奪することができない（五八参照）。そこで本条は、外国会社が一定の要件をみたす場合、わが国裁判所が請求権者の請求に基づいて、在日営業所の閉鎖命令を下すことができるとしたものである。

営業所閉鎖命令は、非訟事件手続法に基づいてなされる裁判（決定）である（非訟一三五ノ九Ⅱ・一三四Ⅰ・一二九Ⅰ）。営業所閉鎖命令によって在日営業所は閉鎖されるが（形成的効力）、当然には清算は開始されない（次条参照）。本条は、外国有限会社および外国相互保険会社に準用されている（有七六、保険二一三Ⅰ）。

裁判所は、法務大臣、株主・社員、債権者その他の利害関係人（取締役・監査役・同業者等）の請求のない限り、閉鎖命令を下すことはできない（職権ではできない）。

一定の要件とは、(a)定款の記載上または実質上、営業所の設置が不法の目的（たとえば賭博場の開設）をもってなされるとき（本条Ⅰ①）、(b)正当の事由なくして営業所設置の登記をなした後、①開業の遅延、②営業の休止、③支払の停止がなされたとき（本条Ⅰ②）、(c)外国会社の代表者その他営業所の業務執行者が、法務大臣から書面による警告を受けたにもかかわらず、①法令に定める会社の権限を踰越もしくは濫用する行為、②刑罰法令に違反する行為、これらの行為を継続または反覆したとき（本条Ⅰ③）である。

本条は、内国会社の解散命令（五八）とは異なり、文言上、公益の維持を要件としていない。しかし請求権者の第一に法務大臣があげられていること、解散命令と閉鎖命令とで異なる取扱いをする理由に乏しいことから、本条も解散命令と同じく、公益の維持を一般的要件としていると解すべきである（大隅＝大森・五七五頁、岡本・新注会五四三頁）。

〔在日営業所財産の清算開始命令〕

第四八五条① 前条第一項ノ場合ニ於テハ裁判所ハ利害関係人ノ申立ニ依リ又ハ職権ヲ以テ日本ニ在ル会社財産ノ全部ニ付清算ノ開始ヲ命ズルコトヲ得此ノ場合ニ於テハ清算人ハ裁判所之ヲ選任ス

② 第四百二十一条乃至第四百二十四条及第四百三十条乃至第四百五十六条ノ規定ハ其ノ性質ノ許サザルモノヲ除クノ外前項ノ清算ニ之ヲ準用ス

③ 前二項ノ規定ハ外国会社ガ其ノ営業所ヲ閉鎖シタル場合ニ之ヲ準用ス

〔昭一三法七二本条追加、昭二五法一六七第一項・三項改正〕

㈠ 本条の趣旨

内国会社の解散命令の場合（五八）、会社の法人格そのものが消滅するから、解散命令が下されると、直ちに清算が開始される。これに対して外国会社の在日営業所閉鎖命令の場合には、本国の外国会社は存続し、在日営業所財産は本国の会社に帰属するから、営業所財産は、これに対する仮差押え・仮処分（民保二〇・二三Ⅰ）、破産・会社更生（破三Ⅰ、会更六・四Ⅰ）等、別段の手続のない限り、本国に移転することが可能となる（ただし銀行五一Ⅰ参照）。内国居住の債権者は、在日営業所財産を信用の基礎として取引を行うのが通常であるから、本条は、かかる債権者を保護するために（田中（耕）・概説二六三頁）、裁判所が、利害関係人の申立てまたは職権により在日営業所の全財産を確保・清算しうることを定めたものである。本条は、外国会社が自主的に営業所を閉鎖する任意閉鎖の場合に準用がある（本条Ⅲ）。また外国会社が本国で解散し、その結果、在日営業所が閉鎖される場合にも本条の類推適用がある。そのほか外国有限会社および外国相互保険会社にも本条が準用されている（有七六、保険二一三Ⅰ）。

㈡　清算開始命令による清算手続と問題点

裁判所は、利害関係人の申立てまたは職権により在日営業所財産の全部について清算の開始命令（決定）を下すことができる。この清算には、会社の種類いかんを問わず、また営業所の閉鎖事由いかん（任意閉鎖か強制閉鎖か）を問わず、本清算の性質上、許されないものを除き、わが国株式会社の清算規定すなわち特別清算規定の全部（四三一〜四五六）および通常清算規定の若干（四二一〜四二四・四三〇）が準用される。

申立権者は、在日代表者、本国法上の清算人たりうる者（代表権のある取締役等）、在日営業所と高度の関連性を有する債権の債権者等である。職権による開始には、裁判所が純粋に職権で開始する場合と、監督官庁の通告（実質は申立て）に基づいて開始する場合（四三一Ⅲ・三八一Ⅱ）とがある。

清算開始命令の地域的効力は、日本国内所在の外国会社財産のみに限定されるか。二〇〇〇年（平成一二年）改正前の破産法および会社更生法は属地主義を採っていたので、清算開始命令の効力についても、日本国内の外国会社財産に限定されると解されていた（斎藤（秀）・四二頁、谷口・倒産四一八頁）。しかし、平成一二年、民事再生法一部改正（平一一法一二八）によって、破産法および会社更生法の属地主義は廃止された（旧破三Ⅰ・旧会社更生四Ⅰ削除。深山・ジュリ四一頁以下、同・金融商事六頁以下、田頭・九七頁以下、山本・一二一頁以下参照）。この立場との均衡を考えると、わが国における清算開始命令の効力は外国にある会社財産にも及ぶと解すべきである。対外的効力を認めるとは、日本法として清算開始命令の手続の効力が会社の在外財産にも及ぶという立場の採用を意味するのであり、具体的事案において、清算開始命令の効力がどのように及ぶか（自動承認か、外国裁判所の承認が必要か）は、当該外国の国内法に委ねられている（深山・ジュリ四七頁〔注9〕参照）。

〔外国会社の法的地位〕

第四八五条ノ二　外国会社ハ他ノ法律ノ適用ニ付テハ日本ニ成立スル同種ノ又ハ最モ之ニ類似スル会社ト看做ス但シ法律ニ別段ノ定アル場合ハ此ノ限ニ在ラズ

〔昭二五法一六七本条追加〕

㈠　本条の趣旨

民法二条および三六条二項は、私権の享有につき、それぞれ内外人および内外法人の平等原則を定めているが、本条は、私権以外の公法上の権利の享有を含めて、外国会社の法的地位につき内外会社平等原則とその例外を定めたものである。このように本条は、外国会社に関して、公法・私法を含む国内実質法（外人法）の総則的規定であるから、体系的には法例（明三一法一〇号）中に規定すべきであるとされ（大隅＝大森・五七八頁、同旨は山田（鐐）・国際私法二三八頁）、あるいは個々の法律ごとに規定すべきであると批判されている（川上・五〇周年四七頁）。有限会社法は、本条を準用していないが、それは外国有限会社に対する同法八九条の類推適用により、外国有限会社を商法上の外国会社とみなすことができるからである（岡本・新注会五六四頁。なお加藤・六〇二頁参照）。

二　「他ノ法律ノ適用」の意義

(1)　商法以外の法律の適用

これはたとえば、証券取引法、独占禁止法、民事訴訟法、破産法、会社更生法、各種業法、税法、労働法等、商法以外のすべての法律を意味している（大隅＝大森・五七七頁）。このなかには民事再生法三条、破産法二条および会社更生法三条のように無条件に内外人平等主義を定めたものがある（谷口編・入門三〇四頁〔竹内康二〕参照）。また個々の法律規定のなかには「会社」の用語に外国会社を含む旨を明示する場合もある（独禁九Ⅱ）。しかしこれらの規定は、すべて本条を前提とする例示規定であって、かかる明文規定がなくても、商法以外の法律で「会社」というときは、原則として外国会社を含むと解すべきである（大隅＝今井・一八七頁）。

(2)　商法の適用の可能性

外国会社につきわが国商法の適用が排除されるのは、外国会社の設立・組織・運営および消滅が会社属人法によって規律されているからである。この点からすれば適用が排除されるのは、商法中「会社篇」のみであって、商法総則に定める商人資格、商業登記、商号および商業帳簿の規定は外国会社にも適用がある（大隅＝大森・五七七頁、岡本・新注会五四八頁）。会社篇第六章「外国会社」規定は、外国会社の規律を目的とする外人法規定であるから、適用があるのは当然である。ところで、二〇〇〇年（平成一二年）改正前の破産法および会社更生法が属地主義を採っていたことを理由に、商法中の会社整理および特別清算についても外国会社に類推適用があるとの主張がみられた（谷口・倒産四一八頁、斎藤（秀）・四二頁）。しかし、平成一二年、前二法の属地主義が廃止されたため、「外国会社」規定中に明文規定がない以上、右の主張は、その根拠を失ったと解すべきであろう。

(3)　内外会社平等原則の例外

(イ)　一般的説明

本条但書は、外国会社の法的地位一般につき、法律に別段の定めがある場合、内外会社平等原則の例外を認める。民法三六条二項は、私権の享有につき、内外法人平等原則の例外として外国人が享有しえない権利および法律または条約中に特別の定めがある場合をあげている。法律の規定で外国自然人とは別に、外国法人のみについて私権の享有を禁止・制限するものはない。また条約中に外国法人の私権享有を禁止・制限するものは存在しない。そこで外国法人に享有が禁止・制限されている権利は、法人の性質上、享有できない権利を除き、外国自然人に享有が禁止・制限されている権利と同一である（山田（鐐）・国際私法二二八頁、溜池・講義二九七頁）。

(ロ)　例外規定

わが国における外国会社の権利享有ないし営業活動の禁止・制限は、法律によって定めることができる。しかし近時における国際的な経済自由化の要請により（OECD、WTO、対EU、対米国等における直接間接投資の自由化、相互参入の承認の要請等）、これらの禁止・制限は、国際標準に基づく禁止・制限ないし撤廃へと移行しつつある（日本政府の対日直接投資促進の取組等につき、経済企画庁編・対日M&A（資料編）一頁以下、通商産業省編・通商白書一六九頁以下参照。国際経済の観点からの規制緩和につき、橋本＝中川編・一二頁以下〔中川淳司〕、総務庁編・規制緩和白書二三三頁以下参照）。

法律が定める主要な例外規定はつぎのとおりである（河村・早法二七八頁参照）。

(a)　私法上の地位

①　土地所有権等（外人土地）　外国人土地法は、相互主義（外人土地一）に基づき、または国防地区（外人土地四）に関して、外国人の土地所有等につき勅令で禁止・制限できると定めている。しかし現行法上、かかる勅令ま

たは制令はないから、同法による禁止・制限はまったく存在しない。

②　鉱業権・租鉱権（鉱業一七・八七、外為二五Ⅲ）　鉱業法一七条は、日本国民または日本国法人でなければ鉱業権者となることができないと定めている。しかし日本法人とはなにかについての規定がないので、設立準拠法が日本法であっても管理説すなわち実質的外国会社か否かが問題となる。

③　船舶・航空機（船舶一、海運四四ノ二Ⅰ、航空四）　外国法人が、日本国籍の船舶・航空機の所有権を取得できないのではなく、これら船舶・航空機を取得すると日本国籍を失うことになるのである。

④　株式（電電六、航空一二〇ノ二、外為二七）　日本電信電話株式会社法六条は、外国法人の株式取得制限（議決権の五分の一）を定めるが、日米規制緩和協議でこの規制の撤廃が問題となっている。国際電信電話株式会社法四条も、外国企業による出資制限を二〇パーセントと定めていたが、一九九八年（平成一〇年）五月、同法自体が廃止された。

⑤　無体財産権（特許二五、商標七七Ⅲ、意匠六八Ⅲ）　ただし、工業所有権に関するパリ条約は、内国民待遇を定めており、わが国はこの条約に加盟しているので、同盟国の国民に対しては、内外人平等原則が適用される。

⑥　営業活動

〔禁止〕　委託放送事業（放送五二ノ一三Ⅰ⑤ハ）、無線局（電波五Ⅰ③）、有線テレビ（有線テレビ五③）、国内航空運送（航空一三〇）、領海内漁業（外国人漁業規制三②）

〔免許〕　銀行（銀行四七Ⅰ）、証券業（外国証券業者三Ⅰ）、保険業（保険業一八五Ⅰ）

〔許可〕　国の安全保障（航空機、武器、火薬、原子力、宇宙開発）、公の秩序・公衆の安全（麻薬製造、警備、ワクチン製造）、ＯＥＣＤ自由化留保（農林水産、石油業、皮革・皮革製品製造）（以上いずれも外為二七一Ⅲ、投資政令三Ⅱ）。

ＷＴＯの通信自由化の合意に基づき、一九九七年（平成九年）、電気通信事業法が改正され（旧九一削除）、外国法人も第一種電気通信事業の免許を取得できることとなった。

(b) 公法上の地位

① 民事再生（民再三）・破産（破二）・会社更生（会更三）　民事再生法三条・破産法二条および会社更生法三条は、再生手続、破産手続、会社更生手続における外国人または外国法人の内外人平等原則を定めている。二〇〇〇年（平成一二年）の破産法改正前においては、同条但書をもって、本国法上、日本人または日本法人が同一の地位を有するときに限るとして、相互主義を定めていたが、平成一二年改正により削除された。

② 国家賠償請求（国賠六）

③ 納税義務（法税四Ⅱ・一三八〜一四〇）。

第四章　外国法人認許の意義

一　問題の所在

民法三六条一項は外国法人の認許について定めている。すなわち外国法人は原則としてその成立を認許しないとし、例外として国、国の行政区画および商事会社については法律上当然に認許し、その他の法人については法律または条約により認許できる旨を定めている。ここでとくに問題となるのは商事会社（民事会社を含む）[1]の成立の認許である。ところでそもそも外国法人の成立の認許とはなにか。これが本章の中心課題である。認許は、recognition, reconnaissance, Anerkennung の翻訳であるが、この用語は旧民法、現行民法、現行商法において多義的に使用されている。[2]民法三六条一項に定める認許の意義を明らかにするためには、三六条一項の立法理由、同条と同趣旨の旧民法人事編六条一項の立法理由の検討が参考になる。他方において外国法人の法人格の承認は、国際私法原則にもとづく準拠法の適用の効果でもある。そこで民法三六条一項と国際私法原則との関係をどのように考えるかについて、従来、学説上、争われてきたのである。また法人の法人格が設立国を超えて存在するか否かについて、世界では制限理論と自由理論とが主張されていたので、認許に関する学説の考察にあたってはこの理論の概観も必要である。筆者はかつて外国法人の認許について考察を行ったことがあるが[3]、その後、この問題について見解を改める必要を感じていたので、本章では、外国法人の認許の意義に問題をしぼって再検討を加えることとしたい。

(1) 民法三六条一項の商事会社の概念に民事会社を含むことについては、河村博文・基本法コンメンタール〔第七版〕会社法3〔服部榮三編〕(日本評論社 二〇〇一年) 一七五頁。

(2) 旧民法(明二三)立法者は、認許の用語を多義的に使用している。例えば旧民法人事編五条(現三三条に相当)は、内国法人の設立についてつぎのように規定していた。「法人ハ公私ヲ問ワス法律ノ認許スルニ非サレハ成立スルコトヲ得ス」。しかし現行民法(明三一)三三条の立法にあたっては、「認許」の代わりに「規定ニ依ル」としたが、その理由は、「認許ノ文字ハ或ハ一法人ヲ設立スル毎ニ一ノ法律ヲ制定スルノ必要アルカヲ疑ハシメ且認許トハ既ニ存在スルモノヲ認ムルノ謂ニシテ法人存在説ヲ取リタルモノノ如ク見ユルヲ以テナリ」(廣中俊雄編著・民法修正案(前三編)の理由書(有斐閣 一九八七年)九二頁以下)。現行商法(明三二)一七五条(現二六四条)は、取締役の競業取引につき株主総会の認許を要すると定めていたが(昭和五六年改正により廃止)、ここにいう総会の認許とは、通説によると一般に禁止されている取締役の競業行為に承認と認可をなすことであって、認可によって競業行為の違法性が排除され、適法行為となると解されていた(本間輝雄・注釈会社法(4)〔大森忠夫ほか編〕(有斐閣 一九六八年)四〇七頁)。

(3) 河村博文・外国会社の法規制(九州大学出版会 一九八二年)二〇一頁以下。

二 制限理論と自由理論

わが国の多数説によれば法人の一般的権利能力の準拠法は設立準拠法である。そこで設立準拠法上、適法に法人が設立されれば社団または財団は法人格を取得する。しかしその法人格が設立法域においてのみ存在するのか、設立法域を超えて存在するのかについては、世界の学説、判例上、二つの理論が主張されてきた。すなわち制限理論(restrictive theory)と自由理論(liberal theory)である[4]。わが国の旧民法人事編六条、現行民法三六条は、立法当時、制限理論を前提に規定されていた。他方、自由理論を前提とすれば、法人の法人格は、国際私法原則が指定する準拠法によって定まるとともに、その法的効果はわが国の領域にも及ぶ。それぞれの場合において民法三六条一項と準拠法との関係いかんが問題となる。

会社は設立法域の境界を超えて法律上存在することができないとする制限理論は、主としてアメリカ合衆国において発展したが、大陸法諸国においてもマンチニやローランおよび同時代の人々にひろく支持された。その後、この理論が国際通商の発展に適応できないところから、制限理論に対する批判が高まり、ついに世界の通説はこの理論を廃棄するにいたっている。[5] 自由理論とは、会社がある法域において適法に設立された場合、その会社の法人格の存在は他の法域においても法律上当然に承認されるとする理論である。この理論は、少なくとも商事会社に関する限り、ほとんどのヨーロッパ諸国で認められ、もはや争う余地のない原理とされている。[6]

合衆国におけるリーディング・ケースは、一八三九年の連邦最高裁判決、オーガスタ銀行事件（Bank of Augusta v. Earle）である。[7] トーニー（Taney）裁判官は、この判決の傍論でつぎのように述べた。すなわち会社は、自己を創設した州を越えては法律上存在しない。それは会社が、法の力によってのみ存在するのであり、法がもはや拘束力をもたないところでは会社は存在しないからである――。このような制限理論は、さらに法人擬制説すなわち会社の法人格は法の単なる創造物にすぎないとする学説により法理論的基礎を与えられた。[8] しかし合衆国における制限理論は、代理理論および国際礼譲理論（comity）によって自由理論に変貌しているのである。[9] 代理理論とは、会社は設立州内にしか存在しないが、あたかも自然人がある州に居住しながら、他の州における代理人を通じて取引できると同様に、会社もまた代理人を通じて会社の権能を行使できるとするものである。国際礼譲理論というのは、便宜上および国際礼譲にもとづいて外国会社の法人格を承認することである。ある州またはある国によって設立された会社は、営業活動地州の州憲法または州制定法の定めがある場合を除き、礼譲原則によって営業活動地州においてすべての権能を行使することが許される。礼譲のルールは、営業活動地州の立法によって修正を加えることができるが、州議会が別に定めをなすまで、裁判所はこのルールを遵守しなければならない。礼譲は存在することが推定される。すなわち礼譲は、営業活動地州の立法により、立法の一般的過程から推論される公序により、あるいは裁判所の確立した判決により、反対の意思を表明するまで存在する。[10] この礼譲理論により、各州が州外会社法人格の承認についてなんら規定をおかないときは、法人格は当然に承認されることになる。しかし合衆国においては、つぎのような制限理論の影響がみられる。各州は、州外会社を締め出す（exclude）権能を有することを前提に、州外会社の営業活動に対する制定法を定めており、州外会社が制定法の要件に服することなく営業活動を行った場合、ほとんどの営業活動地州裁判所は、州内取引に関する州外会社の訴えの提起を拒絶する。[11] また各州は、州外会社法人格の法的推定を自由に廃止することができるのである。[12]

（4） 制限理論と自由理論の詳細な考察については、山田鐐一「国際私法上における法人の人格」国際五〇巻三号三八頁以下（一九五一年）、河村・前掲（注3）二〇二頁以下。
2 Ernst Rabel, The Conflict of Laws 125 (2d ed. 1960); Gerard Carl Henderson, The Position of Foreign Corporations in American Constitutional Laws 3 (1918).

（5） 2 Rabel, *supra* note 4, at 127.

（6） *Id.* at 130.

（7） Bank of Augusta v. Earle, 13 Pet. 518 (U. S. 1839). オーガスタ銀行判決については、川上太郎「米国に於ける外国法人の存在及び能力」国民経済八一巻四号一頁以下（一九五〇年）、同「会社」国際法学編・国際私法講座三巻（有斐閣　一九六四年）七〇九頁以下。

（8） 2 Rabel, *supra* note 4, at 126 ; Henderson, *supra* note 4, at 4.

（9） Note, *The Adoption of the Liberal Theory of Foreign Corporations:* （I） *The Civil Status of a Foreign Corporation,* 79 U. Pa. L. Rev. 956 (1931); Henderson, *supra* note 4, at 36; 2 Rabel, *supra* note 4, at 127 ;

Fletcher Cyc Corp § 8315 (Perm Ed); 1 Howard L. Oleck, Modern Corporation Law 719 (1958).

(10) 20 C. J. S. Corporations § 1789.

(11) Restatement, 2d, Conflict of Laws § 297 cmt. b (1971).

(12) Henderson, *supra* note 4, at 101; 2 Rabel, *supra* note 4, at 134.

三　旧民法人事編第六条・現民法第三六条第一項の立法理由

(一)　旧民法（明二三）人事編六条一項

現行民法三六条一項に相当する条文は人事編六条一項である。(13)

第六条第一項　法律ハ外国法人ノ成立ヲ認許セス但条約又ハ特許アルトキハ此限に在ラス

本条の立法趣旨および外国法人不認許の原則とその根拠はつぎの通りである。

「①（番号は筆者の注—以下同じ）本条ニ於テハ外国法人ノ我国ニ於テ有スヘキ地位如何ヲ規定スルモノトス外国法人ハ我国ニ於テ其資格ヲ有シ私権ヲ享有スルヤ又其私権ハ如何ナルヤ是ナリ　②民法ハ外国法人ノ成立ヲ認許セサルヲ以テ元則ト為ス是レ法人ノ性質上實ニ然ラサルヲ得ス其理由ハ左ノ如シ　③第一、法人ハ法律ノ力ヲ以テ設立スル仮想上ノモノナリ故ニ此仮想ヲ設立シタル外国ニ在テハ適法ニ成立スヘシト雖モ我国ニ於テハ其成立ヲ認許セサルモノトス外国ノ法律ハ其力ヲ我国ニ及ホスヲ得サルヤ論ヲ竢タス　④第二、外国ノ公益トシテ設立シタル法人ト雖モ我国ヨリ之ヲ見レハ一ノ害物ニ過キサルコトナシトセス我国ニ於テ或法人ヲ禁止スルモ外国法人ノ自由ニ侵入スルヲ得ハ其禁止ハ徒法ニ属スヘシ　⑤第三、法人ハ一国ノ公益上設立スルモノナレハ一般ニ外国ノ地ニ於テ私権ヲ享有スルノ必要ナキモノトス(14)」

このように外国法人の成立は不認許を原則とするが、その法的根拠は制限主義（③）および外国公益とわが国公益との違いにある（④⑤）。

不認許原則の例外としての認許は、つぎの通りである。

「⑥民法ハ絶対的ニ外国法人ノ成立ヲ認許セサルニアラス若シ我国ニ於テ私権ヲ行ハント欲セハ我国ノ認許ヲ受クルコトヲ得ヘシ此認許ハ或ハ条約ニ依リ一般ニ之ヲ與フルコトアルヘク或ハ我政府ヨリ特許ヲ以テ之ヲ與フルコトアルヘシ是レ諸国相互ノ利益上実ニ然ラサルヲ得サル必要ナルモノト謂フヘシ……例ハ運輸会社又ハ為替銀行カ我国ニ於テ其支店ト為スヘキ不動産ヲ所持シ日本人ト取引ヲ為シ[15]又ハ訴訟ヲ為ス等ノ如シ……商事会社ニ付テハ条約ヲ結フコソ両国ノ得策タルヘシ然レドモ他ノ法人ニ至テハ条約ヲ結ヒ一般ノ認許ヲ與フルハ頗ル危険（である）」

このように外国法人が本国以外にその法人格を有しないことを前提として（制限理論）、わが国が条約または政府の認許行為によって、わが国領域内における外国法人の法人格の承認をうることができる。

なお外国国家の認許については、つぎのような特殊性がある。

「⑦茲ニ注目スヘキハ外国国家ハ本条ノ規定ニ拘ハラス当然法人ヲ為シ私権ヲ享有スヘキコト是ナリ原案ニハ『外国国家ヲ除クノ外』ノ数語アリシニ之ヲ削除シタルモノ[16]ハ他ナシ外国国家トノ関係ハ民法ノ規定外ニシテ国際法ノ元則ニ従フ可キモノナレハ此数語ハ無益ニ属スルヲ以テナリ抑〻現行国際法ニ依レハ国家ハ他国ヨリ明瞭又ハ暗黙ノ承認ヲ得テ成立スルモノニシテ独立ノ承認アリタル以上ハ民法上ニ於テモ均シク法人ノ資格ヲ有スヘシ尤モ独立ノ承認ハ公法ニ属シ法人ノ認許ハ私法ニ属スト雖モ今日マテ実際此区別ヲ為サス独立ヲ承認スレハ亦従テ民法上法人タルノ資格ヲ認許スルモノトス」

外国国家については自由主義がとられているわけである。

㈡　現行民法三六条一項

第三六条（草案初期は第三九条）第一項　外国法人ハ国、国ノ行政区画及ヒ商事会社ヲ除ク外其成立ヲ認許セス但法律又ハ条約ニ依リテ認許セラレタルモノハ此限ニ在ラス

本条一項の立法理由はつぎの通りである。(17)

「①（番号は筆者の注―以下同じ）法人ハ法律ノ創設ニ因リテ存スルモノナルヲ以テ其法人タル資格ハ只其法律ノ効力ヲ及ホス境域内ニ止マルヘキヤ論ヲ俟タス故ニ一国ノ法人ハ他国ニ於テ当然其人格ヲ保有スルコトヲ得ス　②且法人設立ノ許否ハ各国ニ於テ主トシテ自国ノ公益ヲ標準トシテ之ヲ定ムルモノナルヲ以テ假令其国ニ於テ公益ニ利アリトシテ設立ヲ許可シタルモノト雖モ他国ニ於テハ公益に反スルモノトシテ之ヲ許可セサルコト無シトスヘカラス　③故ニ若シ多数ノ学者ノ説(18)ヲ採リ外国ニ於テ認許シタル法人ハ当然我邦ニ於テモ其人格ヲ保有スルコトヲ得ヘシトスルトキハ之カ為メニ我公益ヲ害スルノ虞ナシトスヘカラス是レ蓋シ既成法典ハ概括ナル原則ヲ掲ケテ法律ハ外国法人ヲ認許セスト云ヘル所以ナリ」

本条一項は、旧民法人事編六条一項の立法趣旨と同じく、制限理論（①）および外国公益とわが国公益との違い（②）の二つの理由から、外国会社不認許を原則としている。

不認許原則の例外としての認許については、つぎのように述べている。

「④既成法典ノ執ル所ノ主義ハ能ク法人ノ性質上ヨリ生スル法理ニ適合シタルモノト云フヘシ　⑤然レトモ近世各国ノ交通及ヒ貿易ニ関スル状況ハ此原則ヲ無制限ニ適用スルコトヲ許サス是レ他ナシ現今外国貿易ノ重要ナル部分ハ主トシテ法人ノ事業ニ属スルヲ以テ若シ一タヒ絶対的ニ右ノ原則ヲ適用スルトキハ外国貿易ハ之カ為メニ非常ノ障害ヲ蒙ルニ至ラン　⑥故ニ本条ニ於テハ法人ハ国外ニ成立ヲ有セサル(19)ヲ原則トシ国際関係上又ハ経済上之ヲ認許スルヲ必要トスル外国法人ハ除外例トシテ之ヲ認許スルコトヲ得ヘシトセリ」

除外例に属する外国法人の種類については、つぎのように述べている。

「⑦国及ヒ其行政区画ノ如キハ今日ノ国際関係上之ヲ法人トシテ認ムルヲ通常トシ又我ニ於テ之ヲ認許スルモ敢テ危害アルコトナシ　⑧又外国ノ商事会社ハ若シ之ヲ認許セサルトキハ貿易上彼我共ニ非常ノ便ヲ感スヘキヤ必セリ故ニ此二種ハ当然人格ヲ有スルモノトシ其他ハ特別ノ立法又ハ条約ニ依ルヘキモノトセリ」

旧民法人事編六条一項は、外国を削除していたが、民法三六条一項では、旧民法草案と同じく外国を挿入し、さらに国の行政区画を追加した。また外国商事会社も追加した。この二つの種類の法人は当然認許であり、その他の法人は法律また条約により認許できるとしたのである。

法典調査会主査委員会（明治二六年一二月八日）において、穂積陳重民法起草委員は民法三九条（現三六条）の立法理由についてつぎのように述べている。[20]

「⑨吾々ガ本案ノ如ク起草シタノハ第一ニ国、国ノ行政区画ト云フモノニ付テハ酷ドイ問題ハアリマセヌ国際上何処デモ認メテ居リマスルシ又認メヌト云フコトハ出来ヌ、国又ハ国ノ行政区画ト云フモノハ日本デモ既ニ原告トナッテ訴ヲ起スト云フヤウナ事ニシテ居リマス　⑩又此商事会社丈ケニ付キマシテハ今日ノ如ク外国貿易ト云フモノガ大変ニ盛ンニナリマシタ時ニ於テ既成法典ノ如ク外国法人ハ成立ヲ認メヌ、斯ウ云フ主義ヲ執ル事ハ何ウシテモ出来マセヌ……外国法人ヲ認許スルト云フコトヲ第一ニヤラナケレバナラヌ併ナガラ外国法人ハ一般ニ当然其成立ヲ要スルト云フ多数ノ学者ノ説ニ従ウ事モ出来マセヌ……獨リ商事会社ト云フモノハ何ウシテモ之ハ最ウ法律ガ何ウアラウガ外国貿易ト云フモノガ止マヌ以上ハ必ズ其成立ヲ認メナケレバナラヌ譯合ヒデアル[21]　⑪直接ニ取引ヲスル場合、例ヘバ英吉利ニアリマスル所ノ商事会社ト日本ノ商人ト取引ヲスル場合其時ニ於テモ外国法人ト云フモノヲ認メマセヌ時ニ於テハ例ヘバ其違約等ノ事ニ付テ夫レガ日本ノ法廷ニ訴訟ヲ起シタ時ニ英吉利ノ方ノ法人ガ原告トナル事ハ出来ヌ訳ニナリマセウ[22]　⑫夫レカラ又外国法人ニシテ事務所即チ支店ヲ横浜ナリニ設ケマシタヤウナ時分斯クノ如キ場合ニ於テハ悉ク日本ノ法ニ従ハナケレバナラヌカト云フ疑ヒモアッタヤウデスガ夫レハ何ウモ出来ヌト云フ考ヘデ本案ノ如ク起草致シマシタ例ヘバ其事務所ヲ置キマシタ時ハ登記ヲシナケレバナラヌヤウナ箇條ヲ置クノハ宜シイカモ知レマセヌガ併ナガラ悉ク日本ノ会社法ニ従ハセルトシテモ向フノ株式デアルトカ何ントカ其会社員ノ権利トカ義務トカ云フヤウナモノガ会社ニ依テ悉ク違ウ場合モゴザイマセウ夫レモ日本計リ取引ヲシテ居ル會社ナラバ其法人ガ日本丈ケノ法人ニナルカモ知レマセヌガ獨リ日本計リデナクテ日本デモ朝鮮デモ印度デモ其他ノ國々ニ於テ取引ヲスル場合ニハ各国ノ法律ニ従ッテ法人ノ元トノ性質ヲ改メル事ハ出来マセヌカラシテ苟モ日本ノ公安ヲ害スルト云フヤウナ事ノナイ以上ハ其成立ヲ認メル事トスルノ外仕方ガナイト思ヒマス……⑬尤モ宗教ニ関スルモノトカ或ハ学問ニ関スルモノトカ其他ノ法人ト云フモノハ之ハ当然認ムルト云フコトハ或ハ危険ナ結果ガアルカ知レマセヌト思ヒマシテ斯ウ云ウ事ニシタノデアリマスガ(23)⑭併ナガラ此商事会社ノ如キモノハ先ヅ今日ノ貿易抔ノ有様カラ觀テモ何ウシテモ斯クノ如クナケレバナラヌト思ヒマシテ是丈ケハ此法律ニ依テ認メルト云フ主義ヲ採ッタノデアリマス(24)」

(13)　熊野敏三＝岸本辰雄・民法〔明治二三年〕正義　人事編巻之壹（上）〔日本立法資料全集別巻六三〕（信山社　一九九六年）三九頁以下。
(14)　内国法人の設立を定める旧民法人事編五条の注釈によると「(国家の主権者が) 何故ニ法人ヲ造成シ之ニ権利ヲ付与スルヤト問ハゝ社会ノ公益ヲ目的トスルモノナリト答フルノ外アルヘカラス社会ノ公益ノ為メニ非サレハ如何ソ仮想的ノ人ヲ造成シテ之ニ権利ヲ付与スルコトヲ為サンヤ故ニ主権者ハ社会ノ公益如何ニ従ヒ自由ニ法人ヲ造成シ又ハ廃滅スルヲ得ルモノトス」（熊野＝岸本・前掲（注13）二八頁）。
(15)　これはわが国領域での法人としての活動にほかならない。
(16)　旧民法草案人事編七条（六条にあたる）は「法律ハ外国国家ヲ除クノ外無形人ノ成立ヲ認許セス但条約又ハ特許アルトキハ此限ニ在ラス」と定めていた（河村・前掲（注3）二〇七頁引用の野沢＝山口・国際私法論五五八頁）。
(17)　立法理由については、廣中・前掲（注2）九五頁以下、法務大臣官房司法法制調査部監修・法典調査会　民法主査会第一六回議事速記録〔日本近代立法資料叢書13〕（商事法務研究会　一九八八年）四一六頁以下。民法三六条は、草案初期においては三九条とされていたが、明治二九年一月（ママ）　日配布の（確）第二号において、九が抹消されて六に書き換えられた（法務大臣官房司法法制調査部監修・民法修正案　第一編総則〔日本近代立法資料叢書15〕（商事法務研究会　一九八八年）八頁）。法典調査会が明治二六年四月に発足してから一ヵ年ほどの間、主査委員会と委員総会とがおかれて、議案はまず主査委員会が審議した上で、さらに委員総会が決定した。しかし手続が煩雑で進捗に不都合だったので、明治二七年四月からは調査会のみに簡素化された。これらの会で、起草委員の作成案（甲号議案）が審議決定され、その後さらに整理会の検討にかけられた。福島正夫編・穂積陳重立法関係文書の研究〔日本立法資料全集別巻1〕第一部福島編『明治民法の制定と穂積文書』（信山社　一九八九年）七頁。民法前三編では、第一章人から第四章法律行為の第二節意思表示までは、担当起草委員（現三六条に相当する三九条の担当は穂積委員）が立法理由を書き、これを甲号議案の各条文に付して委員会に提出した（福島・前掲三七頁、七四頁）。

(18)　これは自由理論学説を指している。

(19)　この文脈からすれば、法人が国外に「成立を有しない」とは、国外に権利主体としての存在を有しないことを意味することになる。

(20)　前掲民法主査会第一六回議事速記録四一七頁以下。

(21)　主査委員会における討議は、もっぱら商事会社の認許に向けられた。商事会社の認許に反対する横田國臣委員は「此向フノ法人ト取引ヲスル者ハ夫レハ法人ト認メテ宜イガ併ナガラ日本ニ来テ其商事会社ノ支店ノ如キモノヲ設ケルトカ云フ場合、此場合ハ必ズ日本ノ法律ニ従ッテ立テタ会社デナケレバ出来ナイト云フヤウニシタイ」と主張した（前掲民法主査会第一六回議事速記録四二〇頁）。

(22)　一八四〇年代以降のヨーロッパ大陸諸国、例えばベルギーにおいては外国会社の当事者能力を否定した（B・グロスフェルト（山内惟介訳）・多国籍企業の法律問題—実務国際私法・国際経済法（中央大学出版部　一九八二年）二五頁以下）。

(23)　不認許法人としては公益法人を念頭においていた（穂積⑬）。

(24)　明治二六年一二月当時、横浜等にはまだ治外法権が行われていた。

四　学説

㈠　制限理論

山田（三）説は、外国法人の法人格の承認に関してつぎのように主張する。[25]

法人格の承認には、外国法人が外国の法律上有効に存在するか否かの問題と、外国法上有効に存在する外国法人が、わが国の法律上においても法人として存在するかという問題とがある。前者の問題は、外国法人の人格の存否に関する事実問題であって、外国法人がその国の法律により有効に成立した以上は、その法人は外国の法人として存在する。後者の問題は、外国法人の成立の認許いかんの問題であって、外国法人がわが法律上においても法人として権利をえ義務を負うべきかの問題である。認許の問題は、わが国の法律のみによって定めるべきである。[26]外国法人の人格は外国法によって付与されたものである。外国の法律はわが国土においては法律の効力を有しないから外国法の付与した人格はわが国においてはこれを人格と認めることをえない。したがって外国法人は外国法上有効に成立したという理由で直ちにその法人がわが国においても人格者として権利をえ義務を負うということをえない。認許とは、すでに存在する人格を承認することを意味するのであって、新たに人格を付与するものではない。なお認許は、わが法律上においても権利を享有しうべき資格があることを認めるのみであって、認許された外国法人が、わが国においていかなる権利を享有することができるか、とくにその目的たる業務を行うことができるか否かの問題とは異なる――。

山田（三）説は、外国法人の法人格の承認の問題について、国際私法上の承認の問題と、わが国外人法上の承認の問題とがあることを指摘している。制限理論を前提とすると、わが国領域には外国法人の法人格が存在しないのであるから、合衆国が代理理論や国際礼譲によって設立州以外での法人格の存在を認めたように、制限理論に対するなんらかの補充理論が必要であると思われる。さもなければ認許によって、わが国領域に存在しない法人格を存在するものとして承認することは、すでに存在する法人格の承認ではなくして、あらたに法人格を創設することとなる。(27) また認許は、単なる権利主体の存在の承認ではなく、法人としての活動のための権利主体の承認である。山田（三）説は、認許と具体的な法人の活動の許容とは区別すべきことを指摘しているが、この点は今日の問題の一つである。

(二) 自由理論

自由理論を前提とする学説には、民法三六条一項は、国際私法原則を制限する機能を有すると解する立場と、法人として活動するための法人格を承認するものと解する立場とがある。

(1) 国際私法原則制限説

イ　川上説はつぎのように主張する。(28)

国際私法の原則に照らしてみれば、一国の国際私法上適用されるべき法律によって作出された法律関係は、たとえその法律が外国法であろうとも内国でその法律関係を認めるのが各国一般に承認する立場である。例えば外国においてわが国際私法上よるべき法律にしたがい物権の取得や婚姻の締結がなされた場合、わが国は特別の承認なくして当然に、その物権の取得、婚姻を適法のものと認める。外国における法人の設立についても同じである。外国法人が、その住所地法（川上説はその後設立準拠法主義に改説(29)）に従い適法に設立せられた限り、その存在は原則として当然にわが国でもこれを認めることとなるのであって、わが国でとくにその成立を認許するというような手続をとる必要はない。民法三六条はわが国の公益維持の必要上外国法人のわが国における存在に干渉するものである。そこで一方、外国法人の存在をわが国際私法上準拠すべき国法に従って判断しながら、他方、その存在を認めることがわが公益に害あるとき、外国法人の存在を否認すると解することによって、国際私法法理と民法三六条との調和をはかることができる。民法三六条は、法人の国際的存否について準拠すべき法律を定めるわが国際私法上の原則を制限する例外的規定であって、公序に関する法例三〇条（現三三条）と同趣旨のものである。したがって民法三六条は不要である――。

ロ　山田（鐐）旧説はつぎのように述べている。(30)

自由理論にもとづく国際私法原則と民法第三六条第一項の認許規定との関連いかんが問題となる。元来、外国法の効力をいかなる程度に承認するかは、内国においてみずから決定しうることである。しかしながら外国法人がわが国際私法上準拠すべき法律（法人の一般的権利能力の準拠法）(31)に従い有効に成立した場合には、その成立は内国においても承認するのが、国際私法の機能からする原則ではあるまいか。従来、法人の人格が準拠外国法により認められた場合、その法人格が本国の領域においてのみ認められるのか、あるいは内国においても認められるのか争われていたが、今日、諸国の学説・判例の趨勢においては、外国法人の人格は、準拠外国法に従って発生する他の法律効果と同様に、内国においても当然に承認されるものとされている。従って民法第三六条第一項は、国際私法における取引保護ないし公益的見地から、国、その行政区画および商事会社以外の外国法人がわが国でその目的たる事業を営もうとする場合、その事業を許可せず、かつ事業を許可されない外国法人は法人としての存在を認める実益なしとしてその人格を否認しようとする規定であり、わが国際私法の原則の適用を制限する機能を営むにすぎない。もっともその外国法人が本国上人格者たる事実までは否認されない――。

国際私法原則制限説は、法人格に関する国際私法上の承認によって、わが国領域で権利主体性が承認されるとともに、わが国領域での活動に伴う権利義務を取得負担しうるとするものである。すなわちわが国領域で法人として活動するための権利主体の承認は、とくに外人法たる民法三六条一項の規定を要しない。かかる立場を前提とすると民法三六条の存在意義は、準拠法適用の効果すなわちわが国領域における法人格の存在を否定することにある。川上・山田（鐐）説が、国際私法原則を外国法人不認許との関係において考察しているのは、このことを示している。しかし国際私法原則制限説は、商事会社のように当然認許の場合、三六条一項の存在意義がないことになる[32]。川上説が、民法三六条否認論を主張するのは、そのためである[33]。外国法人をすべてわが国で認許するという立場をとれば、国際私法上の承認によってわが国領域で法人として活動するための法人格が認められる。しかし内国の社団・財団についてみると、いかなる社団・財団に法人格を付与するかは、それぞれの国の立法政策によって決まることである。かかる内国法人の立法政策との均衡を考慮すると、わが国領域における外国法人の活動に関して、民法三六条一項（外人法）が、原則として法人格を否認し、ある種類の法人を当然に認許し、その他の法人の認許には一定の条件を課することができることになる。私見は、かつて国際私法原則制限説の立場にたっていたが、以上の疑問、民法起草者の意図（穂積⑫）および後述の一九五一年ハーグ国際私法会議の国際条約等を考慮すると、つぎの法人活動のための法人格承認説に賛したいと思う。

(2) 法人活動のための法人格承認説

イ 江川説はつぎのように述べている[34]。

法人はいずれかの法律によって法人格を付与され、権利主体たることを認められるが、現在の国家的法律機構の下では、外国法上法人格を取得して権利主体たることを認められたものが、当然に内国において法人として活動することを承認されるものとは限らない。外国法上有効に成立した法人格者が、内国において法人として活動することを認めるためには、内国法上その法人格を承認せられ、内国で法人として活動することを承認されることを必要とする——。

ロ 山田（鐐）新説は、江川説をつぎのように継承発展させ[35]、この立場が現在の通説となっている[36]。

外国法上有効に成立した法人の人格は、外国法適用の効果として内国で当然に承認され、なんら特別な承認行為を要しない。(37) かかる法人の人格の承認は国際私法上の問題である。しかし国際私法の原則により、外国法上法人格を取得して権利主体たることを認められた法人が、当然に内国において法人として活動することを承認されるものとは限らない。外国法人が外国法上有効に成立したか否かの問題と、外国法上有効に成立した外国法人が内国において法人として活動することを認められるか否かの問題とは別個の問題である。わが民法の立場は、現在の国家的法律機構の下では、外国法上有効に成立した法人格者が、内国において当然に権利主体として存在しうるわけにはいかないとし、内国上その法人格を承認し、内国で法人として活動することを承認すべきものとしている。ここにいう認許は外人法上の問題である。すなわち外国法人の認許とは、内国において法人として認められること、いいかえれば法人として活動するため法人格を承認されることである。法人としての活動とは、法人として権利を取得、義務を負担する行為をなしうること、その権利義務実現のために訴訟当事者となりうることだけではなく、本来の目的たる業務を遂行しうべきこと、すなわち継続的営業活動をなしうることまで含む——。

(3)　通説の問題点

法人活動のための法人格承認説が現在の通説であるが、法人としての活動が具体的になにを意味するかについては、学説によってニュアンスの違いがある。以下、主として山田（鐐）説を手がかりとしながら通説の問題点を検討してみたい。

イ　国際私法原則上、外国法人の法人格が認められた場合には、当然にわが国領域で法人格の存在が承認されるか。

外国において、わが国際私法原則によって定まる準拠法に従い物権の取得、婚姻の締結がなされた場合、わが国は特別の承認なくして当然にその物権の取得、婚姻を適法のものとして認める。外国における法人の設立も同じである。すなわち外国法人が、設立準拠法に従い適法に設立された限り、その存在は原則として当然にわが国においてもこれを認めることになる。以上のように通説は説く。ところで物権の取得、婚姻の締結は、国際公序に違反するときには外国法の適用が排除される（法例三三）。これに反して法人格の取得は、社会的信用力を増加させるひとつの特権であり、各国は、自国の政治的、経済的、社会的政策の観点から社団・財団の法人化を認めるか否かを決定する。そこで外国法人についても、わが国は、わが国の立法政策にもとづいて、外国法人の法人格を承認しなかったり、当然に承認したり、あるいは一定の条件の下に承認する旨を定めることができる。これが民法三六条一項なのである（外人法上の承認）。逆にいえば、外国法人をすべてわが国領域で承認する立場をとれば、とくに認許の規定は必要ではないわけである。

ロ　外人法の認許が必要であるとすると、国際私法上の承認はいかなる意義を有するか。

認許とは、すでにわが国領域に存在する法人格を、法人活動の権利主体として承認することである。[38]それゆえ外国法人を認許するためには、すでにわが国領域での法人格の存在が必要とされる（自由理論）。もし制限理論のように外国法人が国外に法人格を有しないとすると、認許によってわが国領域にあらたに法人格を創設することになる。また不認許法人であっても、国際私法上の承認によりわが国領域での（法人活動を前提としない）法人格の存在は認められるから、国際訴訟法上、訴訟当事者能力を決定する場合の判断基準となる。[39]

ハ　「法人として活動するため法人格を承認されること」の意義

外国法人の認許とは、わが国領域で法人として活動するための法人格を承認することをいう。

a　法人（社団）の法人格とはなにか。

法人の法人格とは、法人の財産と社団構成員・機関構成員の財産とを切り離し、法人という独自の財産主体をつくりだす制度である。[40]法人財産の独立には種々の段階がある。以下に掲げるものは、いずれも法人の属性であり、認許とは、かかる法人の属性を有する主体の承認にほかならない。①法人の名において契約その他の法律行為を行い、法人自身が権利を取得し義務を負担する（法人財産の形成）。②法人の名において民事訴訟の当事者となりうる。③法人名義の債務名義によってのみ法人の財産に対して強制執行することができる。④法人の名において財産を所有し、法人の名において不動産を登記することができる。⑤法人の一定の内容が登記・公示される。[41]⑥法人財産の充実強化の補充として、例えば構成員に対する債権者は法人財産に強制執行することができないとし、あるいは利益配当の要件を限定し、また持分の払い戻しを認めず、その代わりに持分の譲渡性を保障する。⑦構成員の財産は、法人に対する債権者の強制執行を免れる（有限責任）。

以上の属性の内、どれほどの属性を備えれば法人であるといえるかは、難しい問題である。第七回ハーグ国際私法会議で採択された「外国の会社、社団及び財団の法人格の承認に関する条約」一条一項は（一九五一・一〇・三一採択、未発効）、とくに法人格の定義をあたえず、法人格の最小限度の要件として、①、②および④（ただし不動産登記については規定していない）の属性をあげている。[42]法人概念の明確化という観点からすれば、①ないし⑤の属性を備えることが必要であるとするのが妥当であろう。[43]

b　不認許法人の活動はどのように規律されるか。

不認許法人の場合には（例えば外国公益法人）、権利能力なき社団・財団の名において活動することになる。[44]すなわち法人の名で行った契約にもとづく権利義務は、社団構成員全体・財団に帰属するが、社団・財団自体は権利能力を有しないので、権利義務は社団・財団代表者の名において行使され履行される。社団・財団が不動産を取得したとき、社団・財団自体は権利能力を有しないので、社団・財団代表者の名において登記されるほかはない。権利能力なき社団・財団の第三者に対する債務については、社団・財団財産のみが引当となる。社団構成員は第三者に対して責任を負わないのが一般的である。権利能力なき社団・財団は訴訟当事者能力が認められる[45]（民訴二九）。

ところでわが国で認許されない外国法人であっても、本国およびかかる法人を承認する第三国においては法人活動の権利主体として存在するのであり、本国および第三国で取得負担した権利義務の強行的実現をはかるためには、わが国裁判所において法人として訴訟当事者能力が認められる。[46] 法人の内部関係は属人法によって規律される。近時の判例・学説では、権利能力なき社団・財団の法律関係は、できるだけ法人の法律関係に近いものとして規律する傾向にある。そこで外国法人の認許を定める意義に疑問を生ずるかのようである。しかし認許された法人がわが国に従たる事務所・営業所を設置するとき、事務所・営業所の登記が可能であり、登記によって法人の内容が公示され、第三者は登記簿を閲覧することによって、法人の設立準拠法や法人の種類、事業目的、主たる事務所・営業所所在地、機関構成員、資本の構成等を知ることができる（民四九、商四七九条二・三項）。不動産登記も法人の名ですることができる。社団・財団の権利義務の帰属点の承認という対外的法律関係の明確化とあいまって、認許された法人の社会的信用は、認許されない法人よりもはるかに増大するのである。[47]

c　法人としての活動は継続的活動に限るか。

およそ法人は一定の事業目的を有しており、その目的たる事業を遂行するために付帯する行為を行い、また社会的存在としての行為（例えば寄付行為）をも行う。また外国会社がわが国領域で活動する段階には種々のものがある。例えば駐在員事務所、営業所の開業準備行為、営業所での継続的取引、全額出資法人または合弁会社の設立等である。[48] 駐在員事務所は、情報収集、市場調査、広告宣伝、販売代理店の監督等を行うが、わが国領域でこれらの行為を行うために第三者と契約を締結する場合には、外国法人の権利主体の存在の承認が必要となる。つぎに営業所の開業準備行為として、営業所用地の取得・賃借、資金の借入、使用人の雇用等を行う場合にも権利主体の承認が必要である。営業の目的たる行為は、通常継続的行為として行われるが、これが法人としての活動の中核的行為である。岡本説は、法人としての活動は継続的活動のみであって個別的行為は含まないと解している。[49] ここにいう個別的行為とは、営業の目的たる行為に属するものと思われるが、個別的行為と継続的行為との区別は必ずしも明確ではないこと、法人としての活動は営業の目的たる行為に限らないこと等の理由で、継続的行為を法人格認許の判断基準とすることには賛成しがたい。

全額出資法人または合弁会社（いずれも日本法人とする）の設立は、法人としての活動に含まれるか。全額出資法人等の設立行為（定款の作成、社団の形成、資金の払込、機関および資本の構造形成、設立登記等）はわが国領域で行われるが、全額出資法人等の設立は、外国法人のわが国における活動に代わるものとして位置づけることができ、内国での法人としての活動ではないと解せられる。したがって不認許法人は、全額出資法人等を設立することができる。[50]

d　法人活動のための法人格承認と営業活動の許容とはどのように区別されるか。

認許は、わが国領域での法人としての活動を前提とするものではあるが、わが国が具体的に外国法人の活動に対して規制を加えることを妨げるものではない。この点については、前述のハーグ条約「外国の会社、社団及び財団の法人格の承認に関する条約」の審議資料が多くの示唆を与えてくれる。[51]条約の解説によれば、本条約における法人の承認は、締約国の領域で定款に定める活動を恒久的に行うことの容認を意味しない。[52]各締約国は、自己の適当と認める措置をとる自由を保持している。承認された法人は、法律の定める手続により、訴えを提起し、財産を所有し、契約の締結その他の法律行為をすることができるが（条約一条）、事務所の設置、営業の許可および一般的継続活動の許可は、承認国の法律によって規制することができる（条約七条）。[53]前者が法律的理由により許否を決定されるのに対して、後者は承認国の政治的、経済的理由によりその許否が決定される。外国法人のあるものにつき、特別の条件または制限を課さないときは、承認の効果として、これらの会社に自由にその活動を行うことを許すことになる――。

わが国においては、外国法人が継続的活動を行うとき、一般的要件として事務所ないし営業所の登記が要求される[54]（民四九条一項、商四七九条二項）。これは継続的活動を行うための要件であるから、登記さえ行えば事業活動自体は自由に行うことができる。しかし外国法人のわが国領域における営業活動には、多くの禁止、許可ないし制限規定がおかれている。[55] ①禁止　委託放送事業（放送五二条の一三第一項五号ハ）、無線局（電波五条一項三号）、有線テレビ（有線テレビ五条三号）、鉱業（鉱業一七条・八七条）、国内航空運送（航空一三〇条）、領海内漁業（外国人漁業規制三条二号）、②免許　銀行（銀行四七条一項）、証券業（外国証券業者三条一項）、保険業（保険業一八五条一項）、③許可　国の安全保障（航空機、武器、火薬、原子力、宇宙開発）、公の秩序・公衆の安全（麻薬製造、警備、ワクチン製造）、ＯＥＣＤ自由化留保[56]（農林水産、鉱業、石油業、皮革・皮革製品製造）（外為二七条一項・三項、投資政令三条二項）等。

このように各種の規制が行われているが、かかる規制がない場合には、認許された外国法人は、自由に継続的営業活動をすることができるわけである。

(25) 山田三良「外国法人論」牧野英一編・穂積先生還暦祝賀論文集（有斐閣　一九一五年）九〇一頁以下、同・国際私法完（昭和三年度東大講義）（文信社　一九二八年）二六八頁以下、同・国際私法（現代法学全集34巻）（日本評論社　一九三〇年）三三八頁以下。同旨は、梅謙次郎・民法要義（巻之一総則編）（明法堂　訂正増補一八九九年）七八頁以下、同・民法総則（復刻版）（信山社　一九九〇年）六七九頁以下、岡松参太郎・注釈民法理由（総則篇）（有斐閣　一八九六年）七九頁以下、久保岩太郎・国際私法概論（巖松堂　一九四八年）一三三頁以下、富井政章・民法原論（第一巻総論）（有斐閣　訂正一九〇五年）二五二頁以下、中島玉吉・民法釈義（巻之一総則篇）（金刺芳流堂　一九一一年）二四四頁以下。

(26) 「認許ノ特別的ナルト一般的タルトヲ問ハス外国法人ハ認許ヲ俟ッテ始メテ我法律上ノ存在ヲ有スルモノニシテ苟モ認許ナキ以上ハ法人トシテ存在スルコトヲ得サル（ものである）」（山田（三）・前掲（注25）外国法人論九一一頁）。

(27) 川上太郎「法人の渉外的私法活動―民法三十六条否認論―」国民経済七八巻一号（一九四七年）四五頁。

(28) 川上・前掲（注27）四五頁以下、同・新版判例国際私法（千倉書房　一九七〇年）五七頁以下。

(29) 川上・前掲（注7）「会社」七三六頁。

(30) 山田（鐐）・前掲（注4）「法人の人格」六三頁以下、同「法人」国際法学会編・国際私法講座第二巻（有斐閣　一九五五年）

三四四頁以下。

(31) 一般的権利能力の準拠法が、会社の内部関係の準拠法と同一原則に従うとはいえないとする見解が主張されている。この点については、B・グロスフェルト（山内訳）・前掲（注22）四六頁。

(32) 溜池良夫・新版注釈民法〔2〕総則〔2〕〔林良平ほか編〕（有斐閣　一九九一年）一九四頁参照。

(33) 川上説が三六条否認論を主張するのは、外国法人の不認許を国際公序違反と同趣旨とみるからであるが、山田（鐐）説は、この点について批判されている（山田（鐐）・前掲（注30）「法人」三四五頁）。

(34) 江川英文・国際私法〔全書〕（有斐閣　一九五〇年）一七三頁。

(35) 山田鐐一「外国会社」田中耕太郎編・株式会社法講座第二巻（有斐閣　一九五九年）一八三一頁以下、同・国際私法〔現代法学全集47〕（筑摩書房　一九八二年）二一五頁以下、同・国際私法（有斐閣　一九九二年）二二一頁以下。

(36) 石黒一憲・国際私法〔新版〕（有斐閣　一九九〇年）三四五頁、岡本善八「外国法人の認許と承認」国際私法の争点〔新版〕（一九九七年）九七頁、木棚昭一ほか・国際私法概論〔第三版〕（有斐閣　一九九九年）一一四頁以下〔木棚〕、桜田嘉章・国際私法〔第二版〕（有斐閣　一九九八年）一七一頁、実方正雄・国際私法概論（有斐閣　一九四二年）一五一頁、澤木敬郎＝道垣内正人・国際私法〔第四版再訂版〕（有斐閣　二〇〇〇年）一五五頁、高桑　昭「わが国の外国法人制度について」論叢一四〇巻五・六号（一九九七年）三一頁、高桑　昭ほか編・国際取引法〔第二版〕（青林書院　一九九三年）二六頁〔松岡　博〕、溜池良夫・国際私法講義〔第二版〕（有斐閣　一九九九年）二九一頁、同・前掲（注32）一九四頁以下、松岡　博編・現代国際取引法講義（法律文化社　一九九六年）一五三頁〔松岡〕。

(37) ドイツにおいては会社法人格の承認が、会社の抵触法上の取扱のほかに外国法人の特別の承認を要するか否か、理論上の争いがある。この点については、C・T・エーベンロート「ドイツ国際会社法における最近の展開」山内惟介編訳・国際企業法の諸相（中央大学出版部　一九九〇年）一六〇頁以下。グロスフェルト教授は、法人の権利能力の存在にかかわる問題が抵触法的規律対象から除外され、外人法的規律のもとにおかれていることを批判する。すなわちオアシス会社（擬似外国会社）に対する実効的規制を行おうとするとき、本拠地法説にたつグロスフェスト教授は、法人の属人法決定理論（本拠地法説）が有する実効的承認機能に注目する。そして属人法理論として権利能力の独立連結を主張する。法人の準拠法を権利能力、内部関係、外部関係の三者に分けてそれぞれ独立の連結を考えようとするのである。グロスフェルト教授の承認理論とこれに対する評価の詳細については、山内惟介「西ドイツ国際私法における外国会社の承認について―いわゆる『承認理論』を中心として―」新報九〇巻一・二号（一九八三年）六五頁以下。すべての活動がドイツ国内で展開されているデラウェア会社に対して、権利能力の承認を拒否したドイツ・デュッセルドルフ上級裁判所判決と、これを批判するウルマー説を紹介するものとして、小島華子「国際私法における外国会社の承認について――ウルマー氏の理解を素材として――」大学院研究年報二七号〔法学研究科篇〕（一九九八年）三〇三頁以下がある。

(38) 実方・前掲（注36）一五一頁以下は、国際私法上の承認と民法三六条との関係について、つぎのように述べている。属人法上、法人格を有する限り、わが国でも当然に法人格が承認せられるべきであるから、民法三六条の認許は、外国法人が法人たる資格における業務活動によって具体的権利義務を享有しうることをいう――。すなわちわが国領域における法人格の存在は、国際私法上の承認によって定まり、三六条の認許は、法人の名での業務活動によって権利義務を享有しうるという、法人活動の承認としてとらえている。これは国際私法上の承認によりすでに法人格の存在が認められているので、認許は、その法人格を前提とする活動の承認として理解するものと思われる。しかし三六条一項は、外国法人の「成立」の認許を定めている。「成立」とは、わが国領域における法人格の存在を意味するから、実方説には賛成しがたい（溜池・前掲（注32）一九四頁参照）。この点、河村博文「外国法人の認許」山田鐐一ほか編・演習国際私法〔新版〕（有斐閣　一九九二年）八八頁を改める。

(39) 不認許法人であっても、本国法により権利能力を認められている以上、当事者能力が肯定される。この点につき、高見　進・注釈民事訴訟法〔1〕裁判所・当事者〔1〕〔新堂幸司ほか編〕（有斐閣　一九九一年）四二〇頁。訴訟当事者能力については、青山善充「外国人の当事者能力および訴訟能力」澤木敬郎ほか編・国際民事訴訟法の理論（有斐閣　一九八七年）二〇一頁以下、河村・前掲（注3）二三一頁以下。

(40) 以下の記述は、上柳克郎「法人論研究序説」「合名会社の法人性」会社法手形法論集（有斐閣　一九八〇年）一頁以下、一六頁以下に負うものである。ただし法人の属性については、私見の観点から若干の追加変更を行っている（④の一部、⑤）。ところでドイツの合名会社・合資会社や英米のパートナーシップが認許の対象になるか否かについて、国際私法学説は一般に否定的である。その理由は、これらの営利団体が法人ではないため、国際私法上、権利能力なき社団として処理すれば足りるとするものと思われる。溜池・前掲（注36）二九二頁、早田芳郎「外国会社の意義」国際私法の争点〔新版〕（一九九六年）九九頁、山田（鐐）・前掲（注35）国際私法（有斐閣）二四二頁。しかしドイツの合名会社の場合、ドイツの多数説・判例は法人ではないとするものの、法人の属性である①〜⑤を有しているのであり（上柳・前掲一八頁以下、ドイツ商一二四条）、その点において権利能力なき社団とは異なっている。合資会社も同様である（European Company Structures – A Guide to Establishing a Business Entity in a European Country 113 (Michael J. Oltmanns ed. 1998.)。アメリカのリミテッド・パートナーシップも、準法人としての性格を強めており、法人としての属性である①〜⑤を有するにいたっている。

この点につき、国生一彦・アメリカのパートナーシップの法律（商事法務研究会　一九九一年）一八〇頁、四〇頁、二三九頁、九八頁、九九頁。Kenneth W. Clarkson et al., West's Business Law 794 (6th ed. 1995). ハーグ条約六条一項では、法人格を有しない会社、社団および財団は、他の締約国においては、本国法上、これらに認める法律上の地位、殊に訴訟能力および債権者との関係に関する法律上の地位を有すると定めている。この理論に従えば、ドイツの合名会社・合資会社およびアメリカのリミテッド・パートナーシップは、本国法上の準法人の属性が承認されることになる。すなわち民法三六条一項の類推解釈により、認許の対象に含まれると解すべきことになる。

(41)　外国の立法例には、人的会社の法人格取得について登記を要しない場合があることにつき、法務省大臣官房調査課「終戦後における国際私法に関するヘーグ条約案（一）」法務資料三三三号（一九五四年）一三一頁参照。外国の会社、社団及び財団の法人格の承認に関する条約（ハーグ条約）一条二項（一九五一・一〇・三一採択）。

(42)　上柳・前掲（注40）二頁は、法人の法人格の最小限の属性として、①〜③をあげているが、これらを完全にそなえていなくても、例えば⑥の属性があるものを法人と解しても不適当とはいえないとされている。

(43)　法人格を有する人的会社の設立に登記を要しない場合には、⑤は不要である。

(44)　溜池・前掲（注32）二〇〇頁、山田（鐐）・前掲（注35）国際私法（有斐閣）二四一頁、なお権利能力なき社団・財団の取扱いの詳細は河村・前掲（注3）二二〇頁以下。

(45)　認許をえていない韓国法上の財団法人の当事者能力を肯定した下級審判例として、東京高判昭四九年一二月二〇日高民二七巻七号九八九頁（時報七七三号八九頁）がある。これは民法三六条一項の不認許を理由に当事者能力を争った事案であるが、「国際民事訴訟法の準拠法として適用されるわが民事訴訟法上の当事者能力の有無を判断するに当たっては、当該外国法人が外国法上有効に成立しているかどうか……の考察をもって足り、わが国において法人としての権利享有の承認に関する民法第三六条第一項の認許は問題とする余地はない」。

(46)　山田（三）・前掲（注25）「外国法人」九二九頁、溜池・前掲（注36）二九五頁、山田（鐐）・前掲（注35）国際私法（有斐閣）二四一頁、河村・前掲（注3）二二二頁。なお山田（三）・前掲（注25）九三〇頁以下は、フランス一八五七年法以降、当初、当事者能力が認められなかった不認許法人について、その後、当事者能力が認められるにいたった沿革について述べている。その結論として「訴訟当事者タルノ能力ヲ認ムルモ亦一部分ノ権利能力ヲ認ムルモノニシテ純理上外国法人ノ成立ヲ認許セサルコトト矛盾スル所無キニシモアラスト雖モ……之ヲ認ムルニ非スンハ外国法人カ外国ニ於テ適法ニ得タル権利ヲモ無視スルニ至ルノ恐アルカ故ニ近世諸国ノ法律ハ……認許セサル外国法人ニ付テモ尚最小限度ノ権利保護トシテ訴訟当事者ト為リ得ヘキコトヲ認ムルヲ以テ例トスルニ至レリ」（山田（三）・前掲九三二頁）。

(47) このことは非営利活動団体が法人化を要望した理由をみれば明らかである。熊代昭彦編・日本のＮＰＯ法〔特定非営利活動促進法の意義と解説〕（ぎょうせい　一九九八年）五八頁。

(48) 河村・前掲（注１）一七三頁。

(49) 岡本・前掲（注36）九七頁は、法人の活動とは、継続的営業活動をいい、偶発的個別的行為は含まれないとされている。

(50) 山田鐐一＝佐野　寛・国際取引法〔新版〕（有斐閣　一九九八年）五四頁。カリフォルニア会社法では、親会社は、自ら州内で営業活動をしない限り、子会社が州内で営業活動をするとの理由で、州内営業を行うとはみなされない（河村・前掲（注３）四五頁）。Cal. Corp. Code § 191(b).

(51) 前掲（注41）法務資料三三三号一二二頁以下のほか、「ヘーグ条約案(三)」法務資料三四〇号（一九五六年）五三一頁以下。

(52) 川上太郎「外国会社等の承認に関するヘーグ条約について」神戸五巻一・二号（一九五五年）一五七頁以下、河村博文「外国会社・社団及び財団の法人格の承認に関する条約」国際関係法辞典（三省堂　一九九五年）一〇六頁。前掲（注41）法務資料三三三号一三〇頁以下、三四〇号五六九頁、六一六頁。

(53) 条約七条の基礎となったものは、第二委員会におけるオランダ草案八条であるが、これは国際連盟「外国商事会社の法人格の承認」に関する案五項を借用したものであった（前掲（注51）法務資料三四〇号五六九頁）。国際連盟案五項は「（締約国の法律に準拠して有効に設立され、かつ、その国に現実の会社の本拠を有する商事会社は、他の締約国において当然に承認されるが）締約国に所属する外国商事会社の承認は、他の締約国の領域において事務所を設置し、事業活動をし、並びに一般に定款に定める行為を永続的に行うことの許可を含むものではない」と定めていた。国際連盟案の翻訳は、前掲法務資料三四〇号五三五頁、川上太郎「会社に関する国際私法問題」神戸一二巻一号（一九六二年）四一頁以下。第二委員会第二次案の審議において、ウォートレイ（英）は、七条の修正案「承認は、当該国の領域において、事務所を設け、営業を営み、及び一般に会社の活動を継続的に行うことの許可を含むものとする」を提出したが、否決された（前掲（注51）法務資料三四〇号五九一頁）。

(54) ドイツ営業法一二条一項は、外国法人の内国営業につき特別の承諾を要する旨を定めていた。その立法趣旨は、ドイツ内国法人と比較して、弱小外国資本から国内の取引相手方を保護することにあった（一九八四年七月二七日削除）（グロスフェルト（山内訳）・前掲（注22）五九頁以下、エーベンロート（山内訳）・前掲（注37）二四二頁）。わが国には、外国法人の内国での継続的活動につき一般的に許可を要する旨の規定は存在しない。

(55) 河村・前掲（注１）一八五頁以下。

(56)　ＯＥＣＤの資本移動自由化規約上、わが国が自由化を留保していたのは、従来、四業種であったが、その内、鉱業については、平成一〇年四月一日から自由化され、自由化の例外は三業種となった。対内直接投資等に関する命令第三条第三項の規定に基づき大蔵大臣及び事業所管大臣が定める件（平成一〇年三月総理府、大蔵省、文部省、厚生省、農林水産省、通商産業省、運輸省、郵政省、労働省、建設省告示一号参照）。

五　結　語

本章においては、外国法人の認許に関する旧民法人事編六条および現行民法三六条一項の立法理由を考察するとともに、認許をめぐる学説の検討を通じて、基本的には通説である法人活動のための法人格承認説が支持されるべきことを明らかにした。最後に通説の問題点についての私見のまとめをしておきたい。

①　外国法人をすべてわが国領域で承認する立場をとれば、国際私法原則上、外国法人の法人格が認められる場合には、当然に法人として活動するための法人格の存在が承認される。しかし民法三六条一項はわが国の立法政策にもとづいて外国法人の認許の有無を定めており、法人として活動するための法人格の承認は三六条一項によって行われる。

②　国際私法上の承認により、わが国領域での（法人活動を前提としない）法人格の存在の承認が行われ（自由理論）、認許は、このすでに存在する法人格を、法人活動の権利主体として承認することになる。

③　法人としての活動とは、法人の名において活動することをいう。不認許法人は、権利能力なき社団・財団の名において活動することになる。認許された法人の社会的信用は、認許されない法人よりもはるかに増大する。

④　法人としての活動には、目的たる事業、目的事業を遂行するために付帯する行為、社会的存在としての行為

等を含む。また駐在員事務所、営業所の開業準備行為、営業所の継続的行為を包含するが、全額出資法人や合弁会社の設立は含まれない。個別的行為も含む。個別的行為と継続的行為との区別は必ずしも明確ではない等の理由で、継続的行為を法人格認許の判断基準とすることには賛成しがたい。

⑤　認許は、わが国領域での法人としての活動を前提とするものではあるが、わが国が具体的に外国法人の活動に対して規制を加えることを妨げるものではない。

従来、認許の問題がとりあげられる場合には、もっぱら積極的な認許の問題に焦点があてられてきているが、この問題は同時に消極的な不認許の問題でもある。例えば不認許と、擬似外国会社、法人格の否認、会社解散命令、外国会社営業所閉鎖命令等との比較的考察によって、認許の意義が一層明らかになると思われる。

〔追記〕　本章の脱稿後、道垣内正人「法人」法教二三三号一一五頁以下（二〇〇〇年）に接した。同論文によると、認許は、外国判決の承認と連続する問題としてとらえるべきであると指摘されている（一二〇頁）。

第五章　投資に対する外為法上の規制

一　緒　論

対内・対外投資を規制する外為法は、国際会社法と密接な関係がある。近年、外国企業によるわが国企業の買収・合併が盛んに行われるようになった[1]。これは平成九年、金融システム改革[2]の先駆者として外国為替及び外国貿易管理法の抜本的改正が行われ（公布平成九年五月二三日法五九号、施行平成一〇年四月一日、以下、「外為法」と括弧を付して略す）、それに続く金融分野での規制緩和が行われたこと、他方では一九九五年（平成七年）六月一三日の対日投資会議声明をふまえた各種産業分野での規制緩和が行われたこと等の効果である[3]。「外為法」は、貿易取引（物の流れ）を規制する部分と資本取引（資金の流れ）を規制する部分とがある。資本取引（金銭貸借）を規制する部分が外国為替法である。投資は資本取引に含まれる。「外為法」は難解な法律である。その理由の第一は、委任立法であるため、「外為法」は基本的部分を規律するにとどまり、具体的規律は政令および省令に委ねられていること[4]、第二に国際情勢の変動に対応するために基本方針の大転換が度々行われ、規制対象および規制方法がきわめて複雑となっていることにある。本章は、複雑化した規制対象および規制方法を整理し、法律、政令および省令のすべてについ

て具体的規律を明らかにしたいと思う。(5)

（1） 旧大蔵省（現財務省）の対内外直接投資統計によると、九八年度（平成一〇年度）の日本の対外直接投資は、前年度比二四・五パーセント減の四〇七億四、七〇〇万ドル、九九年度（平成一一年度）上期（四〜九月）は、前年同期比一七七・〇パーセント増の四六四億九、二〇〇万ドルである。他方において九八年度の外国による対日直接投資は、前年度比八九・四パーセント増の一〇四億六、九〇〇万ドル、九九年度上期（四〜九月）は前年同期比一六六・〇パーセント増の一一三億三、八〇〇万ドルであった。対内・対外直接投資比率は、九六年度一対七・〇、九七年度一対九・八、九八年度一対三・九、九九年度上期一対四・一である（日本貿易振興会編・二〇〇〇年版 ジェトロ投資白書（日本貿易振興会 二〇〇〇年）四八頁、五九頁）。間接投資については、平成一三年二月一四日の財務省発表の対内・対外証券投資状況によると、二〇〇〇年（平成一二年）の海外投資家による日本株式への投資は二、三三九億円の売越し、日本債券への投資は一〇兆七六八億円の買越しである。他方において二〇〇〇年の国内投資家による海外株式への投資は二兆二、〇三〇億円の買越し、海外債券への投資は五兆二、五八六億円の買越しであった（日本経済新聞平成一三年二月一四日夕刊）。日本の対外・対内直接投資の実情ないし投資促進政策については、井上隆一郎編・外資誘致の時代―地域経済活性化を目指して―（日本貿易振興会 一九九八年）八五頁以下、経済企画庁調整局対日投資対策室・対日M&Aの活性化をめざして（大蔵省印刷局 一九九六年）二〇四頁以下、ジェトロセンサー二〇〇〇年二月号〔特集 急増する対日直接投資〕（二〇〇〇年）一〇頁以下、通商白書（総論）平成一二年版（通商産業省 二〇〇〇年）九七頁以下、一六九頁以下。

（2） 金融システム改革とは、平成八年一一月、当時の橋本首相が、東京市場をロンドン・ニューヨークなみの国際市場に整備すべく、フリー（市場原理が働く自由な市場）、フェア（透明で信頼できる市場）、グローバル（国際的で時代を先取りする市場）という三つの基本的考え方にもとづいて指示した金融システムの改革（日本版ビッグバン）をいう。具体的には、フリー（銀行・証券・保険分野への参入促進、証券・銀行の業務の拡大、手数料の自由化、為銀主義の撤廃）、フェア（ディスクロージャーの徹底等）、グローバル（会計制度の国際標準化等）である（外国為替貿易研究グループ編・逐条解説改正外為法（通商産業調査会出版部 一九九八年）四八頁以下）。

（3） 対日投資会議については、経済企画庁調整局・前掲（注1）二〇五頁以下、各産業分野における規制緩和の取組みについては、総務庁編・規制緩和白書（九九年版）（大蔵省印刷局 一九九九年）七七頁以下、橋本寿朗＝中川淳司編・規制緩和の政治経済学（有斐閣 二〇〇〇年）一〇一頁以下、川口恭弘「業務分野規制の新展開」江頭憲治郎＝岩原紳作編・あたらしい金融システムと法（ジュリスト増刊二〇〇〇—一二）（二〇〇〇年）一〇一頁以下、川浜　昇「銀行業への異業種参入」前掲（ジュリ増刊二〇〇〇—一二）九五頁。

（4）　外国為替の分野に関連する主要な政令・省令はつぎの通りである。〔政令〕外国為替及び外国貿易法における主務大臣を定める政令（昭和五五年一〇月一一日政令二五九号、以下、主務政令という）、外国為替令（昭和五五年一〇月一一日政令二六〇号、以下、外為政令という）、対内直接投資等に関する政令（昭和五五年一〇月一一日政令二六一号、以下、対内投資政令という）、日本国とアメリカ合衆国との間の相互協力及び安全保障条約第六条に基づく施設及び区域並びに日本国における合衆国軍隊の地位に関する協定の実施に伴う外国為替令等の臨時特例に関する政令（昭和二七年四月二八日政令一二七号、以下、合衆国外為特例という）、日本国に於ける国際連合の軍隊の地位に関する協定の実施に伴う外国為替令等の臨時特例に関する政令（昭和二九年六月一日政令一二九号、以下、国連外為特例という）。〔省令〕外国為替に関する省令（昭和五五年一一月一五日大蔵省令四四号、以下、外為省令という）、外国為替の取引等の報告に関する省令（平成一〇年三月一九日大蔵省令二九号、以下、報告省令という）、対内直接投資等に関する命令（昭和五五年一一月二〇日総理府・大蔵省・文部省・厚生省・農林水産省・通商産業省・運輸省・郵政省・労働省・建設省令一号、以下、対内投資命令という）。

（5）　参考文献は、前掲（注1）～（3）にあげたもののほかに以下のものがある。外国為替論については、川本明人・外国為替の基礎知識（中央経済社　一九九九年）、木下悦二・外国為替論（有斐閣　一九九一年）、黒田　巌編・わが国の金融制度（日本銀行金融研究所　一九九五年）、式場正昭・外国為替の基礎〔改訂版〕（経済法令研究会　一九九八年）、古海健一・ビジネスゼミナール外国為替入門〔改訂二版〕（日本経済新聞社　一九九五年）。「外為法」については、あさひ銀総合研究所編・新版外為法実務ガイド（経済法令研究会　一九九八年）、ヴェルナー・Ｆ・エプケ（山内惟介監修＝実川和子訳）国際外国為替法（上）（下）（中央大学出版部　一九九五年）、神田秀樹「外国為替の意義と機能」鈴木禄弥＝竹内昭夫・金融取引法大系第三巻（為替・付随業務）（有斐閣　一九八三年）一三一頁以下所収、湖島知高編・改正外国為替法Ｑ＆Ａ（財経詳報社　一九九七年）、櫻井雅夫・新国際投資法（有信堂　一九八八年）、同・国際経済法〔新版〕（成文堂　一九九七年）九九頁以下、一三一頁以下、澤田壽夫編・新国際取引ハンドブック（有斐閣　一九九〇年）二二一頁以下、関　要＝渡邊敬之編・新しい外国為替管理法Ｑ＆Ａ（財経詳報社　一九八二年）（昭和五四年改正のもの）、高桑　昭＝江頭憲治郎編・国際取引法〔第二版〕（青林書院　一九九三年）二五〇頁以下〔飯田勝人〕、二九四頁以下〔濱田邦夫〕、三六三頁以下〔田中信幸〕、四一四頁以下〔中山高夫〕、高月昭年・改正外為法—新法の要点と実務への影響（金融財政事情研究会　一九九七年）、財部誠一＝織坂　濠・要説改正外為法入門（フォレスト出版株式会社　一九九八年）、福井博夫編・詳解外国為替管理法（金融財政事情研究会　一九八一年）、松井芳郎「海外直接投資の保護に関する日本の法政策」松井芳郎ほか編・国際取引と法（名古屋大学出版会　一九八八年）四九頁以下、松下満雄・国際経済法（有斐閣　一九九六年）二七三頁以下、二九一頁以下、山根眞文「外為規制の今後のあり方」ジュリ一〇九五号（一九九六年）一四九頁。外国企業の対日進出用としては、日本貿易振興会編・A Guide to Investment in Japan：外国企業のための対日投資Ｑ＆Ａ（日本貿易振興会　一九九九年）、同編・Setting up Enterprises in Japan（The 4th Edition）：対日投資ハンドブック〔第四版〕（日本貿易振興会　一九九九年）。前二書は、左頁には英文、右頁には翻訳が掲載されている。

本章の執筆は、外国為替貿易研究グループ編・前掲（注2）逐条解説改正外為法、およびあさひ銀総合研究所編・前掲新版外為法実務ガイドに負うところが大きい。前者は、一九九七年（平成九年）の「外為法」改正に直接携わった旧通商産業省（現経済産業省）の法令担当者の共同執筆になるもので、豊富な資料を収めた詳細なコンメンタールである。後者は、国際業務を担当する実務家のために書かれたもので、実務に必要な事項はほぼ完全に網羅されている。

二　「外為法」変遷の概観

わが国における最初の外国為替管理法は、昭和七年の「資本逃避防止法」（昭和七年六月三〇日法一七号）である。しかし資本の海外流出や為替相場の下落を防止できなかったので、翌年の昭和八年、「外国為替管理法」（昭和八年三月二八日法二八号）が制定された。同法により投機的な為替売買は違法とされ、外国為替銀行制度（大蔵大臣に届け出た外国為替銀行の行う外国為替の売買や外国への送金は許可不要）が導入された。第二次大戦後の昭和二四年に新しく「外国為替及び外国貿易管理法」（昭和二四年一二月一日法二二八号）、翌昭和二五年には「外資に関する法律」（昭和二五年五月一〇日法一六三号）が制定され、現在の「外為法」の骨格が定まった。本法の特徴は、①為替管理と貿易管理とを同一の法制にとりこみ、対外取引によって獲得した外国為替を外国為替銀行に売却させ、政府の監督の下、外貨予算の範囲内で国民生活に必要不可欠な貨物輸入の支払にあてるということを基本としたこと、②支払段階での規制（禁止・制限）のほか、資本取引、役務取引もしくは貿易取引のような取引の段階での規制も対象としたこと、③外国為替銀行が認可制となり（昭和二九年に外国為替公認銀行となる）、取引の確認義務が課せられたこと等である。

昭和五二年以降、わが国の国際収支の黒字が増大し、対外経済関係が悪化した。そこで対外取引の規制緩和の努力を外国に表明するために、「外為法」の大改正を行った（公布昭和五四年一二月一八日法六五号、施行昭和五五年一二月一日）。改正法の特徴は、①対外取引の基本方針を原則禁止から原則自由へと移行させたこと、②対内直接投資および技術導入については、昭和四七年以降、自由化が進んだので、これらを規制していた外資法を廃止し、同法の規制対象を「外為法」に吸収したこと、③吸収された外資法が各事業大臣を含んでいたこと、および「外為法」上、外国貿易の章が従来と同じく残されたことから、改正後の「外為法」は、各種の対外取引を総合的に調整する対外経済基本法としての性格を有することになったこと、④為銀制度（対外支払および外国為替取引は、外国為替公認銀行を通ずる限り自由であるが、為銀を通じない取引については許可や事前届出を課する制度）が維持されたことである。政府は、為銀からの情報収集により対外取引の実態の把握を的確に行うことができた。昭和六〇年頃から平成元年にかけて、わが国の対外直接投資は激増したが、対内直接投資の増加は微々たるものであった。そこで平成三年、「外為法」を改正して（公布平成三年四月二六日法四〇号、施行平成四年一月一日）、対内直接投資等および技術導入契約の締結等につき、従来の審査付事前届出制の代わりに原則として事後報告を要することとした。

一九八〇年（昭和五五年）代以降、情報・通信技術の発展に伴う金融・資本取引のグローバル化が進み、他方、欧州各国はEU統合にむけての内外取引の自由化を進展させたので、わが国の外国為替制度は相対的に規制色の強いものとなり、わが国の金融・資本市場は地盤沈下の傾向がみられるようになった。そこで平成九年、「外為法」の抜本的大改正が行われた（公布平成九年五月二三日、施行平成一〇年四月一日）。主たる改正点は、①外国為替に関する法体系を管理中心の枠組みから自由中心の枠組みに変更するため、法律の名称から「管理」を削除したこと、②

企業・個人が自由に外国の企業・個人と資本取引や決済を行いうるよう、一部の直接投資や経済制裁等を除き、事前の許可・届出制を廃止したこと、③外国為替公認銀行制度を廃止し、あわせて指定証券会社制度（大蔵大臣の指定を受けた証券会社で、これを通ずる外貨証券の取引は届出不要とされた）および両替商制度（異種通貨の交換を業とする者で大蔵大臣の認可を必要とした）を廃止したこと、④統計内容充実のため事後報告制度を整備したこと、⑤国際情勢に対応した経済制裁等の機動的かつ効果的な実施のための制度を確保したこと、⑥対外直接投資につき、制限業種は別として、一般業種については事前届出制を廃止し、事後報告制としたこと等である。[6]

（6） 外国為替貿易研究・前掲（注2）三—六五頁、八五五頁以下、あさひ銀総合研究所編・前掲（注5）二一頁以下。

三　外国為替法規制の概要

㈠　一般的説明

外国為替法[7]は、原則として居住者と非居住者間の、国境を超えた資金移動を規制する公法的取締法規である。例外として居住者間の外国通貨支払による取引および非居住者間の本邦通貨の表示または支払証券の発行がある（外為法二〇条四号・九号、七号—以下、外為法は条文のみを示す）。

ａ　居住性　「外為法」の適用対象である主体は、経済活動を行う地が、本邦か外国かによって区別され、国籍のいかんを問題としない。

ｂ　国境を超えた資金の移動　平成九年改正前においては、国内における外貨取引はすべて「外為法」の規制対象とされていたが、九年改正によりこの規制は廃止されたので、「外為法」は原則として国境を超えた資金移動を規制対象とすることとなった。

c　公法的取締法規　法定された取引・行為は、財務大臣または経済産業大臣の許可・承認または届出が必要であり、違反者には刑罰または行政罰が科せられる。

(二)「外為法」の適用対象

イ　主体

a　一般的説明　「外為法」の適用対象である主体は、居住者および非居住者である。居住者とは、日本国内に住所または居所を有する自然人および日本国内に主たる事務所を有する法人をいう（六条一項五号）。非居住者とは、居住者以外の自然人および法人をいう（六条一項六号）。ただし非居住者の日本国内における支店、出張所その他の事務所は（法律上、代理権があるか否かにかかわらず）居住者とみなされる（六条一項五号後文）。実際には、居住性の判断が困難な場合が多い。かかる場合には、財務大臣の定めるところによる（六条二項、外為省令三条、旧大蔵省（現財務省）解釈通達六―一―五、六）[8]。

b　個人　日本国内に住所または居所を有するか否かにより判断される。住所または居所については民法に規定があるが（民二二条、二三条）、「外為法」上は、生活の本拠概念のみではなく、「外為法」の目的に照らして、その者の経済活動がわが国の経済圏の領域内であるか否かという観点からも判断される。

i　日本人　日本人は、住所または居所を国内に有するものと推定される（居住者の推定）。外国に在る者でも、日本の在外公館（大使館、領事館）に勤務する目的で出国し、外国に滞在する者は居住者として扱われる。

ただしつぎに掲げる者は、非居住者と推定される。①在外事務所（日本法人の海外支店等、現地法人、国際機関を含む）に勤務する目的で出国し、外国に滞在する者、②二年以上、外国に滞在する目的で出国し、外国に滞在する者、

③前①②以外で、わが国を出国後、外国に二年以上、滞在するにいたった者、④前①②③に掲げる者で（休暇等で一時帰国し）日本の滞在期間が六ヵ月未満の者。
家族の場合、居住者または非居住者と同居し、生活費がもっぱら居住者または非居住者の負担であるとき、本人の居住性の有無にしたがう。
ii　外国人　外国人は、住所または居所を日本国内に有しないものと推定される（非居住者の推定）。日本国内に在る者でも、外国政府また国際機関の公務を帯びる者、外交官または領事官（これらの随員、使用人であって、外国で任用・雇用された者を含む）は、非居住者として扱われる。
ただしつぎに掲げる者は、居住者と推定される。①日本国内に在る事務所（在日支店、在日駐在員事務所、在日子会社）に勤務する者、②日本国内に入国後、六ヵ月以上、滞在する者。
c　法人等（法人、権利能力なき団体、機関その他これに準ずるものをいう。ただしdに掲げるものを除く）　日本国内に主たる事務所を有するか否かにより判断される。
①　日本の在外公館は、居住者として扱う。
②　外国法人等の在日支店、在日出張所その他の事務所は、居住者として扱う。
③　日本法人等の外国に在る支店、出張所その他の事務所は、非居住者として扱う。
④　日本に在る外国政府の公館（使節団を含む）および国際機関（EU等）は、非居住者として扱う。
d　合衆国軍隊および国際連合の軍隊等（軍隊構成員、軍属およびその家族、軍人用販売機関、軍事施設、軍事銀行）これらは非居住者である（合衆国外為特例三条、国連外為特例三条）。
ロ　取引ないし行為
a　一般的説明　「外為法」は、規制の行為類型として支払および支払の受領（第三章）、資本取引・役務取引

（運送・保険・技術援助等の取引）および仲介貿易取引(9)（第四章）、対内直接投資および技術導入契約（第五章）および外国貿易（第六章）を定めている。支払に対する規制は、取引ないし行為にもとづく履行行為の時点におけるものであり、資本取引等、対内直接投資等および外国貿易に対する規制は、取引ないし行為の時点におけるものである。規制の原則は、取引ないし行為の時点の規制であり、それができない場合に支払の段階で規制することとされている。

外国貿易の規制は、物の移動に対する規制であって、資金移動の規制である資本取引および対内直接投資に対比させられる。対内直接投資は、資本取引の特別類型である。資本取引は、「外為法」の規制の中心をなすものである。

b　資本取引の意義　　狭義の資本取引は（以下、（狭）資本取引という）、「外為法」二〇条一号～一二号に定められている。（狭）資本取引に対内直接投資および対外直接投資を含めて広義の資本取引とよぶこととしたい（以下、単に資本取引というときは、広義の資本取引をさす）。資本取引は、物や役務の対価としてではなく、資金のみが国境を超えて移動する取引である。

i　経常取引との比較　　物や役務の取引（経常取引）においても、その対価としての資金が国境を超えて移動するが、この場合には別に規定がおかれているので（第五章三〇条、第六章）、資本取引には含まれない。例外として不動産に関する権利の取引は資本取引に含まれる（二〇条一〇号）。

ii　資本取引の特色　　物や役務の対価の場合には、金額の大きさや支払い時期におのずから限度がある。しかし資本取引の場合、きわめて大量の資金が、しかも急激に移動する可能性がある。とくに短期の資金が大量にかつ急激に移動するときは、本邦通貨の為替相場を乱高下させたり、わが国の金融市場（銀行を中心とする短期資本市場）または資本市場（証券取引所等を中心とする長期資本市場）に悪影響を及ぼすおそれがある。そのため「外為法」は特別に規制を加えているのである。[10] 資本取引は、有事の場合には、すべて許可義務の対象となる（二一条）。しかし平時の場合には、原則として財務大臣（日本銀行経由）に事後報告を要するが、政令（外為政令一八条の五）および省令（報告省令五条）によってかなりの取引は、報告不要とされている（五五条の三）。例外として審査付事前届出制の定めがある（五五条の三第二項・五五条の四・五五条の五・五五条の八）。

㈢ （狭）資本取引に対する法規制

イ 一般的説明

（狭）資本取引とは、「外為法」二〇条の一号ないし一二号に掲げる取引または行為である。

a 取引および行為の意義　取引とは、契約および契約の履行行為をいう。行為とは、相続や遺贈のように事実行為や単独行為をいう。

b 対内直接投資　これは資本取引の一種であるが、「外為法」五章（二六条〜二八条）に特別の規定がおかれているので、（狭）資本取引には含まれない。

c 対外直接投資　これは（狭）資本取引に含まれるが、特別の規定がある（二三条）。

ロ 有事規制および平時規制

（狭）資本取引に対する法規制には、有事規制と平時規制とがある。有事の場合、（狭）資本取引はすべて許可義務の対象となる。具体的には旧大蔵省（現財務省）告示により指定される。平時の場合には、事後報告を原則とするが、例外として事後報告不要および審査付事前届出を要するときがある。

a 有事規制

i 一般的説明　有事の場合には、（狭）資本取引に対して事前に許可を受ける義務を課すことができる。有事規制には、つぎの二つがある。

①　政治的有事規制（二一条一項・二四条一項）　これは国連安全保障理事会決議にもとづく経済制裁等がその例である。

②　経済的有事規制（二一条二項・二四条二項）　これはわが国の国際収支の均衡維持の困難、本邦通貨の安定、わが国と外国との間の大量の資金の移動によりわが国の金融市場および資本市場に悪影響を及ぼすこととなる場合等がその例である（一条参照）。

ⅱ　政治的事由および経済的事由　「外為法」二一条一項・二項に定める政治的事由または経済的事由を生じた場合、財務大臣は、政令（外為政令一一条）に定めるところにより居住者または非居住者に対して許可を受ける義務を課することができる（二一条）。ただし特定資本取引[11]に該当するものは除かれる（二一条一項括弧）。

政治的事由につき、外国為替令一一条は、告示（平成一〇年大蔵省告示九九号〈外国為替及び外国貿易法第二一条第一項の規定に基づく大蔵大臣の許可をうけなければならない資本取引を指定する件〉、平成一〇年大蔵省告示二九四号、平成一〇年大蔵省告示三〇四号[12]）により、許可を受けなければならない資本取引を指定する。告示により指定された資本取引は、「外為法」二〇条一号・二号・六号・七号の資本取引および二号の内の対外直接投資（二三条二項）の内、一定の資本取引（告示により異なるが、例えば信託契約にもとづく債権の発生・変更または消滅に関する取引）が、わが国居住者と、イラク・リビア・アンゴラに住所・居所を有する自然人、イラク・リビア・アンゴラに主たる事務所を有する法人その他の団体（これらのものにより実質的に支配されている法人その他の団体）、ユーゴスラビア政府（ユーゴ中央銀行を含む）・セルビア政府との間でなされるものである。

経済的事由としての、国際収支の均衡維持および通貨の安定は、「外為法」の究極の目的である（一条参照）。財務大臣は、対外支払手段（外貨、外貨表示の手形・小切手・電子マネー等）の売買等、所要の措置を講ずることによって本邦通貨の外国為替相場の安定に努めるものとされている（七条三項）。財務大臣は、国際経済の事情に急激な変化があった場合、通貨の安定をはかるため緊急の必要があると認めるときは、政令（外為政令三条二項）で定めるところにより、政令で定める期間内（一月を超えない範囲内で旧大蔵大臣（現財務大臣）の定める期間、外為政令三条四項）に、取引、行為または支払等の停止を命ずることができる（九条）。

対外直接投資についても、有事規制の適用がある（二三条一一項・二一条一項および二項）。

b　平時規制

i　審査付事前届出

対外直接投資の内、つぎの制限業種に属するものを居住者が行おうとするときは、対外直接投資を行おうとする日前二ヵ月以内に財務大臣に届出をしなければならない（二三条一項・四項）。外為政令一一条一項および外為省令二一条は、つぎのように具体的業種を定めている。①わが国経済の円滑な運営に著しい悪影響を及ぼすことになること（漁業、皮革または皮革製品の製造業）、②国際的な平和および安全を損なうことになること（武器の製造業、武器製造関連設備の製造業）、③公の秩序の維持を妨げることになること（麻薬の製造業）。

財務大臣は、居住者の届出後、二〇日間（不作為期間）の間に審査を行い、「外為法」二三条四項に定める事態を生じると認めたときは、対外直接投資の内容の変更または中止を勧告することができる（二三条四項）。制限業種につき審査付届出をしていたところ、当該資本取引に有事許可制が発動された場合、事前の届出を許可の申請とみなして、有事規制の発動要件に照らして審査をやりなおすことになる。

ii　事後報告

居住者または非居住者が、つぎの「外為法」二〇条各号に定める（狭）資本取引を行うときは、原則として財務大臣に事後報告をしなければならない（五五条ノ三）。

事後報告を要するものは、「外為法」二〇条一号、二号（事前届出を要する対外直接投資は除く）、三号、四号（一般の商取引は除く)、五号、二号・五号および一一号に掲げる資本取引のうち居住者の対外直接投資に関するもの、六号のうち非居住者が日本国内で債券を発行する場合(サムライ債、ショーグン債)または居住者が外国で債券を発行する場合(ユーロ円債、外債)[13]、七号、八号、九号および一〇号の資本取引のうち非居住者による本邦不動産またはこれに関する権利の取得である。二〇条一一号の取引(外国本店と在日支店との資金の授受等)は事後報告を要しないし、一二号の政令の定めは現在のところ存在しない。

ⅲ　事後報告不要

原則として事後報告を要する場合でも、政令(外為政令一八条の五第一項)の定めがあるときは、事後報告は不要である。同政令によればつぎの通りである。

a　小規模の資本取引　「外為法」五五条ノ三第一項一号から九号までに掲げる資本取引の内、大蔵省令(現財務省令)(外国為替の取引等の報告に関する省令五条一項、以下、報告省令という)で定める資本取引の区分に応じ大蔵省令で定める小規模のもの(居住者と非居住者間の預金契約等にもとづく債権の発生等に関する取引額が一億円相当額以下のもの、居住者による外国での証券の発行・募集等で一〇億円相当額未満のもの等)。

b　特定種類の取引　「外為法」五五条ノ三第一項四号に掲げる資本取引の内、居住者相互間の対外支払手段(外貨・外貨表示の手形小切手等)または債権の売買契約にもとづく債権の発生等に関する取引以外のもの(居住者相互間の外貨表示の預金契約・信託契約・金銭貸借契約および債務の保証契約)。

c　その他　報告省令五条二項で定める資本取引(外為令一一条三項・一一条ノ三第二項(「外為法」二一条一項・二項にもとづき許可を要する資本取引につき許可を受ける義務を定める)にもとづき財務大臣の許可をえて行った取引、居住者と非居住者間の預金契約にもとづく債権の発生等に関する取引等)。

(7) 外国為替法は、「外為法」の内、資本取引を規制する部分を意味している。
外国為替とは、居住者と非居住者間に金銭の債権債務関係がある場合、現金の輸送によることなく、支払委託（為替手形、小切手、郵便為替、電信為替等）または債権譲渡の方法によって債権債務関係を消滅させることである（古海・前掲（注5）二四頁以下参照）。外国為替には、異種通貨の交換を必然的に伴い、その交換を外国為替取引ともいう。外国為替は、決済（金銭債務の履行）の方法に注目した概念であるが、資本取引は、物や役務の移動によることなく資金が移動するという、資金の移動原因に注目した概念である。

(8) 旧大蔵省（現財務省）解釈通達については、外国為替貿易研究・前掲（注2）一〇三頁参照。

(9) 仲介貿易取引とは、A国輸出業者とB国輸入業者とが直接取引を行わず、日本の居住者が輸出業者との間で購入契約を締結して契約当事者となり、他方、居住者は輸入業者との間でも売却契約を締結して契約当事者となり、貨物は直接、輸出国から輸入国に移動させる取引をいう（国際金融用語辞典〔第五版〕（BSIエデュケーション　二〇〇〇年）参照）。

(10) あさひ銀総合研究所・前掲（注5）五〇頁参照。

(11) 特定資本取引とは、「外為法」二〇条二号に掲げる資本取引（居住者と非居住者間の金銭貸借または債務の保証契約およびこれに準ずる取引または行為）の内、旧通商産業大臣（現経済産業大臣）の所管する資本取引である（外為法二四条）。一般には、資本取引は旧大蔵大臣（現財務大臣）の所管に属する。特定資本取引は、貨物の輸出入や鉱業権の移転等、経済産業大臣の所管に属する経常取引に付随してなされる資本取引である（あさひ銀総合研究所・前掲（注5）五七頁、外国為替貿易研究・前掲（注2）三七九頁以下、高月・前掲（注5）一四頁以下）。

(12) 平成一〇年大蔵省告示九九号、二九四号および三〇四号については、外国為替貿易研究・前掲（注2）三三三頁、一二五八頁、一二五九頁参照。

(13) サムライ債とは、非居住者すなわち外国の政府、企業、国際機関（例えば世界銀行）等が、わが国債券市場において円建て（円表示）で発行する債券をいう。ショーグン債とは、非居住者がわが国債券市場において外貨建てで発行する債券をいう。ユーロ円債とは、日本企業が国外で発行する円建て債券をいう。外債には、日本企業が外国市場で発行するものと、外国企業が日本市場で発行するものとを含む（前掲（注9）国際金融用語辞典参照）。

四　投資に対する法規制

(一)　対内投資

イ　一般的説明

対外投資に対する規制は、「外為法」が基本法である。投資は、対内投資と対外投資とに分かれる。対内・対外投資は、さらに直接投資と間接投資とに分かれる。対内・

ロ　対内直接投資

a　対内直接投資の意義　これは一般には、外国所在の自然人・法人等がわが国企業に対する法律上・事実上の経営参加[14]を目的として投資を行うことをいう。しかし「外為法」上は、外国投資家（主体）が対内直接投資となる行為（行為）をなすことをいう（二六条一項・二項）。対内直接投資に関しては、第四章の（狭）資本取引とは区別されて「外為法」第5章に定められているが、理論上は資本取引の一つである。

b　外国投資家となるもの

外国投資家[15]とは、つぎのように「外為法」二六条一項各号に掲げるもので、かつ、同条二項各号に掲げる対内直接投資を行うものをいう（二六条一項）。これは二六条一項各号に規定されているということだけで、「外為法」の適用があるのではないという趣旨である。また「者」ではなく「もの」と規定されているのは、権利能力なき団体が含まれているからである。

i　非居住者個人

ii　外国法人その他の団体（以下、外国法人等という）　外国法令にもとづいて設立された法人その他の団体ま

たは外国に主たる事務所を有する法人その他の団体[16]（ＥＵ・ＩＭＦ等の国際機関）

ⅲ　実質的外国会社　非居住者個人または外国法人等により直接または間接[17]に五〇パーセント以上の株式・持分を所有される内国会社（会社のみ）　これは内国会社であっても、非居住者個人または外国法人等によって支配されている会社は、「外為法」上、外国投資家となる資格を有するという意味である。

ⅳ　実質的外国法人等　非居住者個人が全役員（取締役その他これに準ずる者）の過半数、または代表役員の過半数を占める内国法人その他の団体である。

c　対内直接投資等

ⅰ　非上場内国会社の株式・持分（有限会社の持分等）の取得（二六条二項一号）　①外国投資家から譲り受けるときは、外国投資家の株式・持分の取得の段階ですでに対内直接投資としての規制を受けているので、本号から除かれる。②また上場会社および店頭登録会社の株式は、同項三号に規定されているので除かれる（二六条二項一号括弧）。③対内直接投資の概念としては、非上場会社の株式・持分の保有比率いかんを問わない。しかし発行済株式総数または出資金額の一〇パーセント未満を取得する場合には、審査付事前届出または事後報告を要しない（対内直接投資政令三条一項三号、以下、対内投資政令という、「外為法」二七条一項・五五条ノ五第一項）。④非居住者個人が、外国投資家に対して非公開会社（上場会社・店頭登録会社でない会社）の株式・持分を譲渡する場合には、通常、「外為法」の規制を受けない。しかし非居住者個人が、かつて居住者であり、その居住者当時に取得した株式・持分を外国投資家に譲渡する場合には、対内直接投資となる（二六条二項二号）。

ⅱ　公開会社（上場会社・店頭登録会社）株式の取得（二六条二項三号）　取得した公開会社の株式数が、発行済株式総数の一〇パーセント以上にあたる場合、または自ら取得した株式の数に取得者（二六条一項一号〜四号）と特別の関係にあるもの（対内投資政令二条四項）が有する株式の数を合計したものが、発行済株式総数の一〇パーセント以上にあたる場合、対内直接投資となる（二六条二項三号、対内投資政令五条五項）。一〇パーセント未満の場合には（狭）資本取引とされる。

iii　会社の事業目的の変更（二六条二項四号）　発行済株式総数または出資金額総額の三分の一以上を占める株式数または出資金額を有するものが、会社の事業目的の実質的な変更に関して行う同意である。

iv　在日支店等の設置等（二六条二項五号）　在日の支店、工場その他の営業所（以下、在日支店等という）の設置または在日支店等の種類の変更（工場を支店に変更等）もしくは事業目的の実質的変更である。非居住者個人または外国法人等（二六条一項一号・二号）の行う政令（対内投資政令二条六項）で定める設置または変更に限る。同政令二条六項は、銀行業、外国保険会社事業、ガス事業、電気事業および外国証券会社事業につき、「外為法」二六条二項五号の適用がないとしている。したがって五号の適用があるのは、これ以外の事業である。

v　わが国法人（本邦に主たる事務所を有する法人）に対する期間一年超の金銭貸付（二六条二項六号）　①金額は政令（対内投資政令二条七項）により一億円を下らない金額で主務省令（対内直接投資命令二条、以下、対内投資命令という）に定めるとする。対内投資命令二条に掲げる金額は、期間が一年超五年以下の場合、二億円相当額超が対内直接投資となり、五年超の場合、一億円相当額超二億円以下が対内直接投資となる。それ以外は（狭）資本取引である。②つぎの者による貸付は対内直接投資から除かれる（二六条二項六号括弧、対内投資政令二条八項）。銀行業者、その他政令（対内投資政令二条八項）で定める金融機関（信託業、保険業、証券業、国際復興開発銀行、アメリカ合衆国輸出入銀行等）。

vi　二六条二項各号のいずれかに準ずる行為として政令（対内投資政令二条九項）で定めるもの（二六条二項七号）　私募として外国投資家に対して国内で発行・募集される一年超の社債の取得や特殊法人（日本銀行等）の出資証券の取得は、対内直接投資となる。

ハ　対内直接投資に対する法規制

審査付事前届出、有事規制および事後報告とがある。

a　審査付事前届出　外国投資家は、「外為法」二六条二項の定める対内直接投資行為等の内、事前の審査が必要となる対内直接投資等に該当するおそれがあるものとして、政令（対内投資政令三条二項）で定めるものを行おうとするときは、政令（同政令三条三項・四項）で定めるところにより、あらかじめ当該対内直接投資等について、事業目的、金額、実行の時期その他の政令（同政令三条五項）で定める事項を財務大臣および事業所管大臣に届けなければならない（二七条一項）。届出は、対内直接投資等を行おうとする日前三月以内に、主務省令（対内投資命令三条五項）で定める手続により日本銀行経由で財務大臣および事業所管大臣に提出しなければならない（対内投資命令三条五項、対内投資政令三条三項）。

i　審査付事前届出の要件

対内投資政令三条二項で定めるものは、つぎのいずれかに該当するものである。

（甲）　業種　①または②のいずれかに該当する業種として主務省令（対内投資命令三条三項）で定める対内直接投資等（同政令三条二項一号イロ）　①「国の安全保障に関する業種」（航空機、武器、火薬、原子力、宇宙開発に関するもの）および「公の秩序維持、公衆の安全の保護に関する業種」（麻薬製造、警備業、ワクチン製造業）（対内投資政令三条二項一号イ）　②わが国が経済協力開発機構の資本移動自由化規約二条bにもとづき自由化を留保している例外三業種[18]（農林水産、石油業、皮革および皮革製造業）　ただし①または②に該当する業種であっても、期間一年超の金銭貸付による対内直接投資（外為法二六条二項六号）の内、一〇億円相当額未満のものは、事前届出を要しない（対内投資政令三条二項一号括弧）。

（乙）　国・地域　対内直接投資等に関してわが国との間に条約等の国際約束のない国・地域の外国投資家によ

る対内直接投資（同政令三条二項二号、外為法二七条三項二号）　主務省令（対内投資命令三条四項）で定める対内直接投資等は、同命令別表第一に掲げる国・地域以外の国の外国投資家（非居住者個人または外国法人等に限る）により行われるものであって、具体的にはイラク・リビア・朝鮮民主主義人民共和国等がそれに該当する。

（丙）　有事規制　外国為替令一一条一項（外為法二一条一項・二項に定める有事規制の方法を定める）による財務大臣の指定に関する資本取引のおそれがあるとして主務省令（対内投資命令）で定める対内直接投資等（対内投資政令三条二項三号）　現在かかる定めはない。

b　事後報告

前述の事前許可、審査付事前届出および事後報告を要しないものを除いて、原則として事後報告を要する（五五条の五第一項、対内投資政令六条の三、対内投資命令六条の二）。具体的には、対内直接投資命令別表第一に記載されている国・地域（一五五ヵ国・地域）の外国投資家が財務大臣および事業所管大臣が定める業種（大蔵大臣及び事業所管大臣が定める業種―平成六年三月七日付総理府・大蔵省告示一号）に該当する対日直接投資等を行う場合である。

つぎのものは事前届出および事後報告を要しない（二七条一項括弧、対内投資政令三条一項一号〜八号）。

i　相続または遺贈による株式・持分（特殊法人等）の取得（対内投資政令三条一項一号）

ii　非上場会社の株式・持分を有する法人の合併により、存続法人または新設法人が当該株式・持分を取得する場合の当該取得（同項二号）

iii　非上場会社の株式・持分の取得が当該会社の発行済株式総数もしくは出資金額総額に占める割合が一〇パーセント未満であるか、または株式取得者がすでに取得した株式・持分の数と株式取得者と特別の関係にある者（対内投資政令二条四項、外為法二六条二項三号）の取得株式・持分の数とを合計した数が当該非上場会社の一〇パーセント未満である場合の株式の取得（同項三号）　ただし事前の審査付届出の要件（対内投資政令三条二項）に該当する場合は、事前の届出によるから除かれる。

iv　株式の分割・併合または転換により発行される新株の取得（同項四号）

v　上場会社・店頭登録会社が外国で株式を発行・募集する場合の、外国における当該株式の取得（同項五号）

vi　上場会社・店頭登録会社が外国で新株引受権付社債（新株引受権証券の発行を伴わないもの）を発行・募集した場合の新株引受権行使、または新株引受権証券に関する新株引受権行使による新株の取得（同項七号）

vii　そのほか主務省令（対内投資命令三条二項一号〜四号）で定める行為（対内投資政令三条一項八号）　例えば組織変更が行われた場合、組織変更前の株式・持分を所有するものが、組織変更後、前述株式・持分に代わる株式・持分を取得した場合の、当該株式・持分の取得等がある。

ニ　対内間接投資

証券の取得、金銭貸付で対内直接投資の要件をみたさない取引は、対内間接投資となる。対内間接投資は（狭）資本取引である（二〇条）。

i　居住者による非居住者に対する証券の譲渡（二〇条五号）　これは非居住者による居住者からの証券の取得である。例えば外国企業が日本企業の株式・持分、社債等を取得する場合で、対内直接投資の要件に該当しないときである。非居住者の一方的意思表示により非居住者が証券を取得する権利（オプション）を非居住者が取得する場合を含む（詳細は(二)ハ i参照）。

ii　非居住者による居住者に対する金銭貸付（二〇条二号）　対内直接投資の要件をみたさないときである（詳細は(二)ハ ii参照）。

iii　対内間接投資は、（狭）資本取引に対する法規制に従う。

㈡　対外投資

イ　一般的説明

対外投資には、直接投資と間接投資とがある。対外直接投資は、（狭）資本取引の一種であるが、「外為法」二三条に特別の規定がある。すなわち制限業種に関する対外直接投資は事前の審査付届出を要し、届出を行った者は、届出が受理された日から二〇日間（不作為期間）は、当該届出に関する直接投資を行ってはならない（二三条四項）。

ロ　対外直接投資

a　意義　対外直接投資とは、つぎのものをいう（二三条二項、外為政令一二条四項、外為省令二三条）。

i　居住者が、単独で、または自己と全額出資子会社もしくは共同出資・経営者（居住者と共同して経営に参加することを目的として株式・持分を取得する者）と合計して、外国法人の株式総数また出資金額の一〇パーセント以上を新規に取得する場合の、当該株式または持分の取得（外為省令二三条一項一号・二号）

ii　居住者が、単独で、または自己と全額出資子会社および共同出資・経営者と合計して、外国法人の株式・持分の一〇パーセント以上をすでに所有している場合、居住者がさらに外国法人の株式・持分を取得する場合の、当該株式または持分の取得、あるいは居住者の前述外国法人に対する期間一年超の金銭貸付（外為省令二三条二項）

iii　居住者が、自己とつぎの永続的な関係がある外国法人の発行する証券の取得、または居住者の当該外国法人に対する期間一年超の金銭貸付（外為政令一二条四項三号、外為省令二三条三項）　永続的な関係とは、①役員の派遣、②長期にわたる原材料の供給または製品の売買、③重要な製造技術の提供をいう。

iv　外国に在る支店、工場その他の事業所（以下、支店等という）の設置または拡張に関する資金の支払（二三条二項）「外為法」二〇条一一号に定める資金の授受の内、支店等の設置また拡張資金の支払である（駐在員事務所は除く）。「外為法」上、支店等は独立採算により運営されるという前提にたっている。したがって支店等に対して資金が支払われた場合、行政上は、すべて設置または拡張にあたると解釈されている（大蔵省解釈通達二三―二）。

b　対外直接投資に対する法規制

i　有事規制　対外直接投資は、（狭）資本取引の一種である。すなわち証券の取得（二〇条五号）、金銭貸付（同二号）、支店等の設置・拡張（同一一号）の特別類型にほかならない。そこで（狭）資本取引に対して有事規制が発動される場合には、財務大臣の許可を受ける義務を生ずる（二三条一一号参照）。

ii　平時規制

これには審査付事前届出、事後報告および事後報告不要とがある。

①　審査付事前届出については前述した（三㈢ロｂｉ）。なお審査付事前届出を要する対外直接投資について有事規制が課された場合、有事規制が優先するので、重複して審査付事前届出をなすを要しない。すでに事前届出がなされている場合には、当該届出は有事規制の許可に関する申請とみなされる（二三条一一号）。②事後報告および事後報告不要については前述した（三㈢ロｂii・iii）。

ハ　対外間接投資

i　居住者による非居住者からの証券の取得（二〇条五号）　居住者の一方的意思表示により居住者が証券を取得する権利（オプション）を居住者が取得する場合を含む。証券は、株式・持分、社債のみならず国庫証券や抵当証券等を含む広い概念であるが（六条一項一一号）、日本企業が外国企業の株式・持分、社債等を取得するときは、日本企業による対外間接投資（経営参加を目的とせず資産運用のための投資）となる。オプションは、証券の売買取引を成立させるか否かの選択権である（証取二条一五項）。オプションを取得した者は、オプションの権利行使をして一方的にその取引を成立させることもできるし、権利を放棄してその取引を不成立にすることもできる。相手方は、その選択にしたがわなければならない。

ii　居住者による非居住者に対する金銭貸付（二〇条二号）　例えば日本親会社が現地子会社に対して金銭貸付を行う場合である（対外直接投資に該当する場合は除く）。二〇条二号は「居住者と非居住者との間の金銭の貸借契約……に基づく債権の発生等に係る取引」と定めている。「債権の発生等に係る取引」とは、債権の発生、変更または消滅に係る取引を意味するが（二〇条一号参照）、具体的にはつぎのことを意味する。日本親会社が現地子会社に対して四、〇〇〇万ドルの貸付契約を締結したとする。貸付行為として第一回二、〇〇〇万ドル、第二回二、〇〇〇万ドル交付した。これに対する返済行為として第一回～第四回に分けて、それぞれ一、〇〇〇万ドル提供したとする。この場合、債権の発生に関しては、貸付契約の締結および二回にわたる貸付行為がそれぞれ独立した債権発生取引として扱われる。つぎに債権の消滅に関しては、四回の返済行為がそれぞれ独立した債権消滅取引となるのである。[19]もっとも（狭）資本取引につき事後報告を要する場合、最初の金銭貸付契約全体の内容を報告すれば、その後の二回の分割貸付や四回の分割返済等、契約の履行行為については事後報告を不要としている（五五条ノ三第一項、外為政令一八条の五第一項三号、外国為替の取引等の報告に関する省令五条二項二号）。

iii　対外間接投資は、（狭）資本取引に対する法規制に従う。

(14)　法律上の経営参加とは、株式を取得する場合であり、事実上の経営参加とは、金銭貸付や社債の取得により事実上、会社に影響力を行使する場合である。
(15)　外国投資家には、外資系日本企業が含まれる。
(16)　一般に外国法人については設立準拠法主義をとっているが、国際機関のように条約等にもとづいて設立されている場合には、本拠地主義をとっている。
(17)　非居住者または外国法人等（甲）が、内国会社（乙）の株式（または持分）総数の五〇パーセントを有するとき、乙会社は外国投資家となる。乙会社が他の内国会社（丙）の株式等総数の一〇〇パーセントを有するとき、甲の丙会社に対する支配は五〇パーセント（五〇パーセント×一〇〇パーセント）として、丙会社は外国投資家となる。乙会社が丙会社の株式等総数の九〇パーセントを有するとき、甲の丙会社に対する支配は四五パーセント（五〇パーセント×九〇パーセント）であり、丙会社は外国投資家に該当しない。しかし甲が直接、丙会社の株式等総数の五パーセントを有するとき、甲の丙会社に対する間接支配四五パーセントに直接支配五パーセントを合計すると五〇パーセントとなり、丙会社は外国投資家に該当する（外為法二六条一項三号、対内投資政令二条一項・二項）。

(18) ＯＥＣＤの資本移動自由化規約上、わが国が自由化を留保していたのは、従来、四業種であったが、その内、鉱業については、平成一〇年四月一日から自由化され（事後報告で足りる）、自由化の例外は三業種となった（対内直接投資等に関する命令第三条第三項の規定に基づき大蔵大臣及び事業所管大臣が定める業種を定める件、平成一〇年三月総理府・大蔵省・文部省・厚生省・農林水産省・通商産業省・運輸省・郵政省・労働省・建設省告示一号）。

(19) 外国為替貿易研究・前掲（注2）二九二頁参照。

五　結　語

最後に外為法と国際会社法との関係について触れておきたいと思う。外為法は、資金の流れ一般を規制するものであるから、規制の対象としては政府・公法人、個人または各種法人その他の団体等のすべてが登場する。しかし国際会社法との関係では、その内の会社のみが問題であり、資本取引の内でも投資のみが問題となるのである。ところで私見の構想する国際会社法とは、会社の法律関係について適用されるわが国抵触法によって選択指定された会社属人法（外国法または内国法）、わが国外国法人規定（民三六条等）、外国会社規定（商四七九―四八五条ノ二、有七六条等）および内国会社の渉外関係事項（例えば内国会社の外国人役員、海外子会社等）に適用されるわが国商法規定の総称である。

外国会社がわが国に駐在員事務所や在日支店を設置し、完全子会社や合弁会社を設立し、わが国企業に経営参加し、機関投資家としてわが国企業の株式や社債を取得する場合でも、商法上の規制としては債権者保護のための在日支店の登記があるのみであって（商四七九条二項）、営業活動を禁止・制限する規定はおかれていない。しかし民法三六条二項は、外国法人の私権享有や営業活動につき、内外人平等原則を前提としながらも法律や条約による制限はこの限りでないとしている（民二条参照）。さらに商法四八五条ノ二は、私権以外の公法上の権利享有を含めて、外国会社の法的地位につき内外会社の平等原則とその例外を定めている。例外すなわち権利享有ないし営業活動の禁止・制限は、法律によって定めることができる（商四八五条ノ二但書）。外為法上の規制は、資金の流れの規制という方法によって、外国会社の営業活動を規制するものにほかならない。したがって外為法による規制は、商法四八五条ノ二に包摂されるのである。

なおわが国企業が国外に支店の設置や子会社・合弁会社の設立等を行う場合には、わが国外為法の規制のみならず、現地国の外為法の規制をも受ける。したがって国際会社法の観念には、現地国の外為法をも包摂すると考える必要がある。

〔追記〕　二〇〇一年（平成一三年）九月二二日、主務大臣は、国連安保理決議にもとづくアフガニスタンに対する経済制裁に関して、次のような告示を官報で公示した。まず外務省告示三三二号は、経済制裁措置の対象となる個人一六〇人（アフガニスタンに住所・居所を有するタリバーン関係者一五〇人、オサマ・ビン・ラーデンおよびその関係者一〇人）および特定企業五社（支店を含む）を指定した。財務省告示三二五号は、アフガニスタンに住所・居所を有する自然人もしくは主たる事務所を有する法人その他の団体（以下、法人等という）又はこれらにより実質的に支配される法人等に対する支払ならびにアフガニスタン以外に住所・居所を有するタリバーン関係者として外務大臣が定めるものに対する支払につき、「外為法」一六条一項又は三項にもとづく財務大臣の許可を受けなければならない旨を定める。同旨の告示として、経済産業省告示六一一号は、前述のものに対する支払につき、「外為法」一六条一項にもとづく経済産業大臣の許可を、経済産業省告示六一二号は、タリバーン関係者等として外務大臣が定めるものとの特定資本取引につき、「外為法」二四条一項にもとづく経済産業大臣の許可を受けなければならない旨を定めている。

第六章　会社に対する国際課税

一　緒論

会社の国際課税にはいろいろの問題があるが、そのなかでも国際租税三法といわれる外国税額控除、タックス・ヘイブン対策税制、それに移転価格税制がとくに重要である。[1][2][3] 本章においては、移転価格税制の問題をとりあげるが、この問題は、一九九二年来、米国のクリントン政権が外資系企業に対する課税の強化をうちだし、連日のように新聞で伝えられているところである。[4]

移転価格とは、一般には親子会社間の取引価格をいうのであるが、わが国の税制上、問題になるのは、国際的親子会社間の取引価格である。[5] 移転価格税制は、この移転価格が通常の市場価格（独立企業間価格）[6]と比べて差がある場合に、課税の計算上、市場価格で取引がなされたものとして、その差額を所得に加算してこれに課税する制度である。[7] 会社の国際課税には、外国法人に対する課税と、内国法人に対する課税とがあるが、移転価格税制は、内国法人に対する課税であって、具体的には、海外子会社を有する日本親会社と、外国親会社が有する在日子会社とが主としてここで問題になるのである。[8]

（1）本章は、一九九三年（平成五年）六月、西南学院大学において開催された九州法学会シンポジウム「国際合弁事業の法律問題」での報告原稿《国際課税の問題》にその後の資料を参照して手を加えたものである。なお報告に際しては、九州大学法学部の北川俊光教授から多大のご教示と貴重な資料の提供を受けた。紙面をかりて厚く御礼申しあげたい。

（2）主要な参考文献としては、大崎満・国際的租税回避（大蔵省印刷局　一九九〇年）、同・移転価格税制（大蔵省印刷局　一九八八年）、川田　剛・国際課税の基礎知識〔改訂版〕（税務経理協会　一九九〇年）、小松芳明編・逐条研究日米租税条約（税務経理協会　一九八九年）、白須信弘・国際租税戦略（日本経済新聞社　一九八八年）、田川利一「移転価格税制に関する財務省新規則（上）（下）」商事一三一二号・一三一三号（一九九三年）、中里　実「国際租税法上の諸問題」総合研究開発機構編・企業の多国籍化と法1　多国籍企業の法と政策（三省堂　一九八六年）、藤枝　純「日米移転価格税制の考察」際商一九巻六号〜二一巻一二号（一九九一年―一九九三年）、フロォメル（北野弘久編訳）・欧米の国際企業課税（成文堂　一九八四年）、本浪章市・〔英米国際私法判例の研究〕国際租税法序説（関西大学出版　一九八三年）、本浪章市ほか訳・多国籍企業と課税問題――国連報告書（ミネルヴァ書房　一九七六年）、宮武敏夫・国際租税法（有斐閣　一九九三年）、村井正編・国際租税法の研究（育英堂　一九九〇年）、月刊国際法務戦略二巻一号《特集米国移転価格税制》（一九九三年）。本章脱稿後、入手した文献として、木村弘之亮・多国籍企業税法〈移転価格税制の法理〉（慶応通信　一九九三年）、中里　実・国際取引と課税――課税権の配分と国際的租税回避（有斐閣　一九九四年）、租税二一号《国際租税法の最近の動向》（一九九三年）〔移転価格税制に関する中里実、川端康之両教授の論文を含む〕がある。

（3）外国税額控除には、直接外国税額控除と間接外国税額控除とがある（大崎・前掲（注2）回避八一頁、一三七頁参照）。前者は、内国法人が、海外支店を通じて外国で稼得した国外源泉所得に対して、自ら外国に納付した外国法人税額につき、当該内国法人のわが国法人税額から税額控除を受ける制度である。後者は、内国法人（日本親会社）が海外子会社から配当を受ける場合、現地において子会社の所得に対して課される外国法人税額の内、内国法人に支払われた配当額に対応する税額は、内国法人が子会社を通じて間接的に納付したものとして、内国法人の日本における法人税額からその税額を控除する制度である。タックス・ヘイブン対策税制とは、わが国の会社が軽課税国に実体のない海外子会社を設立してこの子会社に利益を留保し課税を回避しようとする場合、子会社が日本親会社に利益を配当しないときでも、子会社に対する内国法人の持分に割合に応じて、子会社の留保利益を日本親会社に合算し、わが国が内国法人に課税する制度である（川田・前掲（注2）一八九頁以下参照）。なお一九九二年（平成四年）の改正により大蔵大臣による軽課税国の指定制度は廃止された（斎藤　奏「新しい国際課税と実務的対応」税経通信九月号（一九九二年）一六一頁以下）。

（4）たとえば平成五年六月二四日の日経は、在米日系企業の二割が、米国内国歳入庁（Internal Revenue Service）から移転価格の調査を受けていることを報じている。米国内国歳入庁は、租税の賦課・徴収を行う連邦の行政機関であるが、同庁の組織機構については、増田英敏「アメリカ租税行政組織の構成と納税者の権利保護」税経通信八月号（一九九一年）三四頁参照。

（5）アメリカ合衆国では、国内の親子会社相互間でも移転価格が問題になる（大崎・前掲（注2）税制六頁）。

（6）独立企業間価格（arm's length price）とは、関連企業グループ（親会社・子会社間または共通の支配の下にある企業間）内で取引が行われた場合、その取引と取引条件その他の事情が同一または類似の状況の下に非関連者間で当該取引が行われたとき成立するであろう価格をいう（大崎・前掲（注2）税制二三五頁参照）。

（7）厳密にいえば、移転価格税制とは、内国法人（日本親会社または在日子会社など）が、一定の要件をそなえる外国法人（国外関連者 ── 前述内国法人に対応する海外子会社または外国親会社など）との間で、資産の販売、購入、役務の提供その他の取引を行った場合、独立企業間価格と比較して内国法人が低価販売または高価購入したために内国法人の所得を圧縮するとき、課税所得の計算上、独立企業間価格で取り引きされたものとみなす制度である（租税特措六六条ノ四第一項）。

（8）外国法人には、日本国内の国内源泉所得に対してのみ課税されるが、内国法人には全世界所得に対して課税される（中里・前掲（注2）九三頁以下参照）。

二　移転価格がどのように問題になるか

具体的事例をつぎのように設定しよう（表1）。日本親会社が、米国に販売子会社を設立し、この子会社を通じて製品を輸出しているとする。独立企業間価格とは、通常の取引価格すなわち市場価格である。まず製造原価が一〇〇とし、市場価格一二五で、米国子会社に販売したとする。販売費、一般管理費はここでは考えない。日本親会社の利益は二五である。米国子会社は、一二五で仕入れた製品を一五〇で再販売したとすると、米国子会社の利益は二五となる。

つぎのケース1は、低価販売の場合である。原価一〇〇のものを一一〇で米国子会社に販売したとすると、日本

表1

	日本親会社		米国販売子会社	
独立企業間価格	原価 100	販売価格 125 利益25	仕入価格 125	再販売価格 150 利益25
ケース1 低価販売	100	110 利益10	110	150 利益40
ケース2 高価販売	100	140 利益40	140	150 利益10

親会社の利益は一〇、米国子会社は一一〇で仕入れて一五〇で再販売したとすると利益は四〇となる。この場合、日本親会社の利益は、独立企業間価格と比較すると利益が一五減少している（利益の圧縮）。この利益はどこにいったのだろうか。そこで米国子会社の利益をみると一五利益が増加している。つまり日本親会社の利益一五が米国子会社に移転しているのである。[9] ケース1の場合、日本にとって移転価格税制が問題となり、実際の移転価格は一一〇であるが、課税の計算上、その取引が独立企業間価格の一二五でなされたものとして、差額の一五を所得に追加するのである。ケース2は高価販売である。この場合、原価一〇〇のものを、一四〇で販売したとすれば、日本親会社の利益は大きくなるから、日本の税務当局は移転価格を問題にする必要がない。しかし逆に米国にとっては、米国子会社の利益が圧縮されているとして移転価格が問題となるのである。[10]

(9) この場合、海外子会社の利益が増加し、持分相当の利益が日本親会社に配当されたとしても、外国子会社が外国に支払った外国法人税額は、間接外国税額控除によって日本親会社のわが国法人税額から控除されるので、日本親会社の受け取った配当額に対する日本の課税はあまり期待できないのである。

(10) この代表的な事例が米国日産および米国トヨタのケースである（読売平成五年一一月一〇日、北野弘久「租税条約の当局間協議と租税の還付 ―― 移転価格税制をめぐる法律問題」税理三五巻一五号二一三頁以下）。一九八五年三月、アメリカ内国歳入庁（IRS）は、米国日産に対し、自動車の仕入価格が高過ぎて利益を不当に圧縮しているとして（日産七八パーセント、米国日産二二パーセント）、過去十年間（一九七五年四月～一九八五年三月分）の所得につき一一億二、八〇〇万ドル追加の仮更正処分を行った。米国日産がこのように増額更正を受けると、その増額した部分はすでに親会社である日産の利益に組み入れられているから、親会社にとっては二重課税となる。そこで日産は、日米租税条約二五条にもとづき、日本の国税庁に対して米国税務当局と相互協議を行うよう申立てを行った。相互協議の結果、二年後の一九八七年（昭和六二年）六月、日米税務当局で合意が成立した。《米国内国歳入庁》米国日産の所得更正約五億五、〇〇〇万ドル（一九七五年四月～一九八七年三月）、連邦法人税の追徴税約二億七、〇〇〇万ドル、《日本国税庁の対応的調整》対日産還付法人税約五七五億円（追加約四〇億円）、還付地方税約三〇五億八、〇〇〇万円（追加約二〇億円）。同じ時期、米国トヨタに対しては、米国日産の半額で合意が成立している。日米租税条約一一条は、移転価格に関する規定をおいており、米国の国内法としては、内国歳入法（ＩＲＣ）四八二条が移転価格について定めている。ところがわが国には、一九八五年（昭和六〇年）当時、移転価格に関する国内法の規定がなかった。この米国日産・米国トヨタのケースを契機として、租税特別措置法六六条ノ五（現六六条ノ四）が新設され、一九八六年（昭和六一年）四月一日以降開始する事業年度から適用されることになった。ところで日産は、米国内国歳入庁に対し、一九八五年～一九八八年度分の連邦法人税として約一五〇億円の追徴課税に応じ、この度の移転価格問題は決着した（日経平成五年一一月一〇日）。他方、移転価格税制の事前確認制度（ＡＰＡ）が、日本企業としてはじめて松下電器産業に適用される旨、日米税務当局によって合意された（日経平成四年一一月一〇日）。またヤマハ発動機の在米子会社、ヤマハ・モーターＵＳＡは、一九七七年～一九八五年度分の連邦法人税として一億八、三三〇万ドルの追徴請求を受けたが、日米税務当局の相互協議の結果、一、五八〇万ドルで合意が成立した（日経平成六年五月一〇日）。

わが国の移転価格税制が適用されたケースとしては、第一勧業銀行・富士銀行約六億五、〇〇〇万円追徴課税（昭和六三年九月）、ＡＩＵ日本支社約九〇億円追徴課税（平成三年三月）（以上、藤枝・前掲（注2）際商一九巻六号六五三頁）、日本ロシュ約三八億円追徴課税（日経平成五年三月二七日）、日本コカ・コーラ約一五〇億円追徴課税（日経平成六年三月二六日）、日本チバガイギー約五七億円追徴課税（日経平成六年四月一六日）がある。ＡＩＵ日本支社の件については、その後、日米税務当局による相互協議の結果、追徴税額約九〇億円のほぼ半額とすることで決着した。これは日本側が移転価格税制を本格的に適用し、政府間で相互協議が行われて合意が成立した最初のケースである（日経平成六年四月一三日）。

〔追記〕　その後、移転価格税制が適用されたケースとしては、ＡＩＵ保険日本支社約二四億円追徴課税（日経平成一〇年六月三〇日）、村田製作所約五五億七、〇〇〇万円追徴課税（日経平成一〇年七月一日）、山之内製薬約二四二億円追徴課税（日経平成一〇年七月一日）、米国系医療機器販売バクスター社約六〇億円追徴課税（日経平成一〇年七月五日）、日本とスイスとの政府間協議により日本チバガイギー約三三億円追徴課税に減額（日経平成一一年二月二八日）、スイス再保険会社東京駐在員事務所約九〇億円追徴課税（日経平成一一年三月四日）等がある。

三　わが国移転価格税制の適用対象

(一)　国外関連者

移転価格税制の適用対象となるのは、内国法人と特殊の関係にある外国法人（国外関連者）との取引である。[11][12] 国外関連者とは、内国法人とつぎのような支配従属関係にある外国法人である。一つは持分要件で、内国法人が外国法人の発行済株式総数または出資金額の五〇パーセント以上[13]（五〇パーセント超ではない）の株式または出資金額を直接・間接に保有するか、[14] あるいは逆に外国法人が内国法人の同様の株式または出資金額を直接・間接に保有する場合である（租税特措六六条ノ四第一項、租税特措令三九条ノ一二第一項一号）。二つの法人が、同一の者によってそれぞれ持分要件をみたす場合の兄弟会社も国外関連者に含まれる（租税特措令三九条ノ一二第一項二号）。もう一つは、前述の持分要件をみたさない場合でも、（ａ）役員構成、（ｂ）取引構成、（ｃ）貸付金構成によって内国法人が外国法人の事業の全部または一部を実質的に決定できる場合、その外国法人は国外関連者である（租税特措令三九条ノ一二第一項三号イロハ）。

(二)　独立企業間価格の決定方法

移転価格税制にとってもっとも重要な問題は、独立企業間価格の決定方法である。現在、国際的に承認されている方法は、独立価格比準法、再販売価格基準法それに原価基準法である。この三つの方法は、もともと一九六八年の米国財務省規則（Internal Revenue Regulations）によって確立され、[15] それらが一九七七年、ＯＥＣＤモデル条約によって承認され、さらに、一九七九年、ＯＥＣＤ租税委員会の「移転価格と多国籍企業」報告書によって詳細な検討が行われて、今日、世界の各国で採用されるにいたったものである。[16] わが国では、租税特別措置法六六条ノ四第二項がこれらを定めている。

わが国における独立企業間価格の算定は、たな卸資産の売買取引とそれ以外の取引（たとえば無体財産権の供与、役務の提供、融資、有形資産の賃貸など）とに区別されている（租税特措六六条ノ四第二項一号、二号）。いずれの取引においても、前述した三つの方法によることが基本であり、これら三方法によることができない場合に限ってその他の方法によることができる。[17] 三つの方法の間には優劣関係はない。

(1)　独立価格比準法（CUP; Comparable Uncontrolled Price Method）（租税特措六六条ノ四第二項一号）　内国法人と国外関連者との取引を関連取引という（図1参照）。[18] 独立価格比準法とは、特殊の関係のない売り手と買い手間（非関連者相互間（取引C）および内国法人もしくは国外関連者と非関連者間）（取引B1、およびB2）において、当該関連取引のたな卸資産と同種のたな卸資産を、当該関連取引と取引段階、取引数量、その他同様の取引の状況の下で売買したときの価格をもって独立企業間価格とする方法である。

(2)　再販売価格基準法（RP; Resale Price Method）（租税特措六六条ノ四第二項一号）（図2参照）　これは国外関連者が、内国法人から購入したとき（関連取引A）、取引Bの価格（再販売価格）から通常の利潤額を控除した金額をもって独立企業間価格とする方法である。[19]

(3)　原価基準法（CP; Cost Plus Method）（租税特措六六条ノ四第二項一号ハ）（図3参照）　これは内国法人が、非関連者から取得したたな卸資産の購入原価または製造原価（取引B）に、通常の利潤額を加えて独立企業間価格とする方法である。

独立価格比準法は、比較可能な価格の算定を必要とするのに対し、再販売価格基準法および原価基準法は、比較

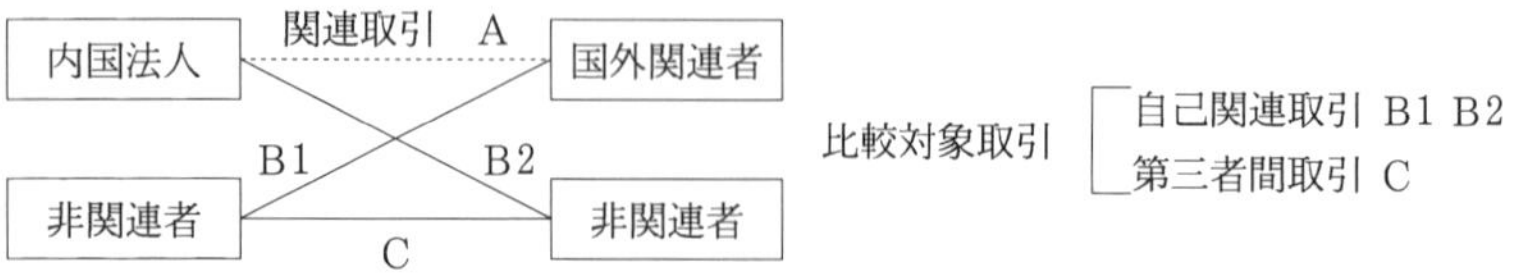

図1　独立価格比準法

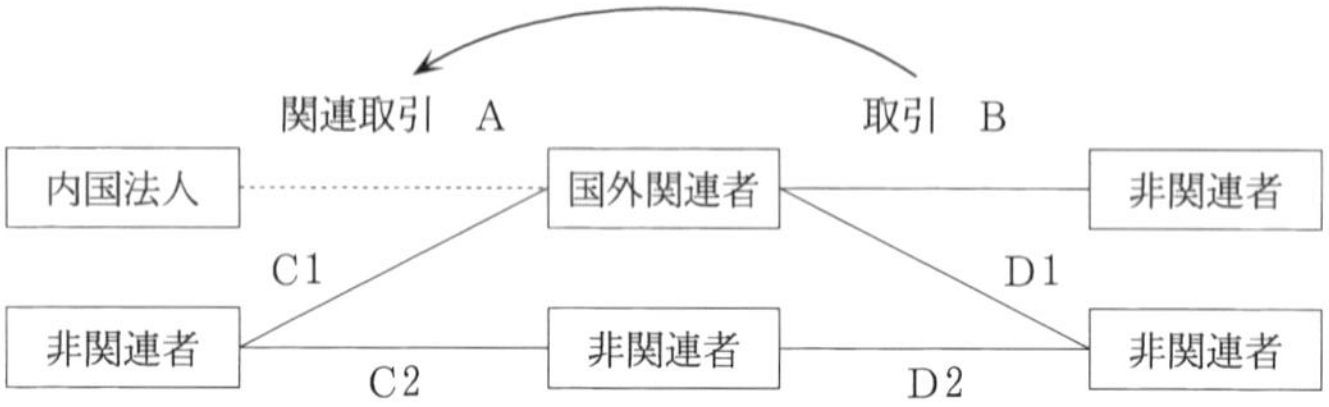

独立企業間価格 =（取引Bの価格）−（通常の利潤額）

通常の利潤額 =（取引Bの価格）−（通常の利益率）

$$\text{通常の利潤率} = \frac{\text{（取引D1（D2）の価格）−（取引C1（C2）の価格）}}{\text{（取引D1（D2）の価格）}}$$

図2　再販売価格基準法

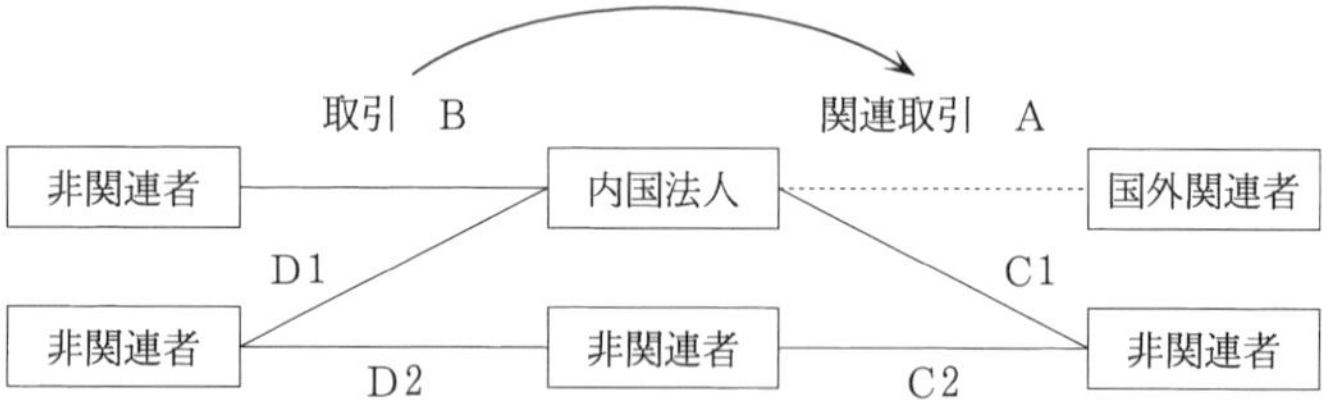

独立企業間価格 =（取引B購入・製造原価）+（通常の利潤額）

通常の利潤額 =（取引B購入・製造原価）×（通常の利益率）

$$\text{通常の利潤率} = \frac{\text{（取引C1（C2）の価格）−（取引D1（D2）購入・製造原価）}}{\text{（取引D1（D2）購入・製造原価）}}$$

図3　原価基準法

可能な利益率の算定が必要である。三つの方法の内、独立価格比準法は、同種の商品の取引価格そのものであるから、もっとも優れているが[20]、実際上、比較対象となる取引を発見することが容易でない。多国籍企業は、自己のグループ内で取引するのが通常だからである。そこで再販売価格基準法がよく用いられる（たとえば自動車の輸出の場合など）。しかしこの方法は、国外関連者が、商品をなんら加工しない場合に適切とされるものである。商品に加工を加える場合には、原価基準法が合理的方法[21]である。

(11)　大崎・前掲（注2）回避二六一頁、川田・前掲（注2）九五頁、白須・前掲（注2）九六頁参照。

(12)　つぎの取引には移転価格税制の適用がない（大崎・前掲（注2）回避二五八頁）。
（a）内国法人相互間の取引、（b）外国法人の在日支店と本国の本店との取引、（c）内国法人と国外関連者との取引の内、国外関連者がわが国に支店を有し、わが国の法人税の課税対象となる取引。

(13)　移転価格税制は、法人税の同族会社の保有率（法税二条一〇号）を考慮し、保有割合を五〇パーセント以上としたものである（大崎・前掲（注2）回避二六二頁）。

(14)　直接保有は親子会社関係であり、間接保有は、子会社を通じての親会社関係または直接保有の混在する関係である。これらの具体例については、川田・前掲（注2）九七頁参照。

(15)　米国の移転価格税制の根拠規定は、内国歳入法（Internal Revenue Code）四八二条である。しかし同条は一般的抽象的に定めているにすぎないので（四八二条の規定内容は、大崎・前掲（注2）税制三頁参照）、一九六八年に独立企業間価格の算定方法などを定めた財務省規則（§ 1. 482-1, § 1. 482-2）が制定されたのである（藤枝・前掲（注2）際商一九巻一二号一五七四頁）。内国歳入法は、連邦政府のすべての内国税（法人税を含む所得税、遺産税、社会保障税、酒税など）を規定する法典で、合衆国法典（United States Code）のタイトル二六におかれている。財務省規則は、法律の条文の配列にあわせて分類されている（宮武敏夫「税法」土井輝生編・アメリカ商事法ハンドブック（同文舘　一九七六年）九三頁以下）。

(16)　一九六一年発足したＯＥＣＤは、一九六三年、ＯＥＣＤモデル条約を公表して移転価格につき共通の概念、用語を用いてその基礎を確立した。一九七七年、モデル条約を改訂して、移転価格が独立企業間価格によるべきであることを承認した（九条）。ついで一九七九年、ＯＥＣＤ租税委員会は「移転価格と多国籍企業」報告書を公表し、移転価格に関する詳細なガイドラインを示した。同年、ＯＥＣＤ理事会は、加盟国政府に対し、独立企業間価格の算定に関して租税委員会の報告書の検討内容および方法を考慮すべきことを勧告している。この報告書は、米国の財務省規則とならんでヨーロッパ諸国のみならず、全世界の国々に移転価格を考えるうえで大きな影響を与えている（租税委員会報告書の要旨は、大崎・前掲（注2）税制八五―一四一頁、モデル条約九条の規定内容は、同三五三頁参照）。一九八九年七月現在、OECD加盟国で移転価格税制を導入しているのは、わが国を含めて一六ヵ国である（川田・前掲（注2）八七頁）。米国財務省規則のOECD報告書に対する影響については、五味雄治ほか「座談会・移転価格税制の新展開――その問題点と課題」税経通信平成五年五月号一九九頁（平石雄一郎氏の発言）参照。OECDの組織については、宮崎正雄・OECDと世界経済（教育社一九七八年）五〇頁。

(17) 三方法に準ずる方法（租税特措六六ノ四第二項一号ニ）としては、三つの方法の内、複数の方法の併用が考えられ、また政令で定める方法（租税特措令三九条ノ一二第八項）としては、所得発生の貢献度に応じて内国法人と国外関連者に所得の配分を行う方法がある（大崎・前掲（注2）回避二九〇頁）。

(18) 図1、図2および図3は、大崎・前掲（注2）回避二七九頁、二八四頁、二八八頁掲載の図表および数式を参考として私見の観点から書きなおしたものである。

(19) 具体的には、取引B1・取引B2および取引Cの価格を算定し、これらの価格の平均値をもって独立企業間価格とするのである。

(20) OECD租税委員会の指摘につき、大崎・前掲（注2）税制一〇五頁。米国財務省規則の一九九三年一月一三日改正前においては、独立価格比準法が適用の第一順位とされていた。新規則の下では、この優先順位はなくなったが、有形資産の移転について信頼すべき資料があるときは、独立価格比準法が通常、もっとも適切な方法であるとされている（田川・前掲（注2）商事一三一三号一四頁、藤枝・前掲（注2）際商二一巻二号一二二頁）。

(21) 大崎・前掲（注2）回避二八八頁。

四　米国財務省規則

㈠　一般的説明

米国内国歳入庁は、一九九三年一月一三日、新しい財務省規則を公表した[22][23]（三年間の暫定規則）。従来の財務省規則は、有形資産譲渡の場合、独立価格比準法、再販売価格基準法、原価基準法という順序で適用の優先順位を定めていたが、新規則では、これら三つの方法に新しく利益比準法（CPM; Comparable Profits Method）を加えた四つの方法を同一順位とし[24]、これら四つの方法の内から、実態と状況に応じて最適の方法を採用しなければならない（Best Method Rule）とされている[25]。ところで前三者は、取引価格のみなし価格を基礎として利益を算定するものであるが、利益比準法は、同業他社の利益率を基礎として、直接、利益を算定しようとするものであり、後者は、今日、その適用をめぐって国際的に議論をまきおこしているところである。

新規則には、利益比準法による具体的算定方法が掲げられている[26]。その事例では、外国親会社が組み立てた製品を米国に輸入して、米国内で卸売業者に販売する米国子会社の一九九四年課税年度の利益が問題にされている。米国内国歳入庁は、当該米国子会社の税務調査を行うこととし、利益比準法の適用を決定した。一九九二〜一九九四課税年度の米国子会社の財務数値は表2の示す通りである[27]。これによると一九九二課税年度の場合、営業利益は、売上から原価および営業費用（販売費および一般管理費）を控除した二万七、〇〇〇ドルである。このようにして一九九四課税年度を含む三年間のそれぞれの営業利益および三年間の営業利益の平均を求める。つぎに比較対象会社として、当該米国子会社と同一の業界に属し、機能およびリスク負担[28]も類似する会社を一〇社選定する（表3）（新規則上は四社以上）。利益水準指標としては、使用資本利益率（営業資産に対する営業利益の比率）を使用する[29]。一〇社

表2

米国子会社の財務データ（1992～1994課税年度）

	1992	1993	1994	平均
営業資産	310,000(ドル)	310,000(ドル)	310,000(ドル)	310,000(ドル)
売上	500,000	560,000	500,000	520,000
原価	393,000	412,400	400,000	401,800
外国親会社からの購入	350,000	365,000	350,000	355,000
その他	43,000	47,400	50,000	46,800
営業費用	80,000	110,000	104,600	98,200
営業利益	27,000	37,600	(4,600)	20,000

表3

非関連販売業者	使用資本利益率	米国子会社のみなし利益
A	8.0 (%)	営業資産 310,000(ドル)× 8.0(%) ＝24,800
B	23.3	〃 ×23.3 ＝72,230
C	16.9	〃 ×16.9 ＝52,230
D	8.0	〃 × 8.0 ＝24,800
E	11.5	〃 ×11.7 ＝35,650
F	6.3	〃 × 6.3 ＝19,530
G	5.3	〃 × 5.3 ＝16,430
H	2.7	〃 × 2.7 ＝ 8,370
I	8.5	〃 × 8.5 ＝26,350
J	7.5	〃 × 7.5 ＝23,250

独立企業間利益幅

~~8,370~~ ~~16,430~~ | 19,530 23,250 24,800 24,800 26,350 35,650 | ~~52,230~~ ~~72,230~~

図4

（A～J）につき、それぞれ使用資本利益率を算定する。つぎに当該米国子会社の営業資産三一万ドルが、比較対象会社一〇社の営業に利用されたと想定する場合の、みなし利益を算定する。このみなし営業利益の数値を大きさに従って配列し、統計学上の四分位数間領域すなわち大きい数値を四分の一、小さい数値を四分の一切り捨てて中間の二分の一の数値をとり、これを独立企業間利益幅とする[30]（図4）。ところで、米国子会社の三年間の平均二万ドルは、この利益幅の範囲に収まるので、一九九四課税年度では損失を計上しているが、所得更正の対象とはならない。もし一九九四課税年度の営業損失が一万ドルであり、三年間の平均がゼロであったとすると、平均ゼロは利益幅の範囲となるので、利益幅の中間値二万四、八〇〇ドルと、一九九四課税年度の営業損失一万ドルとの差額すなわち三万四、八〇〇ドルだけ所得の更正を受けることになるのである。

㈡　利益比準法の問題点

利益比準法は現在のところ国際的に承認されていないが、その理由はつぎの点にある。まず理論上の問題として、利益比準法のよってたつ基本的考え方の問題がある。すなわち同業の企業は、同じ程度の営業利益をあげることができるのであり、対象企業の営業利益が同業他社に比べて少ないときは移転価格の算定に問題がある、とする考え方である。しかし営業利益は、移転価格のみならず、つぎのような様々の要因によって影響を受ける。たとえば為替・金利の変動、企業の効率性（経営者・従業員の人的組織、工程自動化の程度）、経営政策（研究開発費・広告宣伝費の多寡）、地域的差異等々の要因である[31]。

新規則の公表前においても、米国内国歳入庁は、利益比準法を適用する場合がみられたが、それは再販売価格基準法の一種としてであった。すなわち従来の三つの方法とは異なり、個々の価格取引の比較ではなく、機能分析を行って同業他社の粗利益を比較し、あるいは同業他社の営業費用の比較を行って同業他社の一般比較をなすことにより、再販売価格基準法を利用しようとしたのである[32]。したがって従来の三つの方法が比較対象取引の選定に厳密さを要求するのに反し、新規則では、比較対象会社の選定基準は緩やかとなっている。たとえば企業の取引する製品に重要な差異があっても、あるいは機能に多少の違いがあっても、広義の類似性がある場合には比較対象会社として選定されるのである。[33] ここに内国歳入庁の恣意的判断のはいる余地がある。そうすると比較対象会社としていかなる範囲の会社まで含めるかによって、みなし営業利益の算定が大きく左右されることになる。[34] また当該米国子会社の利益の内に、関連者との取引によるもののほかに第三者との取引によるものが含まれる場合がある。このような理由から利益比準法はいまだ国際的に承認されていないのである。

㈢　今後の対応

移転価格税制は国際問題である。移転価格税制を適用すれば必然的に経済的二重課税を生ずる。[35] しかし移転価格税制のルールが国際的に承認されたものであるときは、条約にもとづき双方の国で相互協議が行われて[36]対応的調整がなされ、これによって経済的二重課税が回避される。しかし国際的に承認されないルールが、ある国において一方的に導入され、他の国でそのルールを承認しないときには、後者は対応的調整に応じない。その結果、経済的二重課税を生ずるのである。

かくして現在、問題になっている米国の利益比準法は、今後、ＯＥＣＤなどを通じて国際的ルールの観点からの評価を行うことが緊急の課題である。考えられる評価としては、（ａ）従来の三つの方法に対する利益比準法適用順位の劣後化、（ｂ）利益比準法適用の非合理性の是正、（ｃ）利益比準法の厳格な適用の排除、（ｄ）利益比準法の適用範囲の限定、（ｅ）利益比準法の撤廃等々である。[37]

(22)　藤枝・前掲（注2）際商一九巻六号〜二一巻一二号、田川・前掲（注2）商事一三一三号一三頁以下参照。藤枝論文は、米国財務省規則に関する最新の、かつ、もっとも詳細な論文であり、本節は藤枝論文に負うところが大きい。

(23)　米国内国歳入庁は、同時に利益分割法（Profit Split Method）規則案およびペナルティ規則案も公表した。利益分割法とは、個々の取引価格の妥当性を検討するのではなく、国際的親子会社の利益を合計して、全体の利益を一定の割合で配分する方法であり、前者の規則案は、両関連者が重要無形資産を所有する場合の利益分割法として三つの方法を定めている。後者の規則案は、税務調査の結果、修正された課税所得が一、〇〇〇万ドルを超える場合、不足納税額の二〇パーセントをペナルティとして課するなどを定めるものである（藤枝・前掲（注2）際商二一巻四号四六七頁、田川・前掲（注2）商事一三三三号一五頁以下）。

(24) 無形資産譲渡の場合には、独立取引比準法（CUTM; Comparable Uncontrolled Transaction Method）と利益比準法が同一順位とされている（藤枝・前掲（注2）際商二一巻二号二一二頁）。

(25) 四つの方法が適用できない場合には、その他の方法によることができる。現行暫定規則の下では、利益分割法はその他の方法に位置づけられている（藤枝・前掲同号同頁）。

(26) 以下の叙述は、藤枝・前掲（注2）際商二一巻三号三四二頁以下による。なお表2および表3も藤枝・前掲同号同頁以下によるが、私見の観点から若干の書き換えを行っている。

(27) 利益水準指標は、少なくとも対象課税年度とその前の二年間を含まなければならない。

(28) 関連者間の損失分担であり、リスクを多く負担する者に大きい利益が配分される。リスクには、購入販売価格の変動、為替・金利の変動、債権回収、研究開発の成否などがある（田川・前掲（注2）商事一三一二号一四頁）。

(29) 利益水準指標としては、そのほかに売上に対する営業利益の比率、営業費用に対する売上総利益の比率などがある。

(30) 新規則では、利益比準法のみならず、すべての価格算定方法について独立企業間価格幅（利益幅）を導入した（藤枝・前掲（注2）際商二一巻三号三五〇頁）。

(31) 一九九二年の財務省規則案に対するＯＥＣＤ租税委員会専門調査部会（タックス・フォース）の報告書はつぎのように指摘する（藤枝・前掲（注2）際商二一巻八号一〇〇一頁）。「同一または類似の活動に従事する納税者の所得は、価格の相違だけのゆえに変動するものではなく、他の要素、たとえば費用の構造、地域的差異、資本コスト、事業経営の度合、経営の質、企業の目的等による相違に著しく依存する」したがって「一つの企業の営業利益を他の企業のそれと単純に比較して、価格の妥当性を適切かつ正確に判断できるものではない」。

(32) 五味雄治ほか「移転価格税制の新展開」〈座談会〉（トーマス発言）税経通信五月号（一九九三年）二〇三頁。

(33) 藤枝・前掲（注2）際商二一巻八号一〇〇一頁。

(34) 同じ自動車産業でも、フォードやクライスラーは利益をあげ、ＧＭは赤字であるし、コンピューター産業では、アップルは利益をあげ、ＩＢＭは赤字を計上している。もっとも日経平成六年一月二六日によれば、ＩＢＭは、一九九三年一〇月－一二月期決算で一年半ぶりの黒字を計上している。

(35) 経済的二重課税とは、国際的親子会社のように、法人格は異にするが、実質的・経済的に一体性を有する複数の会社がある場合、この一体性を有する関連者の手中にある所得に対して、複数の国が課税することをいう(宮武・前掲(注2)一六頁)。

(36) わが国は、平成四年三月現在、三八ヵ国と租税条約を締結しているが、すべての租税条約において相互協議の規定がおかれている(佐藤正勝「租税条約に基づく相互協議の申立について」税経通信六月号(一九九二年)一九九頁以下)。相互協議に関する条約規定は、OECDモデル条約二五条一項、日米租税条約二五条等(大崎・前掲(注2)税制三五四頁、小松・前掲(注2)二一八頁以下参照)。

(37) 藤枝・前掲(注2)際商二一巻一〇号一二二九頁以下には、米国内国歳入庁の公聴会における各種団体の陳述が紹介されている。平成五年九月一〇日の日経によれば、OECD租税委員会は、米国に警告を発し、移転価格の新課税方式を含む外国企業課税強化の見合わせを求め、ECもこれに同調する見通しであることを伝えている。

〔追記〕利益比準法に対しては、OECDを中心にヨーロッパ諸国の反対が強かったにもかかわらず、二〇〇〇年現在、米国の利益比準法は、商品販売および無体財産権の実施許諾に関する独立企業(当事者)間価格算定のために利用しうるとされている(リチャード・L・ドーンアーグ(川端康之監訳)・アメリカ国際租税法(清文社 二〇〇一年)一六九頁以下、羽床正秀「国際課税の現状」税経通信五五巻一〇号(二〇〇〇年)四九頁以下、水野忠恒「アメリカの外国企業の重要問題」奥島孝康＝堀龍児編・国際法務戦略(早稲田大学出版部 二〇〇〇年)一三六頁以下)。独立企業間取引につき、商法および租税法の問題点を総合的に考察した文献としては、江頭憲治郎・結合企業法の立法と解釈(有斐閣 一九九五年)三七頁以下が代表的文献である。最近の文献としては、佐藤 誠「結合企業のガバナンス(二・完)」産法三四巻四号(二〇〇一年)二一九頁以下がある。

租税法の文献としては、斎藤 奏・移転価格税制—課税の仕組みから申告書作成まで(中央経済社 一九九四年)、佐藤正勝「租税回避規則① 移転価格税制」税経通信五五巻一〇号(二〇〇〇年)六九頁以下、鳥井育雄「オーストラリアの移転価格税制—新しい通達の内容」貿易と関税四六巻一〇号(一九九八年)、藤江昌嗣・移転価格税制と地方税還付—トヨタ・日産の事例を中心に(中央経済社 一九九三年)、水野忠恒「租税調査と国際取引—カナダにおける移転価格調査を中心に」租税行政と納税者の救済〔松沢 智先生古稀記念論文集〕所収(中央経済社 一九九七年)、三戸俊英「中国における移転価格税制の仕組みとその対策」際商二七巻一〇号(一九九九年)一一八九頁、矢内一好「米国における移転価格の税務調査」(国際課税トピッ

クス）月刊税務事例三〇巻一一号（一九九八年）、同・移転価格税制の理論（中央経済社　一九九九年）。

第七章　外国会社に対する国際裁判管轄権

一　問題の所在

外国会社の責任を追及しようとする場合、責任の有無を定める準拠法いかんが問題となるが、この実体法の適用以前の問題として、そもそも、この特定の紛争に対してわが国が裁判管轄権を有するか否かという国際裁判管轄権の問題がある。これは内国会社相互間の紛争には登場しない問題であるが、国際取引の紛争にとってはきわめて重大な問題なのである。原告が外国会社を相手としてわが国裁判所に訴えを提起する場合、わが国裁判管轄権が認められないとすれば、原告は外国の裁判所に当該訴訟を提起しなければならない。それは場合によっては原告に対する訴訟上の救済の否定を意味するのである(1)。

原告が外国で訴訟を提起する場合には、国内での訴訟に比較して次のように著しく過大な負担が課せられる。訴訟手続は法廷地法による、というのが国際民事訴訟上の原則である。したがって外国での訴訟は、外国人裁判官による法廷地国の言語で審理が行われ、訴訟をはじめ訴訟関係書類は法廷地国の言語で記載され、原告の提出する訴訟関係書類はすべて法廷地の言語に翻訳されなくてはならない。また国によっては日本の法廷におけるよりも膨大な訴訟資料の提出が必要とされ、あるいは多数の証人の出廷が要求されることがある。原告は現地の弁護士へ訴訟委任する必要がでてくる。裁判官の適用する準拠法は法廷地の国際私法によって指定されるから、わが国の法廷におけるよりも準拠法の予測が一層困難となる。このように外国で裁判を受ける場合には、費用、労力、時間が過大となり、また外国の司法制度あるいは法廷地訴訟手続の不知に伴う不安が増大する。かくして当該事件がわが国裁判所の管轄に服するか否かは、わが国居住の原告にとってもっとも重大な問題となる。

また、裁判所の立場においても、わが国が当該事件につき国際裁判管轄権を有するか否かが問題であって、かりにいずれの国が裁判管轄権を有するかを判断して他国に裁判管轄権があると判示したとしても、その判示は他国を拘束するものではない[(2)]。

国際裁判管轄権の存否の判断は、国際裁判管轄権に関する理論と密接な関係がある。本稿では、まず裁判管轄権に関する理論を考察し、ついで具体的な決定基準を検討することとしたい。

（1）　国際裁判管轄決定の重要性については、高桑　昭「国際裁判管轄権に関する条約の立法論的考察」中野貞一郎ほか編・民事手続法学の革新上巻（有斐閣　一九九一年）三三〇頁以下参照。国際裁判管轄権に関する最新の文献として、小林秀之「国際裁判管轄」民事訴訟法の争点〔第三版〕（一九九八年）二七二頁以下、なお国際裁判管轄の国際民事訴訟法上の位置付けについては、道垣内正人「国際民事訴訟法の現状と課題」前掲争点二六八頁以下参照。

（2）　高橋宏志「国際裁判管轄――財産関係事件を中心として――」澤木敬郎ほか編・国際民事訴訟法の理論（有斐閣　一九八七年）三二二頁。

二　国際裁判管轄権

(一)　序

国際裁判管轄権については、一部の条約（例えば国際航空運送に関するワルソー条約〔発効一九三三・二・一三日本加盟一九五三・八・一八〕二八条）[3]にこれに関する規定がみられるが、一般的には国際的規則は存在せず、わが国の国内法にも国際裁判管轄権に関する規定は存在しない。そこで条理によって決するほかないとされている。

(二)　国際裁判管轄権に関する理論

条理を発見する理論としては、次のものがある。

(1)　逆推知説（かつての民訴法学説の通説）[4]

民訴法の土地管轄規定の裁判籍の総和が国際裁判管轄の範囲であると解し、民訴法の土地管轄規定が、国内の裁判管轄権を定めると同時に国際裁判管轄権をも定めるとする理論である。[5]

(2)　管轄配分説[6]（現在の国際私法学説および民訴学説の通説）

国際裁判管轄権の決定は、国際社会における裁判機能の各国裁判機関への場所的配分であるとの観点にたち、裁判管轄権の場所的配分という点では国内の土地管轄権の決定と本質的には異ならないが、国内民訴法上の土地管轄規定を国際的管轄権の分配に類推するにあたっては、国際的配慮を加えることが必要とする。裁判管轄権の場所的配分は、民訴法一般の理念である適正・公平かつ能率的な運営が決定の基準となる。

管轄配分説は現在の国際私法学説および民訴法学説の通説となっているが、民訴法規定をどの程度、重視するかは学説によって違いがあり、近時、民訴法規定は、わが国の加盟していない国際条約などとならぶ条理発見のひとつの参考にすぎない、という国際裁判管轄権規則独自説が有力となっている。

(3) 国際裁判管轄権独自説[7]

民訴法の土地管轄規定を参考としながら国際的配慮を加えて修正したルールを設定すべきであるが、民訴法のルールのなかには国際的配慮により修正を要するものや採用できないものがあるとし、またルールについては民訴法だけではなく、わが国の加盟していない条約[8]や国際機関で作成したルール[9]をもとりいれるべきであるとする。そしてこのようにして設定されたルールを具体的事件に適用し、その適用の結果が妥当性を欠く場合には、特段の事情を考慮して具体的妥当性をはかるというものである。特段の事情の判断にあたって考慮すべき要素は、類型的利益衡量の際にまったく考慮にいれていなかった要素、および前提とされてはいたが、当該事案ではその前提と異なっている要素に限るとする。この特段の事情の考慮は、ルールの適用により肯定された管轄を否定する場合だけでなく、ルールの適用によって否定された管轄を肯定する場合もある。

次に同じく管轄配分説にたちながら管轄権の決定基準としての要素を集中的に考察し、全体として利益衡量によるとする有力説がある。

(4) 利益衡量説[10]

国際裁判管轄決定のルールは判例の集積を待つほかはなく、当面は、わが民訴法にしめされた種々の管轄原因を個々的な判断要素としての地位にとどめ、その他の要素をあわせて考え、それらの事案を構成する事実的諸要素の集中度によってわが国の国際裁判管轄の有無を決すべきであるとする。この説に対しては、利益衡量自体はわが国と訴訟事件との関連のうちで当該事件に関する合理的ルールの内に吸収されるべきものであると批判される。[11] 条理としてのルール作成にあたっては利益衡量が必要である。すなわち利益衡量に基づいて一定の種類の事件と管轄原因から構成される国際裁判管轄規則が形成されるのである。問題は国際裁判管轄権を決定する場合、個々の事件ごとに利益衡量のみによって行うことが法的安定性を害すると批判されているのである[12]。しかし事案によっては、不文の国際裁判管轄規則を適用すると具体的妥当性を欠く場合があり、そのときは利益衡量によって管轄を否定し、あるいは肯定する余地が必要となる。

私見は管轄配分説の内でも国際裁判管轄権規則独自説を支持したい。同じく管轄配分説といってもわが国民訴法規定を重視する立場をとれば、どうしてもわが国民訴法規定の文言に拘束されやすくなる。また独自説はわが国民訴法規定と他国の民訴法規定を同格にみることを可能としよう。他方、わが国が加盟する可能性のない条約の規定であっても、少なくとも一国の政策的考慮に基づくルールではなく国際的考慮の払われたルールである。独自説は、ルールの具体的内容が明確でないという批判が向けられるが、例えば不法行為のルールにあっては、事件類型に応じたルールの類型化が形成される、というようにルールの細分化が今後の課題である。なおルールの適用の結果の妥当性を確保するために特段の事情の考慮を必要とする[13]。

㈢　判　例

国際裁判管轄権に関するリーディング・ケース、最高裁昭和五六年一〇月一六日判決（マレーシア航空事件、判時一〇二〇号一一頁）[14]は次のように述べている。「被告が外国に本店を有する外国法人である場合はその法人が進んで服する場合のほか日本の裁判権は及ばないのが原則である」が、その例外として「被告がわが国となんらかの法的関連を有する事件については、被告の国籍、所在のいかんを問わず、その者をわが国の裁判権に服させるのを相当とする場合」があり、この例外的取扱いの範囲については、①「当事者の公平、裁判の適正・迅速を期するという理念により条理にしたがって決定するのが相当であり」、②「わが民訴法の国内の土地管轄に関する規定、例えば、被告の居所（民訴法二条、現四条二項）、法人その他の団体の事務所又は営業所（同四条、現四条四項～六項）……その他民訴法の規定する裁判籍のいずれかがわが国内にあるときは、これらに関する訴訟事件につき、被告をわが国の裁判権に服させるのが右条理に適う」――と。以上のように判決の前半（①）では管轄配分説を国際裁判管轄権決定の条理としながら、後半（②）においてその条理を発見するためには逆推知説によるという矛盾した理論構成をとっている。その後の下級審では、まず逆推知説にしたがって民訴法の土地管轄規定を適用し、わが民訴法の土地管轄に関する裁判籍がわが国に認められる場合でも、その適用の結果が当事者の公平、裁判の適正・迅速を期するとの理念による条理に反するときは、特段の事情がある場合として管轄権を否定しており、マレーシア航空判決以後の下級審判決はこの立場で一貫している。

（3）そのほかに国連海上物品運送条約（ハンブルグ・ルール、発効一九九二・一一・一）二一条などがある。

（4）兼子 一・民事訴訟法体系（酒井書店 一九五四年）六六頁、菊井維大・民事訴訟法上（青林書院 一九六八年）二六頁、菊井維大＝村松俊夫・全訂民事訴訟法Ⅰ〔全訂版〕（日本評論社 一九七八年）四三頁、小山 昇・民事訴訟法（青林書院 一九七二年）二三頁、斎藤英夫・民事訴訟法概論〔新版〕（有斐閣 一九八二年）五六頁、江川英文「国際私法における裁判管轄権（三・完）法協六〇巻三号（一九四二年）三七四頁、藤田泰弘「日本裁判官の国際協調性過剰五」判タ二四九号（一九七〇年）四五頁。新堂幸司・民事訴訟法〔第二版補正版〕（弘文堂 一九九〇年）五八頁は基本的には逆推知説にたちながら管轄配分説に好意を示す。

（5）逆推知説には特段の事情を加えた「特段の事情説」がある。これは後述マレーシア航空判決以後の下級審のとる立場である。すなわち基本的には民訴法の規定ないしその修正に依拠しながら、具体的事件の特殊事情が認められるときには、管轄権を否定するものである（山本和彦「国際民事訴訟法」斎藤英夫ほか編・〔第二版〕注解民事訴訟法⑸（第一法規出版株式会社 一九九一年）四四二頁）。

（6）池原季雄「国際的裁判管轄権」鈴木忠一ほか編・新実務訴訟講座7（日本評論社 一九八二年）一八頁、海老沢美広「判批」昭和五四年度重要判解三〇二頁、澤木敬郎「国際裁判管轄権再考」国際商事九巻（一九八一年）六一三頁、青山善充「国際裁判管轄権」民事訴訟法の争点（一九七五年）五〇頁、渡邊惺之「国際裁判管轄権」木棚照一ほか編・国際私法概論〔新版・補訂〕（有斐閣 一九九七年）二四八頁。

（7）道垣内正人「国際的裁判管轄権」新堂幸司ほか編・注釈民事訴訟法⑴裁判所・当事者⑴（有斐閣 一九九一年）一〇二頁、松

岡　博・国際取引と国際私法（晃洋書房　一九九三年）一〇頁。

（8）　わが国が加盟していない条約で、国際裁判管轄権に関するものは多数成立している。そのなかでも画期的な条約は、一九六八年の「民事及び商事に関する裁判管轄権及び判決の執行に関するEU条約」〔ブリュッセル条約、採択一九六八・九・二七、発効一九七三・二・一〕およびブリュッセル条約に若干の条項の追加・修正をした一九八八年の「民事及び商事に関する裁判管轄及び判決の執行に関するEU・EFTA条約」〔ルガーノ条約、採択一九八八・九・一六、発効一九九二・一・一〕である（高桑・前掲（注1）三三七頁）、高桑　昭「民事手続法に関する多数国間条約」澤木敬郎ほか編・国際民事訴訟法の理論（有斐閣　一九八七年）四九三頁以下）。一九六八年EU条約の翻訳として、川上太郎「裁判管轄および判決の承認執行に関するヨーロッパ共同体条約」西南五巻二号（一九七二年）七六頁以下、岡本善八「わが国際私法におけるEEC裁判管轄条約(1)」同法一四九号（一九七七年）四頁以下、同「一九七八年『拡大EEC判決執行条約(1)』同法一五八号（一九七九年）八三頁以下。

（9）　前掲（注8）の一九六八年のブリュッセル条約では、保険契約または消費者契約において保険事故発生地（九条）または消費者所在地（一四条）という特別管轄原因が認められている。

（10）　石黒一憲「国際民事訴訟法上の諸問題——序説的検討」ジュリ六八一号（一九七九年）一九七頁、同「渉外訴訟における訴え提起——国際裁判管轄に重点をおきつつ——」新堂幸司ほか編・講座民事訴訟②　訴訟の提起（弘文堂　一九八四年）四五頁、小原喜雄「判批」判評二九六号（判時一〇八五号）（一九八三年）二〇四頁。

（11）　山田鐐一「判批」民商八八巻一号（一九八三年）一一二頁。同旨、渡邊惺之「判批」ジュリ七一五号（一九八〇年）一一一頁。

（12）　根本洋一「準拠法と国際裁判管轄」澤木敬郎ほか編・国際民事訴訟法の理論（有斐閣　一九八七年）一四三頁。

（13）　特段の事情の考慮に対する批判につき、高桑　昭「判批」渉外百選〔第三版〕（一九九五年）一九七頁。特段の事情に関する詳細な判例研究として、道垣内正人「国際裁判管轄の決定における『特段の事情』」ジュリ一一三三号（一九九八年）二一三頁以下参照。

（14）　マレーシア航空判決に関する参考文献については、高桑・前掲（注13）一九七頁、渡辺惺之「判批」民訴百選Ⅰ〔新法対応補正版〕（一九九八年）四〇頁参照。

（15）　マレーシア航空判決以後の下級審判例の詳細な総合判例研究としては、廣江健司「国際取引における国際的裁判管轄権に関する法状態——航空関係事件を中心として——」八幡大社会文化研究所紀要二三号（一九八八年）二五頁以下。

三　国際裁判管轄権の具体的決定基準

㈠　設立準拠法所属国

会社の設立にあたって、ある国の法に準拠して設立するということは、設立準拠法の設立要件を充たした機関・資本の構造を有する社団が、設立準拠法所属国に登記して（登記上の本店の所在）当該所属国から法人格を与えられ、かつ、当該所属国の裁判管轄に服するということを意味している。[16] したがって当該会社の取引および不法行為に関する訴え、ならびに会社の法人格の存否、設立、構造、運営および消滅に関する訴えなど[17]、あらゆる訴えについて設立準拠法所属国が裁判管轄権を有するのである。[18] あらゆる訴えが認められるのは、どこかひとつ必ず原告が被告会社を訴求できるとするためである。

㈡　主たる営業所の所在

主たる営業所（事実上の本店）所在地とは、会社の対外的および対内的の全営業活動について指揮命令を発する会社経営首脳部の所在場所である。[19] 営業活動そのものを行っている必要はない。主たる営業所には、取引および不法行為ならびに会社組織上の行為に関する会社の最高責任者が所在し、これらの行為に関する人的・物的証拠の収集力および会計情報が集中している。

会社の属人法について本店所在地主義の立場にたてば、事実上の本店所在地と設立準拠法所属国とは一致する。これに対して設立準拠法主義の立場にたてば、事実上の本店所在地と設立準拠法所属国とが異なる場合を生ずる。後者の場合、事実上の本店所在地は会社の全営業活動の最高責任者の所在地であるから、当該所在地に会社の取引および不法行為に関する訴えについて裁判管轄権が認められる。[20]

これに対して会社の組織法上の事項については次の二つに分かって考察する必要がある。[21] 第一は、単一法によって規律することを要する事項である。例えば法人格の存否、設立要件の充足、株式の発行および資本の形成、取締役および監査役の任命、取締役会および株主総会の決議、利益配当決議、定款変更、合併、会社の解散など。これらは会社の機関・資本構造・会社の内部運営に関する事項である。

第二は、単一法によって規律することを要しない事項である。例えば株主の名義書換請求、株主の帳簿閲覧請求、違法行為取締役に対する株主の損害賠償請求、総会配当決議に基づく株主の配当請求など。

第一の事項は、原告のみならず利害関係者全員に影響を及ぼす事項であるから、本来、設立準拠法所属国によって統一的に判断されるべき専属管轄事項である。一九六八年ブリュッセル条約一六条二号は、「会社または法人若しくはその機関の決議の有効、無効若しくは解散を目的とする訴えについては、会社または法人がその本拠を有する国の裁判所」が専属に管轄すると定めるが、五三条但書において具体的な本拠の所在地の決定は、法廷地国の国際私法に委ねている。第二の事項は、原告の会社に対する訴えごとに異なった判断が可能なものである。したがって事実上の本店所在地国の管轄とすることができる。

しかし国際間では訴えの移送が存在しないから、かかる訴えが事実上の本店所在地国に提起されると同時に、同一の訴えが設立準拠法所属国にも提起されたときには、訴訟の競合の問題を生ずる。

ところで第一の事項について、わが国商法第四八二条のいわゆる擬似外国会社の場合には別の考慮が必要である。判例（大決大七・一二・一六民録二四輯二三二六頁）・通説は、わが国における擬似外国会社の法人格を認めず、内国会社として再設立することを要するとしている。私見によれば同条の解釈にあたっては、一般的に設立準拠法主義にたつ以上、一方では同条によって実現しようとする詐欺的設立の防止と他方では一般的な設立準拠法主義の立場との調和という観点から、できる限り狭く解すべきである。すなわち擬似外国会社とは、わが国に事実上の本店を有し、かつ、主たる営業活動地も日本国内である会社と解するのが妥当である。かかる会社の利害関係者の全部またはそのほとんどは日本国内に所在すると考えられるので、第一の事項についてもわが国の裁判管轄権が認められる。[22]その結果、設立準拠法所属国との訴訟競合の問題を生ずる。

以上とは逆に、事実上の本店は外国にあるが、設立準拠法所属国が日本である場合、株主は、総会決議の無効・取消の訴えをわが国裁判所に提起することができるか。[23]かかる会社が内国会社として設立を認められるか否か、異論の余地があるが、一般的に設立準拠法主義にたち、しかも前述の擬似外国会社を狭く解することとの対応関係から、かかる会社は国際的に活動する会社としてその設立を認めるべきである。そうすると設立準拠法所属国は、あらゆる訴えについて裁判管轄権を有するから、この事例の管轄は認められることになる。

㈢　駐在員事務所の所在[24]

駐在員事務所は、市場調査、情報の収集、広報宣伝活動や商品の保管・展示などを行う。営業所とは異なり、本来、営業活動は行わないとされている。[25]しかし営業活動との区別は微妙である。すなわち駐在員事務所は、業種によって違いがあるが、顧客からの注文を受け、本社からの申込みを取り次ぎ、契約の予備的折衝を行い、本社のために代理署名を行い、あるいは代理店の販売活動の監督や顧客に対する技術サービスなどを行うことがある。これらの行為は営業活動の準備もしくは営業活動そのもの、またはその補助活動である。駐在員事務所は、営業所とは異なり本社からの独立性を有せず、本社と一体であるが、駐在員事務所はわが国における営業活動の準備的拠点である。

駐在員事務所は、営業活動を行うときはもとより、市場調査など営業活動以外の行為を行うときでも、種々の取引行為を行う。例えば市場調査を専門機関に委託するときには委任契約を締結する。非営業活動は直接には営利性をもたないが、広い意味では営利企業の継続活動の一環の活動である。駐在員事務所はこのような活動の拠点にほかならない。この地には駐在員の活動に関する取引関係者、取引の証拠資料が集中し、取引の経緯を熟知した駐在員が常駐する。したがって駐在員の行った業務に関する限りわが国の管轄を認めたとしても、被告外国会社の防御に大きな不都合は生じないし、証拠方法の入手も便宜である。ただ駐在員事務所の人的・物的組織が営業所に比べて充分でなく、定住性も営業所に比べて低いため、独立の管轄原因としてはやや不充分との批判が考えられる。この点につき後述の契約締結地を参照。

㈣　従たる営業所（在日支店）の所在（民訴四条五項、五条五号参照）

外国会社が日本に従たる営業所を有する場合、わが国は営業所の行った業務について裁判管轄権が認められる。[26]営業所は継続的営業活動を行う場所[27]である。すなわち契約の折衝、申込みの誘引、契約の締結、契約義務の履行などが行われる場所であり、取引関係者・証拠資料が集中し、取引の経緯を熟知した契約担当者が常住する。営業所は、通常、施設・設備および人的組織が整備され、本店からの独立性がある程度存在する。しかも外国会社がわが国で継続的営業活動を行う場合には、日本における代表者の選任と営業所の設置が義務づけられ（商四七九条）この代表者は外国会社の営業に関する一切の裁判上または裁判外の行為を行う権限を有するものとされている（商四七九条四項・七八条）。このように営業所の業務および日本における代表者の裁判上の権限の観点から、外国会社はわが国の裁判管轄に服することについて充分予測することができ、被告としての防御に不都合はないし、裁判所としても証拠の収集に困難性はないから、わが国の管轄が認められる。

ところでわが国の裁判管轄が営業所の行った業務に限られるとしても、[28]その業務の範囲はいかなるものであるか。商法四七九条一項は、日本における代表者の選任と営業所の設置とを一体のものとして定めているので、在日営業所の業務の範囲は代表者の権限の範囲によって決定されるのである。代表者の権限の地理的範囲について大審院明治三八年二月一五日判決（民録一一輯一七九頁）は、「其日本ニ設ケタル支店ノ営業ニ関スルト日本以外ノ国ニ在ル本支店ノ営業ニ関スルトヲ論別セス会社ノ営業全部ニ付キ代表権ヲ有スル」と述べているが、多数説は内国の取引債権者の保護を目的として日本法がとくに法定代理人の選任を義務づけたものであるから、在日営業所を拠点とする国内取引に限定すべきであると解している。私見によると、裁判外の行為については多数説が妥当であるが、裁判上の行為は、外国の本支店がすでに行った行為に関するものであるから、日本における代表者の権限はこれにも及ぶと解すべきである。前述の大判明治三八年二月一五日の事案は、海外支店の行った行為に基づく損害賠償の請求に関連して在日支店の日本における代表者を相手に訴えを提起したものである。日本における代表者は、その支店を代表するものではなくして外国会社を代表する者である。日本に設置した一支店の所在地に登記をした代表者は日本全国に対して代表権を有し、また外国会社の代表者が数人あるときは、各自がその会社を代表する（大判明三八・四・二六民録一一輯五八七頁）。このように日本における代表者の権限の範囲は広範である。

わが国の裁判管轄権は、まず裁判外の行為すなわち在日営業所を拠点として日本の代表者が行った国内および国際取引に及ぶ。次に裁判上の行為については、外国の本支店の行った行為のすべてに及ぶと解すべきである。ただし真正外国会社の法人格の存否および内部事項に関する訴えは、設立準拠法所属国の専属管轄であるから除かれる。前述マレーシア航空事件では、当該航空会社が日本における代表者を選任し日本に営業所を設置しているが、日本人乗客は、当該運送契約をマレーシア国内で締結し、航空機がマレーシア国内で墜落・死亡（ハイジャックによる）したため、日本人乗客の遺族が契約不履行に基づく損害賠償を求めて、わが国裁判所に訴えを提起したものである。最高裁は、日本における代表者の選任と在日営業所の設置を理由としてわが国の裁判管轄権を認めた[29]。私見によると、最高裁がわが国の管轄原因として代表者の選任と営業所の設置をあげたのは正当ということになる[30]。

マレーシア航空判決の後、同じく航空機墜落事件であるが、注目すべき下級審判決、ボーイング・ユナイテッド航空判決（東京地判昭六一・六・二〇判時一一九六号八七頁）があらわれた。この事件では被告Y_1（ボーイング）は当該航空機を製造し、被告Y_2（ユナイテッド）はこれを購入・使用した後、訴外A（台湾の航空会社）にカリフォルニアで売却した。航空機が台湾で墜落し、死亡した日本人乗客の遺族が、Y_1に対しては製造物責任に基づく損害賠償を、Y_2に対しては欠陥を知りながら補修を怠った不法行為に基づく損害賠償を求めて、わが国裁判所に訴えを提起した。Y_1は全額出資子会社の在日営業所を、Y_2は在日営業所を有していた。裁判所は、重要な証拠方法を利用することができないことを理由にわが国の裁判管轄権を否定したが、Y_1の全額出資子会社の在日営業所およびY_2の在日営業所の所在と管轄権との関連について、なんら触れるところがなかった。この事案では、Y_1は日本における代表者と在日営業所を有していない。ただY_2については日本における代表者および在日営業所を有するのであるから、Y_2についてわが国の管轄を認め、[31] Y_1については関連請求管轄を認めるべきであったのではないかとの疑念が残る。

東京地裁昭和五七年九月二七日中間判決（判時一〇七五号一三七頁）では、在日営業所を有する外国航空会社が、外国の営業所で航空運送契約を締結し、運送品の到達地が日本である場合、契約の債務不履行に基づく訴えにつきわが国の裁判管轄権を認めている。

㈤　在日子会社の所在

外国会社の在日子会社は、外国会社とは別法人であるから、在日子会社がわが国で営業活動を行っているとの理由で、当然に外国親会社に対してわが国の裁判管轄権が及ぶものではない。[32] しかし全額出資子会社であって、子会社の人事（役員および上級使用人）、経営、資金および存続について外国親会社が完全な支配を行っている場合がある。このような場合、子会社と取引を行った者あるいは子会社の不法行為により損害を受けた者が、法人格否認の法理に基づいて外国親会社の責任を追及するため、わが国裁判所に訴えを提起したとしよう。このような全額出資子会社は、外国親会社の支店と実態が同じであり、外国親会社の日本における営業活動として、在日子会社の取引または子会社の不法行為に限って、わが国裁判所の管轄権を認めるのが妥当である。[33] これに対して合弁会社の場合には、完全出資子会社に比較すると親会社からの独立性が強いので、外国親会社に対する裁判管轄権は認められない。

㈥　在日代理店の所在

在日代理店は、外国会社のために内国第三者に対して申込みをし、あるいは第三者から承諾を受けて外国会社に代わって売買契約を締結し（締約代理商）、または第三者の申込みを外国会社に伝え、あるいは商品の情報を第三者に与えて外国会社と第三者との間に売買が成立するように仲介をする（媒介代理商）。[34]代理店の業務活動に基づく権利・義務はすべて直接、外国会社に帰属し、代理店はその活動に対して外国会社から報酬を受ける。外国会社と代理店との内部関係を定める代理店契約においては、販売商品、販売地域、販売独占権、再販売価格、再販売先、販売協力義務、費用負担および期間など詳細な事項を規定することによって、外国会社は代理店に指示を行う。このように代理店は、外国会社とは独立した商人ではあるが、代理店契約を通じて代理店の行為を支配し、事実上、営業所の設置と同様な経済的効果をあげている。したがって代理行為に基づく外国会社の権利・義務に関する訴えについては、わが国の管轄を認めるのが妥当である。[35]

在日販売店（特約店）は、自己の名と計算において外国会社から特定の商品を買い取り、これを内国第三者に対して再販売するもので、外国会社と在日販売店との関係は売主と買主との関係である。したがって在日販売店と内国第三者との売買契約に基づく訴えについて、外国会社に対する管轄は問題とならない。

㈦　契約締結地

契約の成立に関する紛争に対して、一定の場合に契約締結地の管轄を認める余地がある、とする有力説がある。[36]それは契約の締結地が、契約の成立の有効性に関する争点（詐欺・強迫など）に密接な関連を有しているからである。この説においては、契約の交渉が数ヵ国にわたる隔地取引や旅行先のような偶然取引は除かれている。後者の偶然取引を除くとすると、対象となるのは継続取引であろう。継続取引が行われる場所は、営業所および駐在員事務所である。営業所は、継続取引に管轄原因を求めなくても営業所所在地が当然に管轄原因になるから、問題は駐在員事務所である。駐在員事務所が例外的に継続的営業活動を行った場合、駐在員事務所所在地というだけでは管轄原因を認めるに足りないという立場をとるにしても、契約締結地の要素が加わることによって管轄を認めることが可能となるであろう。

(16) RESTATEMENT, 2D, CONFLICT OF LAWS §41 cmt.a (1971).

(17) 会社の内部事項の概念には組織構造の意味を含んでいる。したがって会社の内部事項は、会社の設立、構造、運営および消滅に関する事項と同意義である（河村博文「米国州外会社に対する裁判管轄権――内部事項理論――」酒巻俊雄ほか編・現代英米会社法の諸相〔長濱洋一教授還暦記念〕（成文堂　一九九六年）三五三頁、同「国際会社法の観念について」九国三巻二号（一九九七年）四七頁参照）。

(18) 松岡・前掲（注7）一四頁。*Id.*at §41 cmt.b. 本文の立場に対し、道垣内・前掲（注7）一一一頁によると、被告住所地主義の原則は事実上の本店所在地国であり、設立準拠法所属国でないとされる。また石黒一憲・国際民事訴訟法（新法学ライブラリー32）（新世社　一九九六年）一八三頁の注四三四は、設立準拠法所属州の管轄を認めなかった連邦最高裁判例（準対物訴訟）を紹介して、設立準拠法所属国にすべての訴えを委ねることはできないとされる（同一三六頁）。

(19) 竹内昭夫「54条」上柳克郎ほか編・新版　注釈会社法（1）会社総則・合名会社・合資会社（有斐閣　一九八五年）六七頁参照。

(20) 同旨、道垣内・前掲（注7）一一一頁、松岡・前掲（注7）一四頁。国内の裁判籍につき、旧民訴四条一項（現四条四項）の主たる営業所とは、事実上の本店であるとする判例がある（大阪地判昭三三・一二・一五下民九巻一二号二四七八頁）。

(21) 河村・前掲（注17）諸相三三三頁以下、同「アメリカ合衆国における州外会社――アメリカ抵触法第二リステイトメント」北九州一九巻四号（一九九二年）四九頁以下参照。

(22) 大判明四〇・一二・一三民録一三輯一二六四頁（控訴審、東京控判明四〇・一〇・四新聞四五六号一五頁）は、登記上の本店を香港に有する外国会社が、事実上の本店を横浜におき営業活動は香港、清国、日本国その他であり、すべての取締役が日本に居住し株主総会は日本で開催されていたという事例である。大審院は、この会社の株主総会決議無効宣言の訴えにつきわが国の管轄を認めた。岡本善八「会社訴訟の国際裁判管轄」上柳克郎ほか編・企業法の研究〔大隅健一郎先生古稀記念〕（有斐閣一九七七年）二三八頁は、会社の業務指揮の中心、株主の所在、機関の運営などの要素が日本に強度の関連を有するときは、株主総会決議取消の訴えについてわが国の管轄を認めるべきだとされる。

(23) 石黒・前掲（注18）一三六頁。

(24) 松岡・前掲（注7）二三頁は、事業活動地といわれているが、駐在員事務所所在地と同義と解される。なお高橋・前掲（注2）三六頁参照。東京地判昭五九・二・一五判時一一三五号七〇頁は、管轄原因検討の一つとして船舶の仮差押が日本の駐在員事務所の業務と関連のないことをあげて訴えを却下している。

(25) 北川俊光・ビジネスゼミナール国際法務入門（日本経済新聞社　一九九五年）二六頁、澤田壽夫編・新国際取引ハンドブック（有斐閣　一九九〇年）一一二頁。

(26) 小島武司＝猪股孝史「国際裁判管轄」石川　明ほか編・国際民事訴訟法（青林書院　一九九四年）四五頁。

(27) 宮武敏夫＝若井　隆「裁判管轄(1)」元木　伸ほか編・裁判実務大系第一〇巻　渉外訴訟法（青林書院　一九八九年）六頁によると、在日支店の設置は、わが国で相当の事業活動を行っていることを示すもので、管轄の十分な根拠となるとする。

(28) 池原・前掲（注6）二三頁は、営業所の業務との関連性は、「支店等日本国外の他の事務所等と共同で取り扱った場合でも差し支えない」とされている。

(29) 塩崎　勤「判批」ジュリ七五八号（一九八二年）八七頁は、最高裁がわが国の裁判管轄権を認めた理由を四つあげて解説している。

(30) 道垣内・前掲（注7）一一一頁は、マレーシア航空判決は業務と無関係な従たる営業所の所在だけで管轄を肯定するもので当事者の公平に反すると批判する。なお同・前掲（注7）一二五頁は、営業所の業務の関連性は営業所の所在する国の代理店から航空券を購入したときには関連性があるとされている。

(31) 同旨、江泉芳信「判批」渉外百選〔第三版〕（一九九五年）二〇三頁、松岡・前掲（注7）四一頁。

(32) 宮武＝若井・前掲（注27）七頁。

(33) 同旨、道垣内・前掲（注7）一二六頁、渡邊惺之「国際裁判管轄」谷口安平ほか編・新判例コンメンタール民事訴訟法1　裁判所・当事者（三省堂　一九九三年）七一頁。渡邊惺之「国際訴訟」ジュリ九七一号（一九九一年）二二九頁は、子会社や関連会社の捕捉の必要を主張する。東京地中間判昭五九・三・二七判時一一一三号二七頁は、特段の事情の検討に際して、被告が全額出資子会社の在日支店を設置していることを管轄否定の特段の事情にあたらない事実の一つにあげている。本文と同旨、アメリカ抵触法リステイトメント研究会「(邦訳) アメリカ抵触法第二リステイトメント四」民商七四巻二号（一九七六年）一五六頁の五二条のコメント。

(34) 代理店契約につき、浅田福一・国際取引契約〔改訂三版〕(東京布井出版　一九九二年) 六三頁以下、澤田・前掲（注25）一六五頁以下、滝井明子「代理店契約」遠藤　浩ほか編・現代契約法大系第8巻　国際取引契約(1)（有斐閣　一九八三年）三四七頁以下。

(35) 松岡・前掲（注7）二三頁、同旨は高橋・前掲（注2）三六頁。

(36) 松岡・前掲（注7）二三頁。これに対し道垣内・前掲（注7）一二六頁は営業所のない単なる契約締結地国の管轄を肯定するのは疑問とされる。

四　〔追記〕近時の国際的動向

最後に国際裁判管轄権に関する近時の国際的動向について触れておきたい。ハーグ国際私法会議では、一九九九年六月開催された特別委員会において「民事及び商事に関する裁判管轄権及び外国判決に関する条約準備草案」が作成された。[37][38] 当初においては、二〇〇〇年秋に開催される外交会議で審議の上、採択される予定であった。しかしアメリカの不満その他の事情で、二〇〇〇年五月、一般問題特別委員会は外交会議の延期を決定するとともに、外交会議を二回に分け、第一回の二〇〇一年六月の会議ではコンセンサスのできている事項について内容を確定し、第二回の会議は二〇〇一年末または二〇〇二年初頭に開催し、多数決によって内容を確定し採択することとされた。[39]

草案は、多岐にわたっているが、本章に直接関連する事項はつぎの通りである。以下、特別委員会報告書を手がかりに若干の問題点を考えてみたい。

イ　法人その他の団体の普通裁判籍（三条二項）　被告の普通裁判籍は、被告の常居所の国にあり、法人その他の団体の常居所はつぎのいずれかの国にある。「(a)その国に本店(statutory seat)が所在する場合、(b)その国の法に基づき設立した場合、(c)その国に中央統轄地(central administration)がある場合、(d)その国に業務の中心地(principal place of business)がある場合[40]」である。この四つの基準は、なんら優先順位が存在しないが、選択肢が四つあるわけではない。すなわち(a)号または(b)号のいずれかと(c)号および(d)号とが選択肢となるのである。[41]

(a)号は、換言すれば法律上の本店所在地国である。「本店とは、会社やその他の法人の定款又は設立証書において定められているものを指す」。かかる定義によれば大陸法諸国のみならず、英米法諸国においても法律上の本店を認定することができる。

(b)号は、換言すれば設立準拠法所属国である。管轄原因として本店概念を使用できない場合の代替的なものとして「法人を設立したときに準拠した法の所属する国」という基準を定めた。およそ法人その他の団体は、その設立がある国(または地域)の法に準拠して行われるから、かならず設立準拠法が存在する。法律上の本店は、通常、設立準拠法所属国に定められるから、(b)号は(a)号を包摂しているといえる。しかし法律上の本店を設立準拠法所属国以外に移転したり、設立に際して所属国以外に定めることを認める立法例がある場合には、(a)号の規定が有用となる。

(b)号の適用範囲につき、特別委員会報告書は、「法人格を有する会社及びその他の団体とともに、法人格を持つ意図を有しない団体にも適用される」と述べている[42]が、これは四つの基準のすべてについていえることではないだろうか。法人格を持つ意図を有しない団体でも、ある国(地域)の法にもとづいて設立されることを要するから、設立準拠法を有する(例えばドイツ合名会社、合資会社)。しかし根拠法を有しない権利能力なき社団や設立手続未完成の会社などは、どのように扱われるのであろうか。

(c)号は、換言すれば中央管理機関所在地国である。すなわち「会社の取締役会が開催され、又は法人若しくは法人格なき団体の組織及び活動に関する決定権限を有する者がそのような決定を下す地を意味する」。しかし「ビデオ会議や他の電子的伝達手段」の発達により「意思決定が複数の地で行われ」「意思決定の行われる地を特定することが不可能」な場合があり、(c)号の基準は不確実なものとなっている。[43] 巨大な国際コンツェルンを形成する多国籍企業においては、報告書が指摘する通りである。この場合には、つぎの(d)号が有用となろう。

(d)号は、換言すれば主たる営業活動地国である。[44]「この管轄原因は、法人の中心的活動が行われている地」であり、「事案ごとに、法人の活動を検討することによって特定されなければならない事実的な基準である」。(d)号が、主たる営業活動地国であるとすれば、(c)号との違いもおのずから明らかとなる。

ロ　支店等および活動を管轄原因とする特別裁判籍（九条）「被告の支店、代理店その他の営業所が所在する国（又は被告がその他の方法で継続的な商業活動を行っている国）」。「ただし訴えが当該支店、代理店その他の営業所の活動（又は当該継続的な商業活動）に直接関連している場合に限る」。

i　訴訟は、「契約、不法行為の他、不当利得など」も含まれる。[45]「その紛争を生じさせた活動がその国内で行われたことは必要でない」。

ii　代理店の所在が、本人である被告の管轄原因となる理由は、代理店が、「（被告）自身が所有しかつ運営している支店のように、（被告）の構成要素の一つであるか、又は（被告）の直接支配を受けかつその事業に従事していることにある」。[46] したがって販売店（特約店）は、この管轄原因に含まれないことになるが、国際実務上、「代理店」とよばれるものには特約店であることが多い。[47] 管轄原因の明確性からすれば、代理店と特約店とを名称上、区別することが必要となろう。

iii　駐在員事務所は、「その他の営業所」に含まれるか。駐在員事務所は、本来、営業活動を行わない。しかし営業活動か否か認定の難しい活動もあるし、営業活動の補助的活動は行っている。「その他の営業所」とは、被告の事業目的である活動（継続的反復的行為）を行う場所と解するのか、補助的行為を含めた広い意味での活動を行う場所と解するのであろうか。

iv　「被告がその他の方法で継続的な商業活動を行っている（団体）」の具体例として、被告の一〇〇パーセント子会社や「別に所有者がいるけれども、特定の国において商業活動を行うための道具として被告が用いている団体(48)」（国際合弁会社であろうか——筆者注）があげられている。さらに「貿易博覧会に出席し注文を勧誘するような、その国内における被告自身の活動も含まれる」。前二者は、被告が子会社や合弁会社を道具として、被告自身が特定国において継続的商業活動を行っているとされる場合である。法人格否認の法理が適用される場合が、その例であるが、それ以外にも適用事例があるのだろうか。後者は、被告自身が特定国で継続的な商業活動を行う場合を管轄原因としている。一連の営業活動が行われる場合、いかなる種類の営業活動から継続的な商業活動に含まれるのか（銀行からの借入、土地・工場の購入など）、どの程度の継続性があればよいのかなど、管轄原因の有無の認定はきわめて困難な問題となる。

v　訴えは、「支店、代理店その他の営業所の活動（又は継続的商業活動）に直接関連していなければならない」。この要件は、「個々の事案の状況において事実問題として判断されなければならない(49)」。直接関連性の判断基準も困難な問題の一つである。一つの基準として考えられるのは、支店等を拠点として活動する代理人または代表者の権限である。すなわち権限の範囲内の行為であれば直接関連性があるといえよう。しかし不法行為や不当利得の場合はどのようになるのだろうか。

vi　法制審議会会社法部会が平成一三年四月一八日公表した「商法等の一部を改正する法律案要綱中間試案『第二十八　外国会社(50)』」では、外国会社がわが国において継続的営業活動を行うときの、営業所設置義務の廃止を提案している。前述したようにハーグ条約では、管轄原因として支店、代理店等が基本であり、継続的営業活動はその拡大として位置づけられている。そして管轄原因としての継続的営業活動は、多くの難点を包含している。したがって国際裁判管轄の観点からすれば、営業所設置義務の廃止には賛しえないというべきであろう。なお営業所設置義務廃止の根拠とされるインターネット取引につき、ハーグ条約では別の会合が予定されている。

ハ　会社訴訟についての専属管轄（一二条二項）「法人の有効性、無効若しくは解散又は法人の機関の決定の有効性若しくは無効を目的とする手続きについては、当該法人の準拠法の属する締約国の裁判所が専属的な管轄権を有する」。

「本項は法人についてのみ規定している（ものであって）」、「法人格をもたない非登記の会社や団体は本項の適用範囲外（である）[51]」。本項は、意見の対立の激しい条文の一つである。外交会議延期後の非公式会合において、法人設立の有効、無効、法人の解散については削除する意見が強い[52]。理由は、法人属人法につき、設立準拠法主義国と本拠地法主義国とに分かれている現在、この条文では、専属管轄を有する国が複数生じたり、なくなったりするおそれがあるためとしている。ところで法人の社員総会もしくは経営機関等の決議の有効、無効は、単一性の要求される事項であり、本来、専属管轄になじむ事項である。それにもかかわらず、特別委員会ではこの事項を専属管轄とすることに非常なためらいがあったといわれるが[53]、その理由はどういう点にあったのだろうか。

(37)　二〇〇〇年（平成一二年）四月三日、豊中市において、大阪大学大学院法学研究科主催による「ハーグ裁判管轄・判決条約予備草案」国際シンポジウムが開催された。報告者は、Friedrich K.Juenger教授（カリフォルニア大学デイヴィス校）、Peter Nygh 教授（条約予備草案報告者）、道垣内正人教授（日本政府代表）、Kwan Hyun Suk 教授（韓国政府代表）であった。ハーグ条約予備草案の参考文献としては、道垣内正人「ミックス条約としての国際裁判管轄及び外国判決承認執行条約案の作成(上)(中)(下)─ハーグ国際私法会議二〇〇〇年条約案」ジュリ一一六二号（一九九九年）一〇七頁以下、一一六三号一三〇頁以下、一一六四号一一八頁以下、同「『民事及び商事に関する裁判管轄権及び外国判決に関する条約準備草案』について」ジュリ一一七二号（二〇〇〇年）八二頁以下、同「『民事及び商事に関する裁判管轄権及び外国判決に関する条約準備草案』仮訳」ジュリ一一七二号（二〇〇〇年）九〇頁以下、ピーター・ナイ＝ファウスト・ポカール（道垣内正人＝織田有基子訳）「民事及び商事に関する国際裁判管轄権及び外国判決の効力に関する特別委員会報告書」際商二九巻二号（二〇〇一年）一六四頁以下、二九巻三号三五〇頁以下、二九巻四号四七四頁以下、二九巻五号六一八頁以下、二九巻六号七五一頁以下、二九巻七号八七三頁以下、ハーグ国際私法会議特別委員会については、道垣内正人「『民事及び商事に関する裁判管轄権及び外国判決に関する条約準備草案』を採択した一九九九年一〇月のヘーグ国際私法会議特別委員会の概要」際商二八巻二号（二〇〇〇年）一七〇頁以下、二八巻三号三〇七頁以下、二八巻四号四六六頁以下、二八巻五号六〇四頁以下、二八巻六号七三五頁以下、二八巻七号八六〇頁以下、二八巻八号九八八頁以下、小出邦夫「ヘーグ国際私法会議の『民事及び商事に関する国際裁判管轄及び外国判決の効果に関する特別委員会』の概要（上）（下）」際商二七巻一〇号（一九九九年）一一四二頁以下、二七巻一一号一三一〇頁以下、条約案の修正等については、小川秀樹＝小堀　悟「『民事及び商事に関する裁判管轄及び外国判決に関する条約準備草案』をめぐる問題」ＮＢＬ六九九号（二〇〇〇年）二一頁、道垣内正人「ハーグ裁判管轄外国判決条約案の修正作業—外国会議の延期と打開案の模索」ジュリ一一九四号（二〇〇一年）七二頁以下、そのほかの参考文献としては、金融法委員会「『民事及び商事に関する裁判管轄及び外国判決に関する条約準備草案』について」際商二九巻二号（二〇〇一年）一六一頁以下、関西国際民事訴訟法研究会「民事及び商事に関する裁判管轄並びに判決の執行に関するブラッセル条約公式報告書」際商二七巻七号（一九九九年）七五二頁以下、二七巻八号九三九頁以下、二七巻九号一〇五五頁以下、二七巻一〇号一一八一頁以下、二七巻一一号一三二九頁以下、二七巻一二号一四四〇頁以下、二八巻一号（二〇〇〇年）四二頁以下、二八巻二号一九二頁以下、二八巻三号三一二頁以下、二八巻四号四七二頁以下、二八巻五号六〇九頁以下、二八巻六号七四〇頁以下、二八巻七号八六五頁以下、二八巻八号九九四頁以下、二八巻九号一一三四頁以下、二八巻一〇号一二六六頁以下、二八巻一一号一四〇六頁以下、二八巻一二号一五二八頁以下、二九巻一号（二〇〇一年）一〇一頁以下、二九巻二号二三一頁以下、二九巻三号三六〇頁以下、関西国際民事訴訟法研究会「民事及び商事に関する裁判管轄並びに判決の執行に関するルガノ条約公式報告書（全訳）」際商二九巻四号（二〇〇一年）四八四頁以下、二九巻五号六二三頁以下、二九巻六号七五五頁以下、二九巻七号八七七頁以下、田中美穂「企業の事業活動形態と国際裁判管轄権—英国、ドイツ、ブラッセル条約における展開と日本法への示唆」阪法四八巻二号（一九九八年）、吉川達夫「米国子会社の親会社に対する対人管轄と実務」際商二七巻六号（一九九九年）六一三頁以下参照。

（38）本条約はミックス条約であり、二〇〇一年六月の第一回外交会議でもこの基本構造は承認された。ミックス条約とは、管轄原因をホワイト、グレイおよびブラックの三つに分け、ホワイトおよびブラックについてはリストを作成する。ホワイト・リストに記載された事項については、締約国は、条約上、管轄原因が認められる。その管轄原因にもとづいて下された判決については、他の締約国は、これを承認・執行する義務を負う。ブラック・リストに記載された事項については、いずれの締約国もそれにもとづく裁判管轄は認められない。グレイ領域についてはリストがなく、締約国は、自国の認める管轄原因にもとづいて裁判管轄を認定することができる。しかし他の締約国は、その判決を承認執行する義務がないとするものである（道垣内・前掲（注37）「ミックス条約（上）」ジュリ一一六二号一〇八頁参照）。

(39) 道垣内・前掲（注37）「修正作業」ジュリ一一九四号七二頁以下参照。

(40) 草案の訳文は、道垣内・前掲（注37）「仮訳」ジュリ一一七二号九〇頁以下による。

(41) ナイ＝ポカール（道垣内＝織田訳）・前掲（注37）際商二九巻二号一七六頁参照。

(42) ナイ＝ポカール・前掲（注37）際商二九巻二号一七七頁参照。

(43) ナイ＝ポカール・前掲同頁。

(44) ナイ＝ポカール報告書の公表前に執筆された道垣内・前掲（注37）「条約案の作成（中）」ジュリ一一六三号一三二頁の（注29）によると、『業務の中心地』はフランス語では principal établissment であり、利益を上げている主たる市場地とか主力工場のある地ではなく、業務全体の管理をしている地であって、『中央統轄地』との違いは明確ではない」と指摘されていた（前掲（注37）の大阪大学大学院主催の国際シンポジウムにおいても、道垣内教授の同じ発言があった）。英米法においても principal place of business は principal office と同意語に使用されている（BLACK'S LAW DICTIONARY 747 (abr. 6th ed. 1991)）。しかし他方において place of business は営業活動地の意味をも有しているのである（*Id.*at 795）d号の場合、報告書の説明からすれば、主たる営業活動地というべきではないだろうか。

(45) ナイ＝ポカール・前掲（注37）際商二九巻四号四七四頁。

(46) ナイ＝ポカール・前掲同頁。

(47) 高桑　昭＝江頭憲治郎・国際取引法〔第二版〕（青林書院　初版一九九一年・二版一九九三年）三五三頁〔中田裕康〕。

(48) ナイ＝ポカール・前掲（注37）際商二九巻四号四七五頁。

(49) ナイ＝ポカール・前掲四七六頁。

(50) 中間試案は、商事一五九三号（二〇〇一年）二八頁以下、法務省民事局参事官室「商法等の一部を改正する法律案要綱中間試案の解説」商事一五九三号五頁以下参照。

(51) ナイ＝ポカール・前掲（注37）際商二九巻五号六二〇頁。

(52) 道垣内・前掲（注37）「修正作業」ジュリ一一九四号七四頁、七八頁。

(53) ナイ＝ポカール・前掲（注37）際商二九巻五号六二〇頁。

五　結　語

本章においては、被告外国会社に特有な管轄原因を中心に考察を行った。そのほか重要な管轄原因としては、合意管轄、応訴管轄、不法行為地、財産所在地、義務履行地および関連請求管轄がある。

本章を要約すると、つぎの通りである。

① 基本的立場としては、管轄配分説の内の国際裁判管轄権独自説にたつ。

② 被告外国会社の普通裁判籍は、設立準拠法所属国にある。

③ 会社属人法につき設立準拠法主義を前提とする場合、事実上の本店所在地国と設立準拠法所属国とが異なるとき、事実上の本店所在地国は、会社の取引および不法行為に関する訴えについて裁判管轄権が認められる。会社の組織法上の事項については、単一法によって規律することを要する事項とそうでない事項とを分けて考察すべきである。

④ 駐在員事務所が、例外的に継続的営業活動を行った場合、契約締結地の要素が加わることによって管轄を認めることができる。

⑤ 在日営業所の場合、裁判外の行為すなわち在日営業所を拠点として日本の代表者が行った国内および国際取引については、わが国の裁判管轄権が及ぶ。裁判上の行為については、外国の本支店の行った行為のすべてに及ぶ。ただし外国会社の法人格の存否および内部事項に関する訴えは除く。

⑥ 在日子会社の場合、在日子会社がわが国で営業活動を行っているとの理由で、当然には外国親会社にたいし

てわが国の裁判管轄権が及ぶものではない。しかし全額出資子会社であって法人格否認の法理が適用される場合には、外国親会社に対するわが国の管轄権が認められる。

⑦　在日代理店の場合、代理行為に基づく被告外国会社の権利・義務に関する訴えについて、わが国の管轄が認められる。ただし特約店は除く。

⑧　ハーグ条約については、特別委員会報告書をてがかりに、会社に関する管轄原因の若干の問題点を考察した。ハーグ条約は、わが国がこれを批准するか、批准しないかにかかわらず、今後、国際裁判管轄権理論の発展に重要な役割を果たすことになると思われる。

〔追記〕「四　近時の国際的動向」脱稿後、国際私法学会第一〇五回大会（二〇〇一年一〇月一五日開催）の報告要旨集に接した。報告レジメである道垣内正人「ハーグ裁判管轄条約案をめぐる状況と日本にとっての問題点」によると、条約準備草案の内容についての対立は深刻であり、二〇〇一年六月の第一回外交会議では、裁判管轄規定についてほとんど決定されるところがなく、第二回外交会議は二〇〇二年末までは開催しないことが決定されたとのことである。（詳細は、道垣内正人「裁判管轄等に関する条約採択をめぐる現況（上）（下）ジュリ一二一一号（二〇〇一年）八〇頁以下、ジュリ一二一二号八七頁以下参照）。前記大会でのシンポジウム「『民事及び商事に関する裁判管轄権及び外国判決に関する条約案』の検討」では、前述の道垣内教授のほか、野村美明「米国の裁判管轄ルールからみたハーグ管轄判決条約案」、渡辺惺之「ヨーロッパの視点をふまえた条約案の問題点の検討」、川村　明「渉外法律実務からみた条約案」の研究報告が行われた。なお最新の文献として、松岡　博・国際私法／国際取引法判例研究　Ⅰ国際裁判管轄（大阪大学出版会　二〇〇一年）二頁以下がある。

第八章　米国州外会社に対する裁判管轄権

——内部事項理論——

一　緒　論

まず具体的設例からはじめよう。

主たる営業所および営業活動地をニューヨーク州内に有するデラウェア会社は、二種類の株式すなわち優先株と普通株を発行していたが、経営が赤字に転落したので、取締役会は一方において資本を減少するとともに、他方、配当につき従来の優先株よりも上位である新優先株発行を決議し、株主総会もこの取締役会の提案を承認した。ニューヨーク州居住の旧優先株保有者は、この取締役会の提案により自己が保有する株式の価値が減少するとして、会社の新優先株発行禁止の差止命令を求めてニューヨーク州裁判所に訴えを提起した。これに対して被告会社は、この訴えが会社の内部事項に関するものであることを理由に、ニューヨーク州裁判所が裁判管轄権の行使を辞退すべきである、と抗弁した。かかる場合、ニューヨーク州裁判所は、裁判管轄権を行使して本案判決をなすべきか、それとも裁判管轄権の行使を辞退して訴えを却下すべきであろうか(1)。

(一)　右設例を検討するためには、第一に、ニューヨーク州が原告および被告に対して裁判管轄権(2)を有することが前提である。かりに裁判管轄権が欠缺している場合、訴えは当然に却下されるから、本章における問題とはならない。裁判管轄権が認められる場合については、アメリカ抵触法第二リステイトメント[3]（以下、リステイトメントと略称）がつぎのような事項をあげている（二七―五二）。すなわち会社については、会社の設立（四一）、裁判管轄権の同意（四三）、訴状受領代理人の選任（四四）、被告としての出頭（四五）、原告としての出頭（四六）、営業活動（四七、四八）、不法行為（四九）、他州[4]でなされた行為の結果の発生（五〇）、不動産・動産の所有、使用および占有（五一）その他裁判管轄権の行使を相当と認める場合（五二）である。自然人については、滞在（二八）、ドミサイル（二九）、居所（三〇）、国籍または市民権（三一）、裁判管轄権の同意（三二）、被告としての出頭（三三）、原告としての出頭（三四）、営業活動（三五）、不法行為（三六）、他州でなされた行為の結果の発生（三七）、不動産・動産の所有、使用および占有（三八）その他裁判管轄権の行使を相当と認める場合（三九）である。[5]先の設例においてデラウェア会社は、被告としての出頭や裁判管轄権の同意をすればもちろんのこと、ニューヨーク州において営業活動を行い、主たる営業所を有する（不動産・動産の所有、訴状受領代理人の選任）のであるから、ニューヨーク州裁判所の裁判管轄権に服することは明らかである。他方、原告は訴訟の提起によりニューヨーク州裁判所の裁判管轄権に服することになる。なお被告会社は、デラウェア州法にもとづいて設立された会社であるから、デラウェア州裁判所の裁判管轄権にも服するのである。

(二)　ところで訴えられた裁判所が裁判管轄権を有するとしても、会社の内部事項といわれるものについては、裁判所は自己の裁量により管轄権の行使を辞退することができる、とのルールが判例上形成されてきた。これが本章でとりあげる内部事項ルール（internal affairs rule）である。内部事項とはなにかについてリステイトメント三一三条注解a項[6]は「会社、株主、取締役、役員または代理人の相互関係をいう」と述べている。同条の起草者により注記された判例をみると、株主の会社に対する訴えが多く目につくが、会社の取締役に対する訴えや取締役の他の取締役に対する訴えも若干みられる。しかし会社の内部事項に属する争点であっても、内部事項であるがゆえに自動的に訴えが却下されるのではなく、争点いかんによっては訴えられた裁判所で本案の審理が行われている。そこで問題となる点は、会社の内部事項の内、いかなる事項が審理され、いかなる事項が審理されないか、その判断基準を具体的な判例の検討を通じて明らかにすることである。それとともにその判断基準の法的根拠および他のルールとの関連性の検討が必要である。(7)

（1）Harr v. Pioneer Mechanical Corp., 65 F. 2d 332 (2d Cir.1933) を参考とした設例である。

（2）アメリカ合衆国における裁判管轄権（jurisdiction）が、裁判権ないし国際裁判管轄権に近いことについては、小林秀之・アメリカ民事訴訟法一七頁以下。

（3）Restatement, 2d Conflict of Laws §27—52.

（4）厳密にいうと、他州と訳すのは正確ではない。なぜなら州のほかにコロンビア地区、プエルト・リコ自治領、グアムおよびヴァージン諸島が含まれているからである（拙稿「アメリカ合衆国における州外会社」(一)北九州一四巻三号九五頁）。しかし本章では、問題を簡単にするために州を代表的事例としてとりあげることにしたい。

（5）これらは対人管轄権である。対物管轄権については、抵触法第二リステイトメント五六条—六八条に述べられている。合衆国においては沿革上、対人管轄権と対物管轄権とが形成されてきたが、この点については、坂本正光・アメリカ法における人的管轄権の展開七頁以下が詳細に検討している。なお小林・前掲（注2）二三頁以下、M・D・グリーン・（訳）小島武司＝椎橋邦雄＝大村雅彦・体系アメリカ民事訴訟法三一頁以下参照。裁判管轄権に関する抵触法規定の翻訳については、アメリカ抵触法リステイトメント研究会「〈邦訳〉アメリカ抵触法第二リステイトメント（三）（四）」民商七四巻一号一三六頁以下、七四巻二号一四九頁以下参照。

（6）Restatement, 2d Conflict of Laws §313 cmt. a. 第三一三条の本文、注解および判例については、拙稿「アメリカ合衆国における州外会社（三）——アメリカ抵触法第二リステイトメント」北九州一九巻四号四九頁以下。

（7）河村博文・外国会社の法規制一六頁以下は、内部事項ルールについて簡単に触れている。

二　内部事項に関する判例

（一）　裁判管轄権の欠缺から行使へ

古い判例においては、内部事項に関する訴えの審理を拒絶する場合、つぎのように裁判管轄権の欠缺をその根拠として表明している。「メリーランド制定法（州内で営業活動を行ういかなる州外会社も州内における取引につきメリーランド州裁判所に訴えられる責任がある、との規定）の意図するところは、わが州裁判所に州外会社の内部事項に対して裁判管轄権を与えるものではなく、またわが裁判所は州外会社の内部事項に対して内部事項監督権[8]（visitorial power）を有せず……かかる権能は会社の設立州のみに帰属する」（North State Copper & Gold Min. Co. v. Field, 64 Md. 151, 20 A. 1039 (1885).）。

しかし内部事項に関するその後の判例では、便宜（convenience）、効率（efficiency）もしくは公正（justice）を考慮すると設立州の裁判所[9]が適切な法廷として指定される、という場合でない限り裁判管轄権が行使されるという傾向にある。「便宜、効率もしくは公正を考慮した結果、会社のドミサイルを有する州の裁判所が適切な法廷として指定される場合でない限り、訴訟当事者は、株主だからという理由で排除されるべきではない[10]」。（Travis v. Knox Terpezone Co., 215 N. Y. 259, 109 N. E. 250 (1915).）。このような判例のルールをリステイトメント三一三条はつぎのように述べた。「裁判所は、州外会社の内部事項に関する訴えにつき裁判管轄権を行使する。ただし裁判所が、その審理のために不適切（inappropriate）または不便宜[11]（inconvenient）な場合を除く」。

（二）　内部事項に対する裁判所の態度

(1)　訴えを審理するもの

裁判所は、州外会社に関するつぎの内部事項の訴えを審理している。

a　会社の帳簿上、株式の移転をなすよう求める訴え

〔1〕　株式譲受人による株式発行請求事件

Shaw v. Goebel Brewing Co., 202 F. 408 (6th cir. 1913). 営業活動をミシガン州で行い、取締役の一部および役員がミシガン州に居住しているイギリス会社の株式譲受人が、会社を相手として、自己の株式所有の確認および自己に株式の再発行をするよう求めてミシガン連邦地方裁判所に訴えを提起した事件で、被告は裁判管轄権の行使について争わなかった。裁判管轄権を行使。

〔2〕　株式譲受人による名義書換請求事件

Travis v. Knox Terpezone Co., 215 N. Y. 259, 109 N. E. 250 (1915). ニューヨーク州に営業所を有するニュージャージー会社の株式の譲受人（ニューヨーク州居住者）が、会社を相手として名義の書換と新株券の交付を求めてニューヨーク州裁判所に訴えを提起した事件で、被告は裁判管轄権の行使を争った。裁判管轄権を行使。

〔3〕　株式譲受人による名義書換請求事件

Evans v. R. W. Evans & Co., 284 Pa. 126, 130 A. 315 (1925). ペンシルヴェニア州で全営業を行い、主たる営業所、記録の保管場所および役員の居住地も同州内にあるデラウェア会社の株式譲受人が、会社を相手として株主名簿上の株式移転の記載および自己に株式の発行をなすよう求めてペンシルヴェニア州裁判所に訴えを提起した事件で、被告は裁判管轄権の行使を争った。裁判管轄権を行使。（判旨）①被告会社はデラウェア会社であるが、全営業、主たる営業所、記録の保管場所および役員の居住地がペンシルヴェニア州にあり、②株式譲渡の実行は、たんに職務執行上の（ministerial）ものであり、それは会社に対する要求ではなくて会社の役員に対する要求である。したがって内部事項の運営に対する干渉ではない。

〔4〕　株式譲受人による名義書換請求事件

Fuller v. Ostruske, 48 Wash. 2d 802, 296 P. 2d 996 (1956). ワシントン州内に事務所所在地、役員・取締役の居住地、株主名簿などの帳簿保管場所を有するアラスカ会社の株式譲受人が、譲渡人を相手として株式売買契約の特定履行を求める訴えと、会社を相手として株主名簿上、株式移転を命ずる職務執行令状発給を求める訴えとを併合して、ワシントン州裁判所にこれらの訴えを提起した事件で、被告会社は裁判管轄権の行使を争った。裁判管轄権を行使。(判旨) 会社の内部事項の運営に関する問題であるか否か、一線を画することは困難であるが、州外会社に株式の移転を登録するよう命ずる職務執行令状の発給を求める訴えは、会社の内部事項に対する干渉を構成するものではない。株式移転の登録手続きは、たんに職務執行上のものであって内部事項の運営に対する干渉ではないからである。

――筆者コメント　以上の判例から考察されるように、株式譲受人の名義書換および株式発行請求の訴えは、会社の内部事項の運営 (management of the internal affairs of the corporation) に対する干渉ではない、というのが確立されたルールである。株式譲受人の名義書換および株式発行の請求は、譲受人と会社との関係であり、これは会社の内部事項の範囲に属する。しかし判例は、会社が譲受人を株主として登録することは会社の職務執行上の行為であることを理由に、内部事項に対する干渉とはならず、したがって裁判管轄権を行使してよいとするのである。このように内部事項理論は、会社の内部関係に属する事項であっても、内部事項に属するという理由のみで直ちに裁判管轄権行使を辞退するものではない。

b　会社帳簿の閲覧の許可を求める訴え

〔5〕　株主による帳簿閲覧請求事件

Wise v. H. M. Byllisby & Co., 285 Ill. App. 40, 1 N. E. 2d 536 (1936). イリノイ州に支店・営業所の所在

地、会社の記録保管場所および役員の居住地を有するデラウェア会社の株主が、会社および会社役員を相手として、帳簿の閲覧を許すよう職務執行令状の発給を求めてイリノイ州裁判所に訴えを提起した事件で、被告らは裁判管轄権の行使を争わなかった。裁判管轄権を行使。

〔6〕　株主による帳簿閲覧請求事件

Kahn v. American Cone & Pretzel Co., 365 Pa. 161, 74 A. 2d 160 (1950). ペンシルヴェニア州内に支店所在地、会社の帳簿・記録の保管場所、営業活動地および役員居住場所を有するウェスト・ヴァージニア会社の株主が、会社および会社役員を相手として帳簿および記録の閲覧を許すよう職務執行令状の発給を求めてペンシルヴェニア州裁判所に訴えを提起した事件で、被告らは裁判管轄権の行使を争った。裁判管轄権を行使。（判旨）州裁判所が、州外会社の内部運営もしくは内部事項を規制しまたは干渉する裁判管轄権を行使することはない。しかし裁判管轄区域内にある州外会社の帳簿および記録を閲覧する権利を認めることは、内部事項の干渉となるものではない。

〔7〕　株主による帳簿閲覧請求事件

Stoopack v. George A. Fuller Company, 18 Misc. 2d 977, 190 N. Y. S. 2d 569 (1959), aff'd 9 A. D. 2d 605, 191 N. Y. S. 2d 356 (1st Dep't 1959). ニューヨーク州で営業活動資格を取得し、事務所所在地および会社の記録保管場所を同州内に有するニュージャージー会社の株主が、ニューヨーク州制定法にもとづき、会社を相手として、会社の帳簿・記録の閲覧を求めてニューヨーク州裁判所に訴えを提起した事件で、被告は裁判管轄権の行使を争わなかった。裁判管轄権を行使。

〔8〕　株主による帳簿閲覧請求事件

Donna v. Abbotts Dairies, Inc., 399 Pa. 497, 161 A. 2d 13 (1960). ペンシルヴェニア州で営業活動を行う

メリーランド会社の株主が、会社を相手として、会社の帳簿の閲覧を許可するよう職務執行令状の発給を求めてペンシルヴェニア州裁判所に訴えを提起した事件で、被告は裁判管轄権の行使を争った。裁判管轄権を行使。（判旨）ペンシルヴェニア州最高裁は、州外会社の内部事項を規制しまたは干渉する目的で裁判管轄権を行使することはないが、裁判管轄区域内にある州外会社の帳簿および記録の閲覧の権利を承認することは、前述のルールに反するものではない[12]。

——筆者コメント　以上のように株主による帳簿閲覧請求権の行使も、内部事項の運営に対する干渉とはならない、というルールが確立している。ただ閲覧請求権の対象となる会社の帳簿および記録は、訴えられた裁判所の裁判管轄区域内にあることが条件とされている。

c　会社による取締役の責任を追及する訴え

〔9〕　会社による取締役貸付金返還請求事件

National Lock Co. v. Hogland, 101 F. 2d 576 (7th Cir. 1939). デラウェア会社の社長兼取締役であり、かつ会社の株主である者が（イリノイ州市民）、会社からデラウェア会社法上禁止された金銭の貸付を受け、取締役会はこの金銭の返還義務を免れさせるため、社長に対して貸付金額と同額の賞与の支払をなすことを決議した。新しい取締役が選任された後、社長に対して金銭の返還を求め、同時に決議に同意した取締役の連帯責任を求めて、会社がイリノイ州連邦裁判所に訴えを提起した事件で、被告は裁判管轄権の行使を争った。裁判管轄権を行使。（判旨）衡平法裁判所としての事実審裁判所は、賞与債権に関して詐欺または不正の争点を決定する裁判管轄権を有する。なぜなら違法な会社資金の流用という原告の主張に対して被告が賞与債権を主張するとき、賞与の支払に関する詐欺または不正の争点は重要問題[13]（material question）となるからである。

〔10〕　株主代表訴訟による取締役の対会社責任請求事件

Upson v. Otis, 155 F. 2d 606 (2d. Cir. 1946). A社の支配株主兼取締役である者が、A社を通じてその子会社であるB社および孫会社であるC社を支配し（三社ともデラウェア会社）、B・C二社の取締役も兼ねていたが、C社を通じて訴外第三者から市場価格より安く株式を購入させ、さらにC社から自己に株式を転売させた（購入資金もC社が融資）。取締役は後日、株式を第三者に売却して利益をえたので、A社の少数株主が、取締役の会社に対する信任義務違反を理由に、A・B・C三社に生じた損害の回復を求めてニューヨーク連邦地方裁判所に代表訴訟を提起した事件で、被告は裁判管轄権の行使を争わなかった。裁判管轄権を行使。(14)

〔11〕 会社による取締役の対会社責任請求事件

Beacon Wool Corp. v. Johnson, 331 Mass. 274, 119 N. E. 2d 195 (1954). マサチューセッツ州に営業所を有するデラウェア会社は、取締役が三名いたものの、実質は全株式を所有する社長によって全面的に支配されていたが、社長が死亡する前に取締役会の決議をへて取締役および従業員に利益配分賞与を行う旨宣言していた。取締役二名は、社長の死亡により会社業務の大部分が消滅することを知りながら、前述賞与の支払を行ったので、会社が、取締役二名を相手として、会社に対する信任義務違反を理由に賞与相当金額の回復を求めてマサチューセッツ州裁判所に訴えを提起した事件で、被告は裁判管轄権の行使を争わなかった。裁判管轄権を行使。(15)

〔12〕 株主代表訴訟による取締役の対会社責任請求事件

Perlman v. Feldmann, 219 F. 2d 173 (2d Cir. 1955), cert. den. 349 U. S. 952 (1955). ケンタッキー州およびオハイオ州で営業活動をするインディアナ会社の社長兼取締役であり、かつ支配株主である者が、自己の支配株式を会社の取引先に売却し、取引先の指名する者を取締役に任命する取締役会決議を行った。そこで少数株主が、社長の取得した株式の対価には、会社製品の割当を決定する権限の対価が含まれており、かかる利得をなすことは、会社および少数株主に対して信任義務に違反することを理由に、社長を相手として、違法な利得の返還を求めてコ

ネティカット連邦地方裁判所に代表訴訟を提起した事件で、被告は裁判管轄権の行使を争わなかった。裁判管轄権を行使。(16)

――筆者コメント　以上の判例からわかるように、会社による取締役の対会社責任の訴えについては、裁判所は裁判管轄権を行使する、というのが判例のルールである。後述するように会社の組織構造（organic structure）に関する訴えは、内部事項の運営に対する干渉になるとして、裁判所は裁判管轄権の行使を辞退する。取締役は取締役会という会社機関の構成員であり、ここでとりあげた事案は、機関構成員たる取締役の地位と関連するものである。しかし取締役の選任の有効性などのように、機関構造そのものが問題となっているのではなく、会社に対する信任義務違反としての取締役個人の責任が問題となっているのである。

d　配当の宣言および支配を求める訴え

〔13〕　優先株主による配当の宣言および支払請求事件

Guttmann v. Illinois Cent. R. Co., 91 F. Supp. 285（E. D. N. Y. 1950). シカゴ（イリノイ州）に終点をもつ鉄道を所有・経営していたイリノイ会社は、優先株に対する配当相当金額が会社内に確保されていたにもかかわらず、配当の宣言および支払をしなかったので、ニューヨーク州に居住する優先株主が、自己および他の優先株主を代表して優先株に対する取締役会の配当宣言および支払を求めてニューヨーク連邦地方裁判所に訴えを提起した事件で、被告は裁判管轄権の行使を争わなかった。裁判管轄権を行使。(17)

――筆者コメント　前述のように〔13〕の事案においては、配当宣言および支払を求める訴えに対して裁判管轄権を行使している。しかしリステイトメント三一三条注解C項では、この判例の立場とは異なり、州外会社の取締役に配当宣言をなさしめる旨の訴えは、審理を拒絶することができるとしている。(18) すなわち注解C項では、争点が会社の組織構造または内部運営（internal administration）に密接に関連すればするほど、訴えは審理されることが少なくなるとし、その事例の一つとして配当宣言をあげているのである。

(2)　訴えの審理を拒絶するもの

裁判所は、つぎの種類の訴えに対しては裁判管轄権の行使を拒絶している。

a　株式発行の差止または株式の取消を求める訴え

〔14〕　優先株主による普通株取消請求事件

Allen v. Montana Refining Co., 71 Mont. 105, 227 P. 582 (1927). モンタナ州で営業活動資格を取得し同州内に会社財産を有するデラウェア会社（役員・取締役および議決権過半数所有の株主はモンタナ州外に居住）は、会社の設立当時、発起人に対して事実上無価値の不動産上の権利と交換に普通株式を発行していたが、会社が優先株に対して配当をせず償還もしないので、モンタナ州に居住する優先株主が、会社を相手として、全社外普通株式の取消を求めてモンタナ州裁判所に訴えを提起した事件で、被告は裁判管轄権の行使を争った。訴え却下。（判旨）財産と交換に普通株式を移転する取締役の行為は、株主たる資格における原告に対して影響を及ぼすものであり、原告個人の権利に影響を及ぼすものではない。したがって内部事項である。[19]

――筆者コメント　内部事項の概念を明らかにしたリーディング・ケースは、前述（二㈠）した North State Copper & Gold Min. Co. 判決である。これは株主が、州外会社の取締役により株金未払込を理由に株主権の喪失を宣言されたので、州外会社を相手として、取締役による株金未払込請求の無効を主張し、株主の地位を回復するよう職務執行令状の発給を求めて訴えを提起した事案である。判決は内部事項の概念についてつぎのように述べている。「訴えられた〔被告の〕行為が、会社の構成員（株主、取締役、社長その他の役員）たる原告の資格においてのみ原告に影響を及ぼす場合で、かつ訴えられた行為が――株主総会においてか、または代理人もしくは取締役会を通じてか――会社の行為であるとき、かかる〔被告の〕行為は会社の内部事項の運営である。この行為が州外会社の場合には、わが裁判所は裁判管轄権を行使しない。しかしながら訴えられた州外会社の行為が、原告の個人の権利にのみ影響を与える場合には、――訴訟原因がわが州で生ずるときはいつでも――わが裁判所は裁判管轄権を行使するのである」。

〔15〕 株主による株式発行差止請求事件

Rogers v. Guaranty Trust Co., 288 U. S. 123 (1933). ニュージャージー州、ニューヨーク州ほか合衆国の内外で営業活動を行い、ニューヨーク州に主たる営業所を設置し、会社首脳部所在地、会社の記録保管場所も同州内に有するニュージャージー会社が、取締役および従業員に対し勤務に対する報酬として株式を発行する計画をたてたところ、ニューヨーク州に居住する株主が、比例的新株引受権を主張して、株式発行計画実行の差止を求めてニューヨーク州裁判所に訴えを提起し、後日、ニューヨーク連邦地方裁判所に移送された事件で、被告は裁判管轄権の行使を争った。連邦最高裁は、本案を審理した原審判決を破棄し、訴えを却下した連邦地裁に事件を差し戻した。(判旨) 株式発行契約を実施するためにとられる手段は、被告会社の内部事項の行為と運営を構成する。州裁においても連邦裁においても、ある州に存在する裁判所は、差止命令その他により州外会社の運営に干渉したりコントロールすることを差し控え、かかる事項についての紛争をドミサイルのある州に任せる、ということが長らく確立された原則である (North State Copper & Gold Min. Co. 判決を引用)」。

〔16〕 普通株主による優先株発行取消請求事件

Sternfeld v. Toxaway Tanning Co., 290 N. Y. 294, 49 N. E. 2d 145 (1943). ノース・カロライナ会社の普通株主が、自己および普通株主全員のために、会社を相手として、優先株の発行無効の宣言および優先株の発行手続の取消を求めてニューヨーク州裁判所に訴えを提起した事件で、被告は裁判管轄権の行使を争った。州最高裁は、本案を審理した原審判決を破棄。(判旨) わが州裁判所の判決は、他州法にしたがって行われた株式再構成手続

(recapitalization proceedings) を取り消さなければ、あるいはその手続にしたがって発行された株式を取り消さなければ――すなわち州外会社の内部事項または〔内部〕運営に対する干渉をしなければ――これを強行することができない。かかる事情の下では、わが裁判所は裁判管轄権を行使しないであろう（〔2〕〔15〕判決を引用）。

b　配当の宣言を求めまたは配当宣言の無効を求める訴え

〔17〕　株主による配当金支払請求事件

Hogue v. American Steel Foundries, 247 Pa. 12, 92 A. 1073 (1915). ニュージャージー会社は、既発行の優先株および普通株をすべて新普通株と交換する株式再構成計画を実施したが、この計画に反対する旧株主には配当宣言および支払をしなかった。そこで計画反対の旧優先株主が、旧株券記載の条件にしたがって配当金相当額の支払を求めてペンシルヴェニア州裁判所に訴えを提起した事件。被告は裁判管轄権の行使を争った。州最高裁は、訴え却下の原審判決を確認。（判旨）原告の訴えを決定するには、株式再構成計画の有効性の調査・決定を要するが、これは地域実質法（ニュージャージー法）にしたがって効力を生ずるもので、ニュージャージー州裁判所が決定することである。また原告が訴える会社の行為は、たんに原告自身の個人的権利に影響を及ぼすものではなく、当該計画に同意しないすべての優先株主の権利に関するものであって、この計画の合法性の審理は、州外会社の内部事項の運営への干渉となる。

〔18〕　株主による配当金支払請求事件

Goldstein v. Lightner, 266 App. Div. 357, 42 N. Y. S. 2d 338 (1st Dep't 1943), aff'd 292 N. Y. 670, 56 N. E. 2d 98 (1944). ニュージャージーの会社の株主が、剰余金の一部を配当として支払うよう求めてニューヨーク州裁判所に訴えを提起した事件。被告は裁判管轄権の行使を争った。州中間上訴裁判所（上訴部）は、訴え却下の原審判決を確認。（判旨）訴訟原因は、この州裁判所が裁判管轄権の行使を辞退すべき内部運営に関するものである。

c　合併反対株主による訴え

〔19〕　合併反対株主による株価差額支払請求事件

Langfelder v. Universal Laboratories, 293 N. Y. 200, 56 N. E. 2d 550 (1944). ニューヨーク州で主たる営業活動を営むデラウェア会社は、完全所有のデラウェア子会社を吸収合併したが、合併前の基本定款には、優先株の減少を生ずる減資のときには、優先株（額面一〇〇ドル）一株につき一一〇ドルの金額を支払うこと、および累積未払の配当をなす旨定められていた。しかし合併後の基本定款の変更により、新優先株は清算価格五〇ドルとされ、また合併前生じた累積優先株配当の支払義務はない、と定められたので、ニューヨーク市内居住の優先株主が、会社を相手として、一一〇ドルと五〇ドルとの差額の支払および累積未払配当額が合併により影響を受けない旨の宣言を求めてニューヨーク州裁判所に訴えを提起した事件。被告は裁判管轄権の行使を争った。州最高裁は、訴えを却下した原審判決を確認。（判旨）合併に反対するデラウェア会社の株主の、自己が所有する株式の公表価格と清算価格との差額の回復を求める訴えについて、ニューヨーク州裁判所が裁判管轄権の行使を辞退したのは正当である。なぜなら会社の主たる営業業務の行われる営業所、および保管された会社の記録がニューヨーク州に存在する場合であっても、裁判管轄権の行使は、州外会社の内部事項の規制および運営にかかわりをもつことになるからである。

――筆者コメント　この事案に対して裁判管轄権の行使が辞退されるのは、合併が会社の組織構造に変動をもたらすからである。その意味では、前述〔17〕の事案と共通の基礎を有するといえるであろう。

d　役員に解任請求または選任無効を求める訴え

〔20〕　取締役による他の取締役の行為差止請求事件

Wason v. Buzzell, 181 Mass. 338, 63 N. E. 909 (1902). マサチューセッツ州で営業活動をなすことを授権され、同州内に営業所を有するメイン子会社には、五人の取締役が就任していたが（全員マサチューセッツ州内に居住）、その内の二人が残りの三人を相手として、自分らを取締役として承認すること、および被告が取締役としての行為をやめるよう職務執行令状の発給を求めて、マサチューセッツ州裁判所に訴えを提起した事件。被告は裁判管轄権の行使を争った。州最高裁は、訴えを却下。（判旨）この訴えにおける唯一の問題は、原告が、会社の本拠地の法律にしたがって取締役に選任されたか否か、すなわち取締役と会社との間に存在する公的関係の問題である。これは会社の内部事項の運営に関する問題にほかならない。このような問題は、会社のドミサイル所在地州の裁判所によって解決される、とするのがより良いルールである。

〔21〕　株式譲受人による取締役選任の無効宣言請求事件

Travis v. Knox Terpezone Co.（〔2〕）　株式譲受人である原告が、いくつかの主張のなかで、自己が株主総会での決議を妨げられたことを理由に、株主総会における取締役選任の無効の宣言を求めた事件。被告は裁判管轄権の行使を争った。訴え却下。（判旨）わが州裁判所は、他州で法人格を取得した会社の、株主による取締役の選任を無効とはしないであろう（〔20〕の判決を引用）。

（3）　完全擬似州外会社に関する訴え

〔22〕　株主による株式発行差止請求事件

Harr v. Pioneer Mechanical Corp., 65 F. 2d 332 (2d Cir. 1933), cert. den. 290 U. S. 673 (1933). 主たる営業所、全営業活動地および全帳簿・記録の保管場所をニューヨーク州内に有するデラウェア会社は、優先株と普通株を発行していたが、取締役会は、資本を減少するとともに配当・清算につき従来の優先株より上位の新優先株を新設し、また旧優先株の未払配当を受ける権利の廃棄を決議し、株主総会もこの提案を承認した。ニューヨーク州に居住する旧優先株の保有者は、この提案により自己が保有する株式の価値が減少するとして、会社が新優先株の発行をなすことの禁止を求め、また原告の権利確定の宣言判決を求めてニューヨーク州裁判所に訴えを提起した事件で、被告は裁判管轄権の行使を争った。連邦巡回控訴裁判所は裁判管轄権を行使。（判旨）異なった種類株式の保有者の地位に関する争いは、通常、ドミサイルの州裁判所がより大きな便宜を有する。しかし全営業活動、全営業財産および全記録がニューヨーク州に存在し、株主の権利が由来するデラウェア制定法は、すでにデラウェア州裁判所によって解釈されている場合、ニューヨーク連邦裁判所は、デラウェア会社を相手とするニューヨーク市民による株主訴訟につき裁判管轄権を行使するのである。

——筆者コメント　アメリカ合衆国においては、会社の設立につき設立準拠法主義がとられているので、会社と設立州とのつながりが会社の設立場所という点のみであって、営業活動地、営業所所在地、帳簿・記録の保管場所および取締役・役員居住地の全部またはほとんど全部が法廷地州に存在する場合がある。かかる会社を私は完全擬似州会社とよんでいる。[20]〔22〕の事案は株式再構成に関する訴えであり、本来これは内部事項に対する干渉として、裁判管轄権の行使は辞退されるべきものである（〔17〕参照）。しかしこの事案では、完全擬似州外会社についての例外を認めて、裁判所は裁判管轄権を行使したのである。

〔23〕　株主による発行株式取消請求事件

State of Iowa ex rel. Weede v. Bechtel, 239 Iowa 1298, 31 N. W. 2d 853 (1948), cert. den. sub nom. Bechtel v. Thatcher, 337 U. S. 918 (1949). 会社の全財産（銀行預金を除く）、全営業活動地および役員居住地がアイオワ州にあるデラウェア会社が、三種類の優先株（配当率が異なる）および普通株を発行していたが、従来の優先株および普通株を回収して、四種類の種類株式ごと一定の比率で新普通株を発行することとした。アイオワ州に居住する旧優先株主（形式的当事者はアイオワ州）は、被告の一人である個人株主の所有する旧普通株が、当時、旧優先株に対する未払配当累積のため無価値であったのに、旧普通株に対して新普通株を発行したとして、会社および個人株主を相手として、発行された株式の取消を求めてアイオワ州裁判所に訴えを提起した。被告は裁判管轄権の行使を争った。裁判管轄権を行使。〔判旨〕当裁判所が、裁判管轄権の行使を辞退し、原告はデラウェア裁判所に救済を求めるよう強制するとき、それは公衆およびすべての利害関係者に対して義務の怠慢となるであろう。また裁判所が会社の内部事項に干渉しないという不明瞭な原則は、現代ビジネス世界の実際的必要性の前に崩壊しなければならないのである。

(8)　visitorial power とは、会社を法的権能の範囲内にとどめる目的で会社の行為および業務の調査を行う公けの権能である。かかる権能は、会社設立州または会社設立国に独占的に帰属している（17 FLETCHER'S CYCLOPEDIA CORPORATIONS §8425）。このような権能の実質的意味をとらえて、ここでは内部事項監督権と訳すことにしたい。

(9)　設立州の裁判所には、州の裁判管轄区域を管轄する州裁と連邦裁とがこれに含まれる。訴えられた州の裁判所も同様である。州外会社が一方当事者である訴えは、州籍相違訴訟（diversity of citizenship）であるから、連邦裁の管轄権も生じ、したがって州裁と連邦裁とは競合管轄権を有することになる。州裁から連邦裁への訴えの移送については、坂本正光に「『移送による連邦裁判管轄権（Removal Jurisdiction）』についての一考察」北九州一七巻二号五三頁以下が詳しい。

(10)　Travis判決の判旨は、その後の判決に引用されている。Rogers v. Guaranty Trust Co., 288 U. S. 123 (1933)；Sternfeld v. Toxaway Tanning Co., 290 N. Y. 294, 49 N. E. 2d 145 (1943).

(11)　不便宜という用語はないが、便宜の反対語として適切な用語が見つからないので、これを用いることとした。

(12)　帳簿閲覧権に対する準拠法については、つぎのように述べている。「閲覧の条件およびその範囲は〔閲覧請求権の有無ではない—筆者注〕ペンシルヴェニア法によって規律される。なぜなら州内で営業活動を行うすべての会社の株主の閲覧権を明確にする特定法を有するからである」。このように帳簿閲覧請求権の条件およびその範囲について法廷地法の適用を求め、法廷地州内にある株主の取扱の平等をはかっている点が注目される。

(13)　重要事実（material facts）とは、事件にとって本質的であり、それなくしては支持されえない事実をいう。

(14)　取締役の信任義務に対する準拠法についてはつぎのように述べている。「ニューヨーク州においては、デラウェア会社の取締役の信任義務を決定するためには、デラウェア法を参照する、という通常の抵触法ルールが遵守されている」。

(15) 取締役の信任義務に対する準拠法について「従業員に対してなされた授権なき支払に対する、デラウェア会社の取締役の責任を決定するに際しては、デラウェア法が適用される」。

(16) 取締役および支配株主の信任義務に対する準拠法について、「インディアナ会社における取締役および支配株主の、会社および少数株主に対する信任義務は、第一にはインディアナ法にもとづいて判断される」。

(17) 配当に対する準拠法について、「配当の権利を決定するに際して適用される法律は、イリノイ法である」。

(18) RESTATEMENT, 2D, CONFLICT OF LAWS § 313 cmt.c.

(19) 内部事項に関する裁判管轄権の一般理論について、つぎのような FLETCHER'S CYCLOPEDIA CORPORATIONS § 5786 を引用している。「ある州またはある国の裁判所が、州外会社に対して内部事項監督権をもたないことは十分確立された原則であり、かかる権限は、会社を創造した州または国に独占的に帰属し、前者の州または国の裁判所は、自州または自国居住の株主の訴えについてさえ、州外会社の内部事項の運営に対して差止命令その他により干渉する裁判管轄権を有せず、州外会社の内部事項に関する問題は、会社を創造した〔後者の〕州または国の裁判所によって解決されねばならない」。

(20) 完全擬似外国会社につき、河村・前掲(注7)七四頁以下。

三 裁判管轄権行使辞退の判断基準

(一) 総説

前にも述べたように内部事項とは、会社、株主、取締役、役員または代理人相互の関係における事項である。かかる事項については、州裁判所か、連邦裁判所かを問わず、裁判所が訴訟当事者に対して裁判管轄権を有しており、かつ裁判管轄権の行使に連邦憲法上の制限がない限り、これを審理するのが通常である。[21] しかし内部事項が一定の要素を有するとき、裁判所は自己の裁量によって裁判管轄権の行使を辞退することがある。これは事実審裁判所の健全な裁量にゆだねられており、上訴によって、この辞退が破棄されることはほとんどない。[22] 裁判管轄権を行使するか辞退するかの問題は、内部事項に対していずれの州の法律を適用するか、という抵触法ルールと直接には関係がない。このことは、裁判所が裁判管轄権を行使する場合であっても、設立州の地域実質法[23]（local law）を適用している事例[24]から明らかであろう。

(二)　具体的判断基準

(1)　内部運営または組織構造

裁判所が裁判管轄権行使を辞退する場合、その根拠についてもっとも多くみられる表明は、裁判管轄権の行使が「内部事項の運営に関する干渉」（to interference with the management of the internal affairs）となる、とするものである（〔14〕〔15〕〔17〕〔19〕）。そのほか「内部事項および〔内部〕運営（internal affairs and management）に対する干渉」（〔16〕）とか、「内部運営（internal management）に対する干渉」（〔18〕〔20〕）という表明もみられる。このように判例によっては若干、その表現方法が異なるものの、意味している内容はいずれも同一であると思われる。抵触法リステイトメント三一三条注解C項は、これをinternal administration ── 内部運営 ── という用語で表現している[25]。このC項では、訴えが却下されるべき内部事項の具体例として、配当宣言、配当の有効性、株式発行の有効性、合併反対株主の公正な株価の回復をあげている。しかし説明が簡単であるため判断基準の内容はあまり明確でない。そこで本稿では、これまで紹介した判例を参考として「内部運営に対する干渉」とはなにか、を検討してみたいと思う。

内部事項の概念については、前にも触れたNorth State Copper & Gold Min. Co. 判決が参考になる（〔14〕コメント参照）。その判旨を分析するとつぎのようになる。すなわち内部事項とは、①被告の行為が原告の権利に影響を及ぼすものであり ── 被告の行為と原告の権利との因果関係の存在 ──、②原告の権利は、原告が会社の構成員（株主、取締役、社長その他の役員）たる資格において有するものであって、原告個人の権利ではなく、③被告の行為が会社の行為であるものである。まず③については、その後の判例〔〔9〕〔10〕〔11〕〔12〕〕でその範囲が拡張されている。すなわち会社が取締役を相手として訴えを提起するときは、被告たる取締役の個人責任が問題となっているのであって、会社の機関たる取締役会の構成員たる地位が問題となっているのではない。しかもこの場合、原告は会社そのものであって会社の構成員ではないから、その点では②の範囲も拡張されていることになる。

内部事項の具体的内容について手がかりとなるのは、②の「原告たる資格において有する権利」である。この点については、〔17〕および〔14〕の判決が参考となる。すなわち「原告が訴える会社の行為〔株式再構成計画〕は、たんに〔優先株主である〕原告の個人的権利に影響を及ぼすものではなく、この計画に同意しないすべての優先株主の権利に関するもので〔ある〕」〔〔17〕〕、「財産と交換に普通株を移転する取締役の行為〔第三者に対する株式発行〕は、株主としての資格における原告に影響を及ぼすもので、原告個人の権利に影響を及ぼすものではない〔〔14〕〕と述べて内部事項の運営に対する干渉となる、としているのである。このように株主の会社に対する訴えについてみると、会社の構成員〔株主〕たる資格において有する原告の権利は、原告を含めて株主全員が影響を受ける権利であるということになろう。そうすると配当宣言および支払請求〔〔13〕〕、株式取消請求〔〔14〕〕、株式発行差止請求〔〔15〕〕、株式発行無効宣言および株式発行取消請求〔〔16〕〕、株式再構成の効力〔〔17〕〕、合併における反対株主の法的地位〔〔19〕〕は、すべてこれに含まれることになる。なお例外として擬似州外会社の内部事項については訴えが審理されたが、〔22〕および〔23〕の株式再構成もこの内部事項に含まれるのである。

これに対して名義書換・株式再発行請求〔〔1〕〔2〕〔3〕〔4〕〕や帳簿閲覧権行使〔〔5〕〔6〕〔7〕〔8〕〕は、原告たる株主の株式保有者としての地位から生ずる権利であるが、会社の行為——名義書換請求や帳簿閲覧権行使の拒絶——によって株主全員が影響を受ける権利ではない。つまり原告たる株主個人の権利が問題となっているのである。ただ注意すべきは、ここにいう株主個人の権利は債権者的権利ではなく、株主たる地位にもとづく権利である、という点である。

ところで株主全員が影響を受ける権利の場合、なにゆえ訴えの審理が辞退されるのか。それはかかる内部事項の争いが、会社設立州において解決されてはじめて、結果の統一性がもっとも良く実現されるからである。[26]いいかえれば株主団体の統一的処理の要請である。[27]この統一的処理の要請は、抵触法リステイトメント三一三条注解C項において、会社設立州の利害関係と法廷地州の利害関係との比較として説明されている。すなわち内部事項についての設立州の利害関係が、法廷地州のそれよりも大きい場合の一つとしてあげられているのである。[28]

つぎに取締役選任の効力が争われている場合を検討しよう（〔20〕〔21〕）。この場合、会社における取締役の選任によって直接、原告（取締役、株式譲受人）の権利が影響を受けるわけではない。しかし取締役の選任が無効ということになれば、原告のみならず、利害関係者全員に影響を及ぼすことになる。かかる事項については、「内部運営」というよりも「機関構造」という用語がより適切であると思われる。リステイトメント三一三条注解C項は、「内部運営」のほかに「組織構造」（organic structure）という用語をつけ加えている。前述の機関構造は、この組織構造のなかに含まれると解することができよう。他方、株主の場合についてみても、株式構成や資本構成に変動をもたらす場合や、合併、株式交換、全財産譲渡などの会社再編成[29]の場合は、すべてここにいう組織構造に関する問題である。その意味では、内部運営と組織構造の用語は、その意味する範囲が異なるというよりも、従来の内部運営の概念では十分説明できない場合に、組織構造という用語で補足的説明を加えるものであるといってもよいであろう。

以上とは逆に、取締役の信任義務違反にもとづく責任が追及されている場合には（〔9〕〔10〕〔11〕〔12〕）、取締役の地位に関連する責任ではあるが、前述した機関構造に関する問題でないことは明らかであろう。

これまで考察したように、会社の内部事項の内、内部運営または組織構造に関する事項については、裁判所は裁判管轄権行使を辞退する、というのが確立されたルールである。ところがこの例外として完全擬似州外会社の問題がある（〔22〕〔23〕）。すなわち会社と設立州とのつながりが、会社の設立場所であるという点のみであって、そのほかの営業活動、営業所、帳簿・記録の保管場所、取締役・役員の居住地、株主総会・取締役会の開催地の全部またはほとんど全部が法廷地州に存在する場合、裁判所は、前述のルールに反して、内部運営または組織構造に関する事項の訴えを審理するのである。[30] これは、利害関係の比較についていえば、法廷地州の利害関係が設立州の利害関係よりも大きい場合にほかならない。

(2) 裁判所の救済を与える能力

裁判所が訴えを審理するには、その前提として、判決を下すことにより効果的（effective）かつ適正な（appropriate）救済を与える能力を有することが必要である。裁判所がかかる能力を有しないときは、訴えは通常、却下される。[31] この問題は内部事項固有の問題ではない。しかし内部事項に関連する事項をあげると、つぎのようなものがある。[32] すなわち取締役の選任が他の州で行われその選任無効を求める訴え、ある州の土地を担保とする社債が別の州で発行されるときその発行の禁止を求める訴え、他の州における州外会社の営業活動に対して裁判所による詳細かつ継続的な監督を求める訴えなどである。

(21) Restatement, 2d, Conflict of Laws §313 introductory note.
(22) *Id.* at §313 cmt. d.
(23) 地域実質法とは、適用を予定される州の法律を抵触法と実質法とに分け、後者を指すものである。詳細は、河村・前掲（注7）一八頁参照。
(24) 〔10〕〔11〕〔12〕〔13〕の判決に掲げる注を参照。
(25) Restatement, 2d, Conflict of Laws §313 cmt. c.
(26) *Ibid.*

(27)　この場合には、設立州の裁判所が設立州法を適用するであろうということが期待されており、したがって裁判管轄権行使の辞退が全く抵触法ルールと無関係である、とはいいきれないのではないかと思われる。(三(一)参照)。この点は、今後検討すべき問題であろう。
(28)　RESTATEMENT, 2D, CONFLICT OF LAWS §313 cmt. c.
(29)　河村・前掲（注7）五一頁参照。
(30)　RESTATEMENT, 2D, CONFLICT OF LAWS §313 cmt. c.
(31)　*Ibid.*; *Id.* at §85. リステイトメント三一三条注解C項は、訴えを審理するか否かを決定するに際して、この能力の有無を裁判所が第一に重要と考える要素である、としている。
(32)　RESTATEMENT, 2D, CONFLICT OF LAWS §313 cmt. c.

四　結　語

以上の考察をまとめてみると、内部事項に対する裁判所の態度は裁判管轄権の欠缺から裁判官の裁量による却下へと移行し[(33)]、訴えを審理すべきか否かの判断基準としては、内部事項の内、内部運営または組織構造に干渉する事項であり、完全擬似州外会社についてはその例外が認められ、その他の判断要素として裁判所の救済を与える能力の問題がある、ということができる。

ところで今日において裁判官による裁量却下としてもっとも重要な法理は、フォーラム・ノン・コンヴェニエンス（forum non coveniens）である[(34)]。内部事項理論はこのフォーラム・ノン・コンヴェニエンスとどう位置づけられるのであろうか。結論からいえば、内部事項は近時においてフォーラム・ノン・コンヴェニエンスの法理に包摂され、内部事項理論固有の意義はもはやあまり高くない。すなわち内部事項の問題は、フォーラム・ノン・コンヴェニエンス法理の適用に際して、種々考慮されるべき要素の一つにすぎない、とされているのである[(35)]。

フォーラム・ノン・コンヴェニエンスとは、裁判所が、その事件について裁判管轄権を有するとしても、自己がきわめて不便宜な法廷である場合、より適切な法廷が原告に利用されうることを条件に、裁判所が訴えを審理しないという法理である。[36]この法理の要素には、訴訟当事者の便宜、救済をえる緊急の必要性、設立州の裁判所に当事者を出頭させるため要する費用と遅れなどがある。[37]具体例としては、必要当事者または証人が法廷地州外にいる場合、同一争点に関する訴えが設立州において係属中である場合、もしくはいまだ解釈の示されていない設立州制定法の合憲性またはその法解釈が問題となる場合には、訴えが却下される。これに反して、株主の代表訴訟により役員・取締役・支配株主に対してかれらが会社の資産を不法に着服したという理由で訴えを提起した場合、株主が州外会社の役員に対して法廷地州に存在する会社の帳簿・資産の閲覧・検査を求める訴えの場合には、訴えは審理されるのである。[38]

(33) 内部事項理論が、最初州裁において採用され、後に連邦裁においても採用されるにいたった経緯については、Note, *The Development of the "Internal Affairs" in the Federal Courts and Its Future Under Erie v. Tompkins*, 46 COLUM. L. REV. 413 (1946).

(34) フォーラム・ノン・コンヴェニエンスにつき、グリーン・(訳) 小島=椎橋=大村・前掲 (注5) 八九頁は「裁量的移送」と訳している。たしかに連邦裁判所については、連邦裁判所の組織・管轄・訴訟手続を定める judicial code があり、その一四〇四条a項で裁量による移送を定めている。しかし州裁については、裁量による移送のルールはみあたらないので、州裁の場合を含めると、「不便宜法廷による裁量却下」と訳す方が、より適切ではないかと思う。なおつぎの文献参照。MILTON D. GREEN, BASIC CIVIL PROCEDURE 55 (1972).

(35) RESTATEMENT, 2D, CONFLICT OF LAWS §84 cmt. d.

(36) *Id.* at §84 参照。フォーラム・ノン・コンヴェニエンスについては、山本敬三「アメリカ法におけるフォーラム・ノン・コンヴェニエンスの法理」民商七四巻五号一八頁以下、江泉芳信「アメリカ合衆国におけるフォーラム・ノン・コンヴェニエンスの法理とその国際的適用」青法二一巻三・四合併号一六七頁以下、同「テキサス州の裁判管轄権をめぐる最近の問題 —— 裁判管轄理論とフォーラム・ノン・コンヴェニエンスの法理」青法三六巻二・三号参照。
(37)　RESTATEMENT, 2D, CONFLICT OF LAWS §313 cmt. c.
(38)　*Ibid.*

〔追記〕参考文献として、田中美穂「企業の進出形態と国際裁判管轄―日本とアメリカ合衆国における展開」阪法四七巻六号（一九九八年）一八九頁以下、野村美明「アメリカの州裁判管轄理論の構造と動向」阪法四九巻三・四号（一九九九年）三七七頁以下。

第九章 〈資料〉アメリカ合衆国における州外会社

――アメリカ抵触法第二リステイトメント――

はじめに

アメリカ抵触法第二リステイトメントは、第一三章において会社（Business Corporation）の章を設けている（二九六条―三一三条）[1]。抵触法における会社とは、州外会社の抵触法上の問題にほかならないが、本章は、この会社に関する第一三章をできうる限り詳細に解明することを目的とする。

リステイトメントとは、合衆国における著名な裁判官、弁護士、法律学教授から構成されるアメリカ法律協会（American Law Institute）が、大量の先例と文献から生まれたコモン・ロー・ルールを条文形式で叙述したものである。リステイトメントは第二次法的判断根拠（secondary authority）であって法そのものではないが、それはエキスパートの意見の産物として法律専門家による法の表明とみなされているのである[2]。リステイトメントは法典とは異なり、もともと法の明瞭な叙述ではなかったから、最初から条文の改正が予定されていた。抵触法第二リステイトメントは、長期にわたる草案の審議を経た[3]後一九七一年に公表されたが、一九三四年の抵触法第一リステイトメントと大きく異なる点は、起草者注として多数の判例および法律文献が掲げられていることである。条文、注および設例は引用された判例を前提としてはじめて十分な理解をすることができる。したがって本章では、起草者注に掲記された判例について、その要旨を可能な限り紹介することとした。[4][5]

(1) Restatement, 2d, Conflict of Laws §§ 296-312 (1971).

(2) William R. Roalfe (ed.), How to Find the Law 205-207 (6th ed., 1965).

(3) 州外会社草案に関しては American Law Institute, Restatement of the Law Second, Conflict of Laws, Tentative Draft No.7 §§ 152-207 (1962); Proposed Official Draft Part Ⅲ §§ 296- § 313.

(4) 判例要旨は筆者による要約である。判旨を紹介していない判例は入手できなかったものである。なお設例はすべて省略した。

(5) わが国におけるアメリカ抵触法第二リステイトメントの翻訳として、アメリカ抵触法リステイトメント研究会「〈邦訳〉アメリカ抵触法第二リステイトメント(一)―(五)」民商七三巻五号一三三頁、七三巻六号一一四頁、七四巻一号一三六頁、七四巻二号一四九頁、七四巻三号一四八頁があり(以下、抵触法(研)・民商として引用)、本章の執筆に際して多く参照した。

第一三章　会　社

序　説

(本リステイトメント) 第一三章における会社とは、合衆国を構成する各州で設立された会社を含むことはもちろんであるが、そのほかにコロンビア特別区、プエルト・リコ自治領、グァムおよびヴァージン諸島などの地域実質法[6] (local law) にもとづいて設立された会社をも含んでいる。いいかえれば本章にいう会社とは「独立した法地域」(state) において設立された会社である。[7]

国法銀行（national bank）のように連邦法にもとづいて設立された会社は、その活動が州法によって規律される範囲内において本章のルールに服する。[8][9]

連邦法にもとづいて設立された公法人、例えば商品金融公社（the Commodity Credit Corporation）、連邦預金保険公社（the Federal Deposit Insurance Corporation）、連邦刑務所産業公社（the Federal Prison Industries）、テネシー渓谷開発公社（the Tennessee Valley Authority）などに対しては、本章のルールは適用がない。また州の自治団体その他の公法人および非営利法人に対しても適用がない。

会社の属性として重要なものはつぎの通りであり、これらが抵触法のルールとしてとりあげられることになる。すなわち、①会社の第三者に対する行為または不作為における株主の責任制限、②会社の名において訴えまたは訴えられる資格、③会社代表者によって会社業務を遂行する資格、④会社の名において動産、不動産を取得、保有または取引する資格、⑤一定期間または永続して財産を承継する資格などである。[10]

（6）　local law of the state とは、抵触法によって選択された後述「法地域」の実質法（実体法および一部の手続法）であって、選択された「法地域」の抵触法準則を含む法の全体を意味するものではない（抵触法第二リステイトメント三〇二条注j項参照）。

（7）　第二リステイトメントにおける state とは「独立した法の総体を有する地域的単位」であり（§3）、具体的には合衆国の各州、コロンビア特別区、プエルト・リコ自治領、グァムおよびヴァージン諸島である（§3 cmt. a）。これには外国も含まれる。連邦は、連邦法によって規律される事項に関してはリステイトメントにいう state であるが、州の地域実質法によって規律される事項に関しては、ここにいう state ではない（§3 cmt. c）。state がこのように包括的な用語であるところから、アメリカ抵触法リステイトメント研究会ではstateを「邦」と訳している。（抵触法（研）・前掲（注5）民商七三巻五号一三六頁（田村））。しかし本章では、state の実質的意味をとらえて「独立した法地域」または「法地域」（括弧付き）と訳すこととしたい。この点拙著・外国会社の法規制一八頁注（42）を改める（「法域」という訳語も考えられるが、「法域」の用語は、地域的範囲を示す以外に、法相互間の適用範囲の意味にも用いられるので、これを使用しないことにした）。なお第二リステイトメントは、合衆国の州を示す場合には、とくに大文字で State と表示している。

（8） 州制定法が、他の州、政府または外国の法律により設立された会社を州外会社と定義づける場合は、合衆国によって設立された会社は州外会社であり、これはコモン・ロー上も正しいとされる（2 JOSEPH H. BEALE, A TREATISE ON THE CONFLICT OF LAWS §153. 6 (1935)）。

（9） 合衆国の銀行には、連邦法である National Bank Act にもとづいて設立された国法銀行（national bank）と、州の銀行法にもとづいて設立された州法銀行（state bank）とがある。National Bank Act は、国法銀行の設立、組織、権能および連邦による監督などを定めている（外立憲治・アメリカ外銀規制法（一九七九年）二〇四頁以下）。

（10） これらの属性はそれぞれ株主の有限責任、訴訟当事者能力、行為能力、権利能力および法人の永続性にほかならない。

第一節　設立、承認及び解散

第二九六条　設立要件

会社が有効に設立されるためには、その活動がどこで行われる予定であるか、またはその取締役、役員もしくは株主がどこにドミサイルを有するかを問わず、会社（business corporation）は、設立が行われる「独立した法地域」の要件に従わなければならない。(11)

第一リステイトメント第一五二条(12)（社団の設立）　団体（association）の活動地または団体構成員のドミサイルいかんにかかわらず、団体構成員が法人設立に関する「独立した法地域」の要件を遵守する場合には、法人の設立はいかなる「独立した法地域」においても行うことができる。

一　本条の注解

a項〔設立の意義〕　設立（incorporation）という用語がこのリステイトメントにおいて用いられるとき、それは会社設立の手続をいう。組織体（organization）が通常、設立によって獲得する重要な属性は、すでに序説において述べられているところである。

b項〔設立の方法〕　各々の「独立した法地域」は、その地域実質法にもとづいて会社を設立するためにいかなることがなされるべきであるかを決定する。設立の方法は地域実質法の事項であり、このリステイトメントの関係する問題ではない。ほとんどの「独立した法地域」では、会社は、一般制定法により定められた要件に従うことによって設立される。しかしながら若干の「独立した法地域」では、会社は特別法により設立されることができる。他方において若干の州憲法では、かかる性格の特別法を禁止している。

c項〔州内会社および州外会社〕　会社は、それを設立した「独立の法地域」にとっては州内会社であり、そのほかの「独立の法地域」にとっては州外会社である。

d項〔営業活動または取締役などのドミサイルと会社の設立[13]〕　会社がなんら営業活動を行わない「独立の法地域」、または取締役、役員もしくは株主の誰もがドミサイルを有しない「独立の法地域」において、会社の設立はこれをなすことができる。ただしかかる設立が、その「独立の法地域」の地域実質法により許容されていることを要する。設立を行った「独立の法地域」の設立要件がみたされているときは、会社設立の事実は、他の「独立の法地域」において承認される。

e項〔会社の行為の意義〕　このリステイトメントにおいて「会社が行為することができる」とは、会社が会社の資格において行為することができるときを意味している。

二　本条に関する判例(14)

Lancaster v. Amsterdam Improvement Co., 140 N. Y. 576, 35 N. E. 964 (1894).（ニューヨーク州市民が、ニューヨーク州において営業活動をするために、他州の法律にもとづいて会社を設立した場合〔設立者の内一名は他州市民〕、かかる会社はニューヨーク州によって有効な会社として承認される）。

Oakdale Mfg. Co., v. Garst, 18 R. I. 484, 28 A. 973 (1894).（本州市民が公民権（citizenship）を有する本州において営業活動をするために、他州の法律にもとづいて会社を設立することは、本州の法律または法政策に反するものではない）。

State v. Topeka Water Co., 61 Kan. 547, 60 P. 337. (1900).（設立州内において営業活動をすることを授権された会社は、設立証書（charter）により与えられた原権限から離脱しない限り、他の州において営業活動をなすことが許容される、という礼譲ルールが合衆国の各州間に存在する）。

Cumberland Telegraph & Telephone Co., v. Louisville Home Tel. Co., 114 Ky. 892, 72 S. W. 4 (1903).（州外会社が、市によって与えられた特権にもとづき、市に電話施設の建設を行っている場合、その会社は州裁判所に対して、その権利を保護するために訴える資格を有する。一名を除く他の会社設立者が本州の住民（residents）であること、および会社を設立した目的が他の州においてあまり厳格でない法律の適用を受けることにあるということは、訴える資格を無効とするものではない）。

三　本条等を引用した判例(15)〔抵触法第二リステイトメント刊行後〕

Nielsen v. Secretary of Treasury, 137 App. D. C. 345, 424 F. 2d 833, 842 (C. A. D. C. 1970).（支持意見において二九六条—三一〇条を引用）（キューバ会社の社外株式一、〇〇〇株の内、七五〇株を所有するキューバ難民は、キューバ資産管理規制が財務長官によって適用されるが故に、原告・上訴人の合衆国所在の会社資産に対する比例的権利の取得を禁ずる管理規制の、制定法および憲法上の有効性の判断を求めて〔コロンビア特別区〕裁判所に訴えを提起した。〔コロンビア特別区最高上訴〕裁判所は、救済の認められる権利が規定されていないとした〔原審の〕棄却判決を維持した。合衆国は、一九五〇年以降、緊急事態にあったから、財務長官の行った合衆国所在のキューバ会社の資産凍結を正当であるとされた。会社はつぎのようなキューバ会社――会社は原告の単独所有ではなく、しかも原告がキューバを離れた後も経営を続けている――であるから、難民の亡命にもかかわらず、政府は、資産をキューバのものとして取り扱う権利を有する。株主は、設立準拠法国の法律に服することが要求される。裁判所はつぎのように述べた。すなわちアメリカ人のキューバに対する請求権保留の主張のような行政政策または個人資産の補償を約する二政府間の将来の和解は、凍結資産の保留を正当づけるものであると)。

Ramirez de Arellano v. Weinberger, 745 F. 2d 1500, 1559 (C. A. D. C. 1984), 105 S. Ct. 2353, 86 L. Ed. 2d 255 (1985).（反対意見において二九六条―三一〇条を引用）（合衆国市民が、ホンジュラスに在る個人所有の牧場を違法に占拠されたことを理由に、連邦政府を相手として訴えを提起した。〔コロンビア特別区〕裁判所は、正当と認められない事案として、訴えを却下した。〔コロンビア特別区最高上訴〕裁判所は、最初、下級裁判所判決を維持したが、大法廷再弁論にもとづき、（合衆国）市民は合衆国裁判所において当事者適格を有すると判示して、原判決を破棄差戻した。反対意見はつぎのように主張した。すなわちホンジュラス法は、（合衆国）市民および市民の所有する外国会社（財産をホンジュラスに有し、会社がホンジュラスで設立された場合）の権利を決定すべきであると）。

Gillham Advertising Agency, Inc. v. Ipson, 567 P. 2d 163, 166 (Utah 1977).（反対意見において二九六条を引用）（休眠ネバダ会社（ユタ州で継続的営業活動資格を有しない）の社長である被告は、個人資格でユタ競馬場をリースし、経営していた。広告代理店である原告は、被告のために広告宣伝を行った。支払が迫る前に、両当事者は、支払の期日と条件を定める契約文書を作成した。文書には、被告はネバダ会社の代表者として署名した。原告は、契約にもとづく支払を求めて、〔ユタ州地方〕裁判所に訴えを提起した。〔ユタ州最高〕裁判所は、つぎのように判示して、事実審理を経ない原告勝訴の判決（summary judgment）を維持した。すなわち被告は第一次的債務（original debt）に対して個人的に責任を負うこと、契約は当事者代替契約（novation）ではないこと、契約が第一次的債務であったとしても、かかる会社はユタ州に存在しなかったのであるから、被告は個人的に責任を負うこと。反対意見は、被告が会社のために経営していたと考え、つぎのように主張した。すわなち契約文書が署名された時、会社がネバダ州に存在するならば、会社がユタ州で営業活動資格を有しないとしても、会社の存在は裁判所によって承認されねばならず、契約文書にもとづく被告の責任は排除されるべきであると）。

Matter of Servo Systems, Inc., 11 B. R. 879, 883 (S. D. N. Y. Bkrtcy. Ct. 1981).（議論において二九六条を引

用）（債務者（フロリダ会社）は、唯一の金銭価値資産として、ニューヨーク在住の不動産所有権を主張した。債務者は、基本定款の作成とフロリダ州務長官による登録との間隙中に親会社（譲渡人）により債務者に交付された捺印証書にもとづく財産権を主張した。貯蓄貸付組合は、財産に対する譲渡抵当権を実行した。しかし譲渡抵当権実行の競売前に、債務者は、破産法第一一章にもとづく会社更生手続を〔ニューヨーク連邦破産〕裁判所に申し立てた。財産の所有権は、債務者の会社更生に不可欠であった。貯蓄貸付組合は、債務者が当該財産に関する権利を有しないと主張し、〔会社更生〕手続却下の申立を行った。〔連邦破産〕裁判所は、つぎのように述べた。すなわち不動産の財産権移転および州外会社の域外での会社権能行使の権利は、州内法（domestic law）を参照して決定されるけれども、州外会社の設立の有効性は、会社ドミサイルを有する州の法律によって判断される法律問題である。裁判所は、つぎのように認定した。すなわちフロリダ法によれば、債務者が基本定款、交付、登録、会社の存在の開始および設立証書の効果を規律する制定法を完全に遵守していない場合、会社が財産に関する捺印証書を受け取った時点では、通常の〔設立〕過程外で行為したこと、基本定款の登録未履行が故意でないとはいえず、定款が適正に登録されたことを調査する企図も善意の行使もない場合、債務者は、事実上の会社の地位を取得しないこと。かくして裁判所は、つぎの場合、債務者の〔破産法〕第一一章の会社更生手続は却下されるべきであると判示した。すなわち債務者に対する財産権移転の時、債務者は、法律上の会社でも事実上の会社でもなく、むしろ財産権移転が、ニューヨーク法上、財産に関する権原を取得しえない〔法律上〕不存在の会社に対して行われ、それ故に捺印証書が権原を移転せず、無効である場合――）。

Gemstar Ltd. v. Ernst & Young, 183 Ariz. 148, 901 P. 2d 1178, 1184 (Ariz. App. 1995), vacated 185 Ariz. 493, 917 P. 2d 222 (1996).（議論において二九六条を引用）（英領ヴァージン・アイランド会社およびその株主は、会計事務所を相手として、二つのアリゾナ不動産取引に関して、会計上の過失、契約違反、信認義務違反にもとづく請求を〔アリゾナ州裁判所に〕提起した。事実審裁判所は、原告の損害賠償を認める陪審の評決にもとづく判決を下した。破棄差戻。〔アリゾナ州最高〕裁判所はつぎのように判示した。当裁判所に提出された当事者鑑定人の宣誓供述書からの英領ヴァージン・アイランド法の理解によれば、会社の法律上の存在および訴訟能力に関する問題を、英領ヴァージン・アイランド法が規律するか、アリゾナ法が規律するかに関する予めの確定は不必要である。なぜならばこの事案においては、これら二つの法律間には重要な相違が存在しないからである。さらに裁判所はつぎのことを述べている。当事者は、会社設立地である英領ヴァージン・アイランドの実体法がこの能力の決定に適用されることを合意しているように思われる――裁判所は、その合意に拘束されないけれども)。

(11) 歴史的に考察すれば、ほとんどの会社は、まず設立州内において営業活動をするために設立され、その後次第に設立州の境界を超えて営業活動を拡大していったのである。そこで州外会社の形態はつぎの三種に分かつことができる(以下参照。2 J. H. BEALE, *supra* note 8, at §153. 1)。第一にもっとも初期の形態は、他の州または外国で営業活動をするために自州または自国の法律にもとづいて会社を設立するものであり、かかる形態は、合衆国におけるよりも英国において多くみられた(イギリス資本の外国投資)。第二の形態は、いくつかの州に存在する複数の資本家が広汎な一般的権能を有する会社を設立するものであり、かかる会社は合衆国の多くの州において営業活動をすることができる(USスチール、スタンダード・オイルなど巨大会社)。この場合、ある州が設立州として選択されねばならないが、会社設立者にとってもっとも好都合な特権を与えてくれる州が選ばれる。第三の形態は、自州で営業活動をするために他州の法律にもとづいて設立されるものであり、この形態をとることにより、他州において与えられる権能、または責任の免除を享受することができる(今日もっとも普及している形態)。

(12) 第二リステイトメントとの比較のために、第一リステイトメントの該当条文を示した。

(13) 第二リステイトメントの注には、見出しのあるものとないものとがあるが、リステイトメントの付した見出しは( )内に、筆者の付した見出しは〔 〕内に示した。

(14) 本文に掲げる判例は、第二リステイトメント「起草者注」としてあげられたものである。なお筆者が年代順に並べなおして判例要旨を紹介する。

(15) 抵触法第二リステイトメントの刊行(一九七一年)後、同リステイトメントの条文を引用した判例は、つぎの文献に掲載されている。RESTATEMENT, 2D CONFLICT OF LAWS, VOL. 4, RESTATEMENT IN THE COURTS, 〔1969~1977〕(1980), VOL. 5〔1978~1986〕(1988), CUMULATIVE ANNUAL SUPPLEMENT FOR USE IN 1995〔1986~1994〕(1995), CUMULATIVE ANNUAL POCKET PART FOR USE IN 2000〔1995~1999〕(2000). 条文引用の判例要旨は、これら文献に掲載された判例要旨の翻訳である。順序については年代順に並べかえた。

第二九七条　州外における会社設立（foreign incorporation）の承認

ある「独立した法地域」による会社の設立は、他の「独立した法地域」によって承認される。(16)

第一リステイトメント第一五四条（州外法人の承認）　ある「独立した法地域」による法人設立の事実は、すべての他の「独立した法地域」において承認される。

一　本条の注解

a項（承認の意義）　本条においては、州外における会社設立の承認と、州外会社が種々の行為をなすことに対する許可との間に区別がなされなくてはならない。会社の地位はいずれの地においても承認される。しかし本章第四節（三一一条—三二二条）で述べるように、「独立した法地域」は、その地域内において営業活動をなす州外会社の特権に対して制限を加えるのが普通である。会社の地位の承認に関する重要な効果は、b項—d項に述べられている。

b項（会社の訴えおよび会社に対する訴え）　会社の名において訴えまたは訴えられる能力は会社の地位に付随している。しかしながら合衆国のほとんどの州は、州内において制定法上の要件（三一二条参照）に服することなく営業活動をしている州外会社が、当該州裁判所に州内の取引について訴えを提起することを拒絶する。このような制限はあるが、「独立した法地域」は、州外会社が法地域内の訴えを提起することを許容する。また「独立した法地域」は、裁判管轄権（四二条—五二条参照）の及ぶ州外会社に対して、訴えが法地域内の裁判所に提起されることを許容する。

c項（株主責任の制限）　株主責任の制限（間接有限責任）という株主保護が、州外会社の設立地において与えられている場合、「独立した法地域」は、通常、会社の行為または不作為から生ずる責任について州外会社の株主が個人として訴えられることを免除すること、または会社債務について株主の個人財産に責任を負わしめることを免除すること、を承認する。

d項〔能力外の行為〕 会社設立地の地域実質法（local law）は、会社の目的およびある行為が能力外であるか否かを決定するために適用される。いかなる法律が会社の行為の法的効果を決定するかは、第三〇一条―第三〇二条を参照。

e項〔会社として承認されるための要件〕 州外の組織体（organization）が、第二の「独立した法地域」の裁判所によって会社として承認されるためには、会社設立地でとられた会社設立の方法が、第二の「独立した法地域」における会社設立の方法と必ずしも同一である必要はない。

f項〔個別行為の許容〕 「独立した法地域」は、州外会社が継続的営業活動（doing of business）に相当しない個別の行為を地域内で行うことを許容する。

二 本条に関する判例

① ある州において有効に設立された会社の法的地位は、他の州において承認される。

Demarest v. Grant, 128 N. Y. 205, N. E. 645(1891).（ニューヨーク州市民がニューヨーク州において営業活動をするために、ウェスト・ヴァージニア法にもとづいて会社を設立した場合、かかる会社の設立は、詐欺としてまたはウェスト・ヴァージニア法もしくはニューヨーク法のいずれかの回避として無効となるものではない。ウェスト・ヴァージニアの立法目的は、会社の主たる営業活動が州外において遂行される予定の、非居住者から構成される会社の設立に明白な好意を示しており、またニューヨーク州における営業活動をなすため設立された州外会社を承認するニューヨーク州の立法目的は、この会社がニューヨーク州市民からなるときですら、全く侵害されていない）。

Lancaster v. Amsterdam Improvement Co., 140 N. Y. 576, 35 N. E. 964 (1894).（二九六条の判例）。
Oakdale Mfg. Co., v. Garst, 18 R. I. 484, 28 A. 973 (1894).（二九六条の判例）。
State v. Topeka Water Co., 61 Kan. 547, 60 P. 337 (1900)（二九六条の判例）。
Cumberland Telegraph & Telephone Co., v. Louisville Home Tel Co., 114 Ky. 892, 72 S. W. 4 (1903).（二九六条の判例）。

② 会社設立州の地域実質法を順守していない組織体は、他の州において会社として承認されない。

Montgomery v. Forbes, 148 Mass 249, 19 N. E. 342 (1889).（会社設立地の法律によれば五人の社員が必要であるのに、被告以外は名義上の社員であり、また主たる営業活動が行われる予定のタウンに基本定款が登録されることを要するのに、実際にはその地で営業活動が行われないなど、会社の設立要件が遵守されていないときは、かかる会社は存在せず、かような組織体は会社として承認されない）。

③ 若干の古い判例は本条のルールに対して制限を加えている。すなわちある州は、設立証書によって会社設立州の外においてのみ活動することを授権された州外会社の存在を承認していない。

Land Grant Railway & Trust Co., v. Commissioners of Coffey County, 6 Kan. 245 (1870).（ペンシルヴェニア州において設立されたが、ペンシルヴェニア州以外のいかなる所においても営業活動をなす権原を与えられている会社は、カンザス州において営業活動をなす権利または権能を有しない）。

Empire Mills v. Alston Grocery Co., 15 S. W. 20 (Tex. Civ. App. 1891).（テキサス州において商業を営むためにアイオワ州から設立証書を取得した協同組合の場合、テキサス法はかかる商業をなす法人の設立を授権していないので、アイオワ州で取得した設立証書は、その法人がテキサス州で営業を意図している限り、無効である）。

Myatt v. Ponca City Land & Improvement Co., 14 Okl. 189, 78 P. 185 (1903).（カンザス州において設立されたが、オクラホマ州においてのみ営業活動をするための会社は、オクラホマ州において会社の能力を承認されない）。

営業活動を予定している第二州の設立要件を回避するために、ある州において設立された会社は、第二州の裁判所により承認されないとする判例がある。

Empire Mills v. Alston Grocery Co.（本条の判例）。

Cleaton v. Emery, 49 Mo. App. 345 (1892).

しかしながらその存在が承認されなかった会社は、すべての判例において、法廷地の許可なくして法廷地において営業活動をしていたものである。このことはつぎの判例が明らかにしている。

Troy & North Carolina Gold Mining Co., v. Snow Lumber Co., 173 N. C. 593, 92 S. E. 494 (1917).（ある州において設立されたが、法廷地においてのみ営業活動をするための会社は、法廷地の法律に従い州内化 (domesticate) されることを前提として、訴える能力を承認される）。

④　州外会社の承認と州内における営業活動の許可との違いは、つぎの判例が明確に述べている。

Boyington v. Van Etten, 62 Ark. 63, 35 S. W. 622 (1896).（法廷地において営業活動をするためにある州で会社が設立されたが、株式引受人の払込が完済していないため法廷地において営業活動の許可がえられない場合でも、かかる会社の金銭借入契約を無効とするものではない）。

⑤　州外会社であるという理由で会社を差別するときは、合衆国憲法修正第一四条に定める平等の保護条項に違反する。

Kentucky Finance Corp. v. Paramount Auto Exchange Corp., 262 U. S. 544 (1923).（州外会社が特定の州において動産回復の訴えを提起するのみでなんらの営業活動をしていない場合、その州の制定法が訴えの条件として訴訟関係の書類、記録を役員に持参させることを強制しており、かかる定めがその州に居住する個人や会社に適用されるルールよりも面倒であるとき、かかる制定法は、州外会社に法の平等の保護を否定するものとして無効である）。

Wheeling Steel Corp. v. Glander, 337 U. S. 562, 69 S. Ct. 1291 (1949).（州外会社の無形財産に対する課税が連邦憲法に違反するかどうかが争われた場合、州が州外会社を州内化するとき、州内化された会社は、その州で会社の生産したものについて平等の保護を受ける権利を有し、少なくとも会社の財産が平等の有利な従価税に服する権利がある）。

Whyy, Inc. v. Borough of Glassboro, 393 U. S. 117, 89 S. Ct. 286 (1968).（ニュージャージー制定法が、ニュージャージー州で設立された非営利法人に対してのみ税の免除を定めている場合、州は州内で営業活動をなす州外会社の進出に条件を課すことができるが、いったん州外会社に進出を許可したときは、州外会社は会社の取扱いにつき平等の保護を受ける権利がある）。

三　本条を引用した判例〔抵触法第二リステイトメント刊行後〕

Kempe v. Ocean Drilling & Exploration Co., 683 F. Supp. 1064, 1072 (E. D. La. 1988).（議論において二九七条注C項を引用）（バミューダ法にもとづいて設立された保険会社の非任意清算に関する事件において、ある申立が〔ルイジアナ連邦地方裁判所に〕提起された。不便宜法廷の理由にもとづく（訴え）却下を求める被告の申立を認容して、裁判所はつぎの判決を行った。バミューダは、つぎの場合、より適切な法廷地である。すなわち保険会社がバミューダで設立されたこと、主たる営業所がバミューダに所在すること、営業所と人員がバミューダに設置・配置されていること、会社の記録がバミューダに保存されていること、署名者の多数がルイジアナよりむしろバミューダに所在すること。さらにバミューダ法が原告の少なくとも二つの訴訟原因に適用されるから、バミューダ法廷は、外国法の適用に無用な問題を避けうるであろう）。

Cascade Energy and Metals Corp. v. Banks, 896 F. 2d 1557, 1576, cert. denied 498 U. S. 849, 111, S. Ct. 138, 112 L. Ed. 2d (C. A. 10 1990).（脚注において二九七条注C項を引用）（ある会社が金鉱を購入し、その採掘権を投資家に売却した。会社取締役は、若干の他の会社の取締役であり、かつ株主でもあった。各投資家は、鉱山開発費の一部を支払った。開発費を使い果たしたが、鉱山が金を産出しないので、会社は投資家に対して追加の費用を請求した。会社は、支払を拒絶した投資家に対して〔ユタ連邦地方裁判所に〕訴えを提起した。投資家は、詐欺を理由に反訴を提起し、取締役の所有する他の会社が取締役の分身であり、取締役の失策に対してこれら会社に責任があると主張して、会社取締役を訴えた。連邦地方裁判所は、投資家勝訴を認定した。これに対して連邦控訴裁判所は連邦地裁判決を破棄し、つぎのように判決した。すなわちユタ州法によれば、会社の法人格の否認は保証されていない。なぜならばすべての会社は別個独立の人格として設立され、運営されているからである。さらに裁判所は、すべての会社がその地〔ユタ州〕で設立されているのであるから、ユタ州法が適用されると述べた）。

(16)　ある州またはある国によって設立された会社は、別に営業活動地の州憲法または州制定法の定めがある場合を除き、礼譲(comity)の原則によって、営業活動地州においてすべての適法な権能を行使することが許され、またその地域の実質法によって禁止されない営業またはその地域の公序に反しない営業を行うことを許される。礼譲のルールは、営業活動地州の立法権によって修正を加えることができるが、かかる修正が行われるまで、このルールは法的義務をコントロールする力を有しており、立法機関が別に定めをなすまで、裁判所はこのルールを遵守、執行しなければならない。このように立法権力による承認なくして、裁判所によって、このルールに対する制限を課することはできないのである。礼譲は存在することが推定される。すなわち礼譲は、営業活動地州がある確定的な方法で、例えば直接の立法により、立法の一般的過程から推論される公序により、または裁判所の確立された判決により、反対の意思を表明するまで存在する。

州外会社に対して、州内で営業活動をなすことを授権する、あるいは州内で営業活動をなすことを許される条件を定める制定法は、ほとんどの州において採用されており、その解釈と適用は州外会社の法の大部分を形成している。かかる制定法の遵守により、州外会社は、あたかも営業活動地州から特権を与えられたかのように、あるいは州内会社と同じ方法によって、州内において営業活動を行うことができる（20 C. J. S. *Corporations* §1789)。

第二九八条　会社としての組織体の扱い

ある「独立した法地域」において設立された組織体は、それが設立された「独立した法地域」の地域実質法により与えられた属性が、〔法廷地の〕制定法またはルールの目的にとって、その組織体を会社とするのに十分である場合には、〔法廷地の〕制定法またはルール上、会社とみなされる。[(17)]

第一リステイトメント該当条文なし。

一　本条の注解

a項（合理的根拠）　裁判所は、時折、他の「独立した法地域」において設立された組織体が、法廷地の制定法またはルール上、会社とみなされるべきかどうかを決定する。この問題を決定する際には、裁判所はまず第一に、法廷地の制定法またはルール上会社であるために、組織体がいかなる属性を有しなければならないかを決定する。もし組織体が設立「法地域」の地域実質法により会社としての属性を有するときは、その組織体は、法廷地の制定法またはルール上会社とみなされる。このことは組織体が設立「法地域」においてなにか別の名称が付けられている場合でも、あるいは権原開示令状（quo warranto）の訴えによって組織体から会社資格を奪う権能を設立「法地域」に与えるような、設立手続における瑕疵がある場合でも同様である。

逆に組織体が設立「法地域」において会社とみなされる場合でも、設立「法地域」によって与えられる属性が、法廷地の制定法またはルールの目的にとって、会社とするのに十分でないときは、その組織体は法廷地の制定法またはルール上、会社とみなされない。要するに組織体は、他の「独立した法地域」において、設立「法地域」によって与えられた属性を有するものとして承認される。

本条のルールは、第七条[18]（性質決定）のルールの適用にほかならない。

二　本条に関する判例

① 連邦最高裁の判決によると、州は憲法上、マサチューセッツ・トラストの構成員につき、その構成員が州外会社に関する〔法廷地〕州のルールに服するのでない限り、地域内で営業活動をする権利を否定することができる。Hemphill v. Orloff, 277 U. S. 537（1928）.（当該社団が、設立州において会社、パートナーシップまたはトラストとよばれるか否かは、その社団に関する法廷地の権能を決定する際の本質的要素ではない。決定する場合には、組織体の真の性質が考慮されなくてはならない。もしその社団が、会社の通常の機能または属性を有するときは、その社団は会社と同じ取扱いに服する）。

なおつぎの判例参照。

Puerto Rico v. Russell & Co., 288 U. S. 476, 53 S. Ct. 447（1933）.（プエルト・リコ法にもとづいて設立され

たsociedad en comandita は、コモン・ローの立場からリミテッド・パートナーシップとするのは誤っており、プエルト・リコ法にもとづいて取得した属性を考慮すると、それは法人である)。

② 同一の理由で裁判所は、イギリス制定法にもとづいて設立されたジョイント・ストック社団が、憲法上マサチューセッツ税法により会社として課税されることを判決した。

Liverpool Ins. Co. v. Massachusetts, 10 Wall. (77 U. S.) 566, 19 L. Ed. 1029 (1871). (グレート・ブリテン法上、会社とされない組織体が、マサチューセッツ州において会社か否かが問題とされた場合、組織体が何であるかを決定するには、その組織体が設立国において何とよばれたかに関心はなく、会社とよばれないにしても、会社の本質的属性を有するときは、他の州において会社とみなされる)。

またつぎの判例参照。

Tide Water Pipe Co., v. State Board of Assessors, 57, N. J. L. 516, 31 A. 220 (1895). (ペンシルヴェニア制定法にもとづいて設立されたパートナーシップは、ペンシルヴェニア法およびニュージャージー法上の会社の本質的特徴を付与されており、ニュージャージー州において会社として課税することができる)。

State ex rel. Railroad & Warehouse Comm. v. Adams Express Co., 66 Minn. 271, 68 N. W. 1085 (1896). (州外会社に対する令状送達が営業活動地州の誰に対してなされるかは、裁判所の管轄権の範囲内であるというルールは、会社の特徴の多くを有する州外ジョイント・ストック社団に対しても適用される)。

Hill-Davis Co. v. Atwell, 215 Cal. 444, 10 P. 2d 463 (1932). (州外社団が設立州においてパートナーシップであり、その名において不動産を保有、譲渡しえないときでも、法廷地州はかかる取扱いに拘束されることがなく、州外社団が会社であるか否かは、法廷地州が、設立州によって社団に与えられた権能にもとづいて、その社団の性質を決定する)。

Perking v. Benguet Consol. Mining Co., 155 Ohio St. 116, 98 N. E. 2d 33 (1951). (フィリピン法にもとづいて設立されたsociedad anonimaが会社か否か問題となった場合、会社の本質的属性が何かを決定するには法廷地法が考慮され、ある組織体が会社の本質的属性を有するか否かを決定するには設立準拠法が考慮される。ある組織体が設立準拠法上、法廷地法のいう会社の本質的属性を有するとき、その組織体は会社であり、ある組織体が法廷地会社のすべての属性を有しなくても、法廷地法のいう会社の本質的属性を有するとき、それは州外会社である)。

三　本条を引用した判例〔抵触法第二リステイトメント刊行後〕

Gillham Advertising Agency, Inc. v. Ipson, 567 P. 2d 163, 166 (Utah 1977).（反対意見において二九八条を引用）〔二九六条を引用した判例と同一〕

Realco Serv., Inc. v. Holt, 513 F. Supp. 435, 442 (E. D.Pa. 1980), affirmed 671 F. 2d 495 (3rd Cir. 1981).（脚注において二九八条を引用）（会社債権者が、会社のジョイント・ヴェンチャーおよびそのパートナーを相手として、会社債務の支払を求めて〔ペンシルヴェニア連邦地方裁判所に〕訴えを提起した。裁判所は、つぎのように認定した。すなわち会社の法人格は否認されるものではなく、被告は、会社との関連性にもかかわらず、会社債務に対して責任を負わないこと。被告が会社に対して行った管理の種類は、金融および会計の範囲であって、すべての業務の完全な支配ではないこと。会社は純粋な利益追求企業として設立されたものであり、被告の利益のための詐欺的手段としてではないこと。会社は会社として経営され、第三者にとっては会社であると思われたこと。証拠は、会社が被告の代理人として行為したことを証明するものでないこと——。かくして裁判所は、被告が会社債務に対して責任を負わないと判決した）。

(17)　ある州またはある国の法律にもとづいて設立された社団（association）が、他の州または国において会社とみなされるべきか、それともたんに法人格なき社団とみなされるべきかは、その社団の性質および社団に与えられた権能、能力および属性いかんによる（以下参照。FLETCHER, CYCLOPEDIA OF PRIVATE CORPORATIONS § 8297 (1960); 2 J. H. BEALE, *supra* note 8, at §§ 155. 1-155. 2)。もしある社団が、会社のすべての本質的特徴を与えられている場合には、たとえその社団を設立した州または国の制定法が、明文をもって会社とみなさない旨を宣言しているとしても、他の州または国において、その社団は会社であると判決されうる。けだしかかる法律上の宣言は、他の州または国の裁判所がその社団の性質を調査する妨げとはならないからである。かくしてリーディング・ケース（Liverpool Ins. Co., v. Massachusetts, 10 Wall. (77 U. S.) 566 (1870)）において連邦最高裁は、イギリス議会が会社とみなしてはならないと明示した宣言を無視し、社団の事実上の性質を調査した後、その社団が会社であり、かかる会社として州外保険会社に課せられた特定の税金を支払う責任があると判決した。会社の本質的属性が欠けている場合には、法人格なき社団は会社とみなされない。会社とみなされる場合でも、あらゆる目的のために会社とみなされるのではない。連邦最高裁は、ジョイント・ストック・カンパニーが連邦裁判管轄権のために市民たる地位を有する会社としての承認を拒絶した（Thomas v. Ohio State University, 195 U. S. 207 (1904)）。

州外社団を会社とみなすというルールの適用が、州外社団に対して州内社団の享受する地位よりも有利な地位を与えることとなる場合、州憲法および州制定法の規定により、一定の営業に従事する社団に対して、そのルールの適用が排除される。少数の州（ウィスコンシン）においては、他の州または国の法律にもとづいて設立された社団またはジョイント・ストック・カンパニーは州外会社である、と宣言されている。

(18)　抵触法第二リステイトメント第七条二項　抵触法上の概念および用語の分類および解釈は、法廷地法にしたがって決定される。ただし第八条に定める場合を除く。

第二九九条　会社存在の終結または停止

第一項　会社の存在が終結または停止したか否かは、設立「法地域」の地域実質法によって決定される。

第二項　設立「法地域」による会社存在の終結または停止は、他の「法地域」によりほとんどの目的のために承認される。

第一リステイトメント第一五七条(会社の解散)　会社は、会社を設立した「法地域」によってのみこれを解散することができる。

第一五八条(解散または権能の停止の承認)　会社が設立「法地域」によって解散させられる場合、他の「法地域」は、社団が法人の法的属性を奪われたことを承認する。法人に付随する権能の行使が設立「法地域」によって停止させられる場合、この停止は他の「法地域」において効力を生ずる。

第一五九条(清算過程における行為)　設立「法地域」が、清算過程にある会社の法律関係にはいることを許容するときは、他の「法地域」が清算過程にある州内会社のかかる法律関係にはいることを許容しないとしても、他の「法地域」は、会社が代理人によりかかる行為をなすことを許容する。ただしかかる行為がその「法地域」の強い法政策に反する場合を除く。

一　本条の注解

本条一項の注

a項〔会社設立「法地域」〕　会社を設立する「法地域」は、会社の存在を終結させまたは停止させることができる。このことは、たとえ会社の全資産が他の「法地域」にあり、または会社の全営業が他の「法地域」でなされるとしても同様である。

b項〔設立「法地域」の地域実質法〕　設立「法地域」の地域実質法は、終結した後で会社の存在が回復される条件を決定するために適用される。この法はまた、通常、会社存在の終結または停止にもとづく株主、取締役および役員の権利および義務を決定するために適用される（三〇三条―三一〇条参照）。

c項〔営業活動「法地域」〕〔営業活動〕「法地域」は、州外会社の存在を終結させまたは停止させることができないが、その「法地域」は、憲法上の禁止がない場合、州外会社が地域内で営業活動をなすことを禁止し、または地域内の会社業務を清算することができる（三〇〇条参照）。

本条二項の注

d項〔他の州による会社存在終結の承認〕　合衆国のある州（State）において設立された会社が、設立州によって終結または解散させられる場合、他の州は、注f項に述べる場合を除き、会社が法人の属性を喪失したことを承認する。

e項〔会社の生命を延長する設立「法地域」の制定法〕　会社による会社資産の収集および会社資産に対する債権者の権利のために、制定法は、通常、会社存在の終結または停止後の一定期間、会社によりまたは会社に対して訴えが提起されうると定めている。同様にかかる制定法は、会社が債権の取立または免除、会社資産の譲渡および清算に付随するその他の行為をなすことを許容している。存在を終結または停止させられた会社は、通常、他の「法地域」において――他の「法地域」が州内会社に同一の権能を与えていないとしても――設立「法地域」によって与えられた権能の行使を許容している。

しかしながら時には、かかる権能の行使は、他の「法地域」の制定法またはコモンロー・ルールによって禁止されることがある。例えば若干の「法地域」は、憲法または制定法により、州外会社が州内会社より大きい権利または特権を享受してはならないと定めている。もし州内会社が解散した場合、これらの行為をなす権能を有しないとき、前述の規定は、解散した州外会社がその「法地域」内においてそれらの行為をなすことを禁止されると解釈される。

f項(会社存在の終結また停止後、会社を訴えに服せしめる他の「法地域」の制定法)　ある〔営業活動〕地域の債権者が設立「法地域」の裁判所に権利を申し立てなければならないとすれば不便である。そこで時折、営業活動地の制定法は、〔営業活動〕地域内で財産を有しまたは営業活動をなす州外会社が、会社の存在を終結または停止させられて後一定期間、会社の名において訴えまたは訴えられると定めている。設立「法地域」に同様の制定法がないとしても、前述制定法は、その〔営業活動〕地域内で会社営業を清算するために、またはその地域内にある会社財産に対して訴えるために、訴えが制定法の「法地域」に提起されることを許容する。

合衆国の各州間について連邦最高裁はつぎのように判決している。すなわちもし設立州が生命を延長する制定法を有しないときは、設立州は、他州において会社解散後下された判決の強行を、十分な信頼と信用によって要求されるものでない（Pendleton v. Russell, 144 U. S. 640 (1892)）。

g項(会社の存在を終結または停止させる方法)　設立「法地域」の地域実質法は、会社の存在を終結または停止させる方法を決定する。

h項(清算過程にある会社)　清算手続の開始と、会社の存在の終結または停止の効力発生日との間には、相当の期間が経過する。この期間中、会社によってなされた行為の法的効果は、第三〇一条―第三〇二条のルールの適用により選択された法にしたがって決定される。

i項(外国における終結または停止の承認)　外国において設立された会社の、その外国における終結または停止は、通常、合衆国において承認される。しかしながら承認を否定することが、〔合衆国〕法廷地の強い公序によって要求されるときには、かかる終結または停止の承認は否定される。かくして〔合衆国にある〕会社の財産を没収するために外国で効力を生じた終結または停止は、その承認が否定される。かかる終結または停止の承認を否定する、連邦の法政策に対立する州の法政策適用の余地があるか否かについては、ともかく不明確である（Banco Nacional de Cuba v. Sabbatino, 376 U. S. 398 (1964))。

二　本条に関する判例

①　注e項に関する判例

Eau Claire Canning Co. v. Western Brokerage Co., 213 Ill. 561, 73 N. E. 430 (1905).（設立州（ミシガン）の制定法上、清算人が任命されたときはいつでも、清算人の名においてまたは会社の名において新しい訴えが提起されうること、設立証書が取り消されたときは解散後三年間、訴訟を追行するために会社主体として存続すること、が定められているとき、法廷地（イリノイ）において清算人は、会社の名において覆審令状（writ of error）を申し立てることができる)。

Sinnott v. Hanan, 214 N. Y. 454, 108 N. E. 858 (1915).（設立州（ニュージャージー）の会社法上、すべての会社は、存続期間の満了または立法府による解散にもとづく消滅か否かを問わず、会社による訴えまたは会社に対する訴えを進行または防禦するため、または会社が業務を終了させるために会社主体を継続する、と定めている場合、二年間州税の支払をしなかったため設立証書の取消を宣言された州外会社は、解散前ニューヨーク州において開始された訴訟において、会社主体を継続し、被告として存続する。すなわち訴えのため会社の存在を継続させる規定は、超地域的効力と効果を有する)。

Cushman v. Warren-Scharf Asphalt Paving Co., 220 Fed. 857 (7th Cir. 1915).（設立州（ニューヨーク）の制定法上、裁判所の手続により解散した会社は、その営業業務が完全に清算されるまで訴えまたは訴えられうる、と定められているとき、かかる会社は、他の州における連邦裁判所において、会社に支払うべき金銭債務徴収のために訴えを追行することができる)。

New England Auto Inv. Co. v. Andrews, 47 R. I. 108, 130 A. 863 (1928).（設立州（マサチューセッツ）の裁判所法により解散した州外会社の訴訟追行権能が問題となった場合、州外会社は法廷地（ロード・アイランド）法に反しないかぎり、設立証書および設立州法によって与えられたあらゆる権能を行使することができ、もし州外会社が州内会社であれば解散後も訴訟追行権を有するから、州外会社による解散後の訴訟追行の継続は、法廷地法のいかなる規定にも反しない)。

Kelly v. International Clay Products Co., 291 Pa. 383, 140 A. 143 (1928).（設立州（デラウェア）法上、存続期間の満了であるか、またはその他の理由による解散であるかを問わず、すべての会社は、その期間満了または解散から三年間、会社によるまたは会社に対する訴訟の追行または防禦のために会社主体を継続する、と定められている場合、解散後三年以内にデラウェア会社に対してペンシルヴェニア州において訴えが提起され、解散により、訴状送達代理人を解除されたペンシルヴェニア州務長官あてに召喚状が送達されたとき、その召喚状の送達は有効である)。

Stensvad v. Ottman, 123 Mont. 158, 208 P. 2d 507 (1949).（モンタナ州で営業活動をしている州外会社（デラウェア会社）が、デラウェア特権税不払のためデラウェア州で設立証書の取消を宣言された後、三年以上を経過した時点で、モンタナ州所在の公売不動産を買い戻したとき、その買い戻す権能があるか否かは、当該会社の設立州法による)。

Melrose Distillers, Inc. v. United States, 359 U. S. 271, 79 S. Ct. 763 (1959).（ある会社の完全所有子会社であるメアリーランド会社二社およびデラウェア会社一社が、シャーマン反トラスト法違反を理由に連邦裁判所において訴追されたが、訴訟手続の係属中に、それぞれの設立州において解散したという事実関係の下で、設立州における会社の解散が、シャーマン反トラスト法違反の訴訟手続を中止させるか否かが問題となった場合、シャーマン反トラスト法の規定の下において、会社がある目的のために存在するか否かの問題は、〔設立〕州法を参照することによって決定されるべきであり、設立州制定法の規定によれば、三会社の存在は終結しておらず、犯罪訴追手続は中止されていない）。

解散した場合、設立州の地域実質法上、行為する権能を欠くとされる場合、解散した州外会社の行為の法的効果は否認される、という判例がある。

Kratky v. Andrews, 234 Minn. 386, 28 N. W. 2d 624 (1947).（設立州（デラウェア）の制定法上、特権税を二年間支払わない会社はその設立証書を取り消され、会社のすべての権能が効力を失うこと、および存在期間の満了その他により解散、消滅した会社は、設立目的のためではなく、営業の清算のために三年間継続することが定められている場合、特権税不払のため設立証書が取り消され権能を失効したデラウェア会社が、ミネソタ州において契約の譲渡を受け、会社が契約を譲り受ける能力を有するか否かが問題となったとき、解散後の会社の機能を行使する権利は、設立州法がこれを規律し、それは他の州においても効力を有する）。

Quarture v. C. P. Mayer Brick Co., 363 Pa. 349, 69 A. 2d 422 (1949).（ペンシルヴェニア州で営業活動をしている会社（ニュージャージー会社）が、ニュージャージー税滞納のためニュージャージー州裁判所により営業活動の禁止を判決され、ニュージャージー州知事により設立証書の取消を宣言され、後日、税を支払って復活証書を発行されるまでの間に、ペンシルヴェニア所在の土地を原告に譲渡し、原告から特定履行を求められた事件で、土地譲渡権能の有無が問題となった場合、会社が設立州によって解散されるとき、社団が法人の法的属性を奪われること、および法人に付随する権能の行使が設立州によって停止されるとき、この停止が他の州において効力を有すること、を他の州は承認する）。

② 注f項に関する判例

会社の終結または停止後、訴えの目的のため会社の生命を延長する法廷地の制定法は、設立州に同様の制定法がない場合でも、州外会社に適用される。

Stetson v. City Bank of New Orleans, 2 Ohio St. 167 (1853); 12 Ohio St. 577 (1861); Life Association of America v. Fassett, 102 Ill. 315 (1882).

Hauger v. International Trading Co., 184 Ky. 794, 214 S. W. 438 (1919).（株式引受違反にもとづく損害回復の訴えが、州外会社（デラウェア会社）によってケンタッキー州裁判所に提起されたが、その州外会社の設立証書が、設立州によって取り消されたことを理由に、その訴えの中止が争われた場合、会社の債務と責任は会社の解散によって消滅する、というコモンロー・ルールは、法廷地の制定法によって変更されており、会社業務を清算するために会社の法的存在は継続するから、会社の解散は訴え中止の理由とはならない)。

Du Pont Engineering Co., v. John P. Harvey Const. Co., 156 Va. 582, 158 S. E. 891 (1931).（契約違反にもとづく損害賠償の訴えが、州外会社（デラウェア会社）に対してヴァージニア州裁判所に提起されたが、訴状送達前に、州外会社がヴァージニア州から撤退したこと、さらに設立州において解散したことを理由に、訴状送達の有効性が争われた場合、ヴァージニア州は、州外会社がその領域内で営業活動をなす条件を定める権利を有し、州外会社がヴァージニア法にしたがって州内化されたとき、州外会社は同種の州内会社と同一の地位にたつから、解散した州内会社に適用されるべきヴァージニア法は、州外会社にも適用され、州外会社は訴えの目的のために三年間存続することができる）。

Dr. Hess & Clark, Inc. v. Metalsalts Corp., 119 F. Supp. 427 (D. N. J. 1954).（被告はイリノイ会社であり、ニュージャージー州において営業活動資格を取得していたが、設立州（イリノイ）において会社は解散し、その後二年を経てニュージャージー連邦裁判所に訴えが提起された事案において、イリノイ制定法は、会社の解散後二年内に会社に対して訴えを提起することができる、と定めるが、ニュージャージー制定法は、会社解散後も訴えの権利を保持しており、イリノイ会社は、ニュージャージー州撤退に必要な要件をみたすまで、たとえ会社が反訴を主張することができないとしても、いぜんとして訴えに服するものである）。

会社解散の効果につきドミサイルの法を適用したつぎの判例がある。

Macmillan Petroleum Corporation v. Griffin, 99 Cal. App. 2d 523, 222 P. 2d 69 (1950).（州外会社（ネバダ会社）が、カリフォルニア州裁判所において勝訴判決をえ、その後一三年を経て同裁判所により判決を強行する命令をえたが、この命令をうる十年前に会社が解散していたという理由で、判決を強行する命令の無効が争われた場合、この問題はネバダ法によって決定されるべきであること、会社の解散の効果またはその終結はドミサイルの法によること、および消滅した州外会社は、法廷地州において、ドミサイルの州において有するよりも、より大きな訴えを提起または維持する能力またはより高度な当事者適格を有するものでないことは、確立された法である）。

連邦憲法の信頼と信用条項は、解散した州外会社に対して営業活動地において下された判決に超地域的効力を与えるであろうか。連邦最高裁は、会社の解散後、州外会社に対して下されたある州の判決は、十分な信頼と信用にしたがって、設立州における財産管理人により債権者の債権として取り扱われる必要がない、と判決した。

Pendleton v. Russell, 144 U. S. 640, 12 S. Ct. 743 (1892).（原告は、ニューヨーク生命保険会社に対して、父の死亡にもとづく保険金支払を求めてテネシー連邦巡回裁判所に訴えを提起し、保険金の支払を命ずる判決をえたところ、事件は連邦最高裁に上告されてなお係属している間に、当該生命保険会社の解散を求める訴えが、ニューヨーク州法務長官によってニューヨーク州裁判所に提起され、会社を解散し、Russell を財産管理人とする判決が下されたので、原告は、前述連邦巡回裁判所の判決にもとづいて財産管理人に債権の届出をしたが、ニューヨーク州最高裁は、連邦巡回裁判所が被告に対して裁判管轄権を有しないとの理由で、巡回裁判所の判決は無効であると判決した事案において、ここで主張された瑕疵は、ニューヨーク州裁判所が連邦巡回裁判所の判決に十分な信頼と信用を与えなかったということであるが、連邦巡回裁判所の判決は州裁判所の判決に与えられると同一の効果を州裁判所に与えられるべきとしても、かかる効果をどのような特別の場合にも与えられるべきかどうかは考慮されねばならない。連邦巡回裁判所の判決は、保険会社を敗訴とするが、その時会社は法的に存在しておらず、会社は解散してしまっており、判決が不存在の会社に対して有効でないのは、死者に対する判決が有効でないのと同じである）。

しかし最近において連邦最高裁は、類似の事案につき、十分な信頼と信用にもとづいて超地域的効力が設立州において認められる、と判決している。

Morris v. Jones, 329 U. S. 545, 67 S. Ct. 451 (1947).（被上告人イリノイ保険会社は、イリノイ州において、イリノイその他の州における保険営業を授権された法人格なき社団であり、ミズーリ州で営業資格を取得していたが、上告人は、このイリノイ会社を相手として誣告および不当拘束を理由にミズーリ州裁判所に訴えを提起し、訴えの係属中にイリノイ会社は清算手続にはいり、イリノイ州裁判所が上告人に対して訴えの中止命令を発したにもかかわらず、ミズーリ訴訟は続行されて判決が下され、上告人は、イリノイ会社清算人に対し債権の証拠として判決謄本を提出したのに、イリノイ州最高裁は債権を承認しなかったので、連邦最高裁が移送令状を発してこれを審理した事案において、判決をえた債権者は、十分な信頼と信用条項にもとづいて、清算手続において認められる債権について資格を有している。けだし債権の性質および金額は、ミズーリ判決において最終的に決定され、イリノイ訴訟手続において再審理に服さないからである。ペンドルトン判決は、会社の解散後、取得された判決であり、この事案とは異なる）。

現在までのところ、営業活動地において解散会社に下された判決は、判決が下された州内に存在する会社財産に対してのみ有効である、という理由で設立州においては、その判決の承認が拒否されている。

Rodgers v. Adriatic Fire Ins. Co., 148 N. Y. 34, 42 N. E. 515 (1895).（イリノイ居住の債権者が、イリノイ州裁判所において、すでに解散したニューヨーク会社から支払を受ける旨の判決をえた後、同債権者が、ニューヨーク州裁判所において、ニューヨーク会社財産管理人を相手として、イリノイ判決にもとづく支払のための決定を求めた事案において、ニューヨーク州裁判所において、イリノイ判決は、イリノイ州にある財産に対してその州市民の救済をなす範囲内で有効であるが、ニューヨーク州においては無効であり、礼譲原則も連邦憲法もニューヨーク州裁判所に対して、かかる判決に効力を与えることを要求していない）。

People v. Mercantile Credit Guarantee Co., 65 App. Div. 306, 72 N. Y. S. 858 (1st Dep't 1901).（イリノイ州居住の債権者が、イリノイ州裁判所において、すでに解散したニューヨーク会社から損害賠償の支払を受ける旨の判決をえた後、ニューヨーク州裁判所において、同裁判所がこのイリノイ判決により拘束されるか否かが問題となった事案において、イリノイ制定法（会社に対する訴えは会社の解散により中断されない旨を定める）によってかかる判決は、イリノイ州にある人と財産に関する限りイリノイ州において効力を有するけれども、ニューヨーク州においては無効である。すなわち会社は解散により存在しないから、解散会社に対する判決は会社に対する判決ではなく、イリノイ州法が、イリノイ州にある解散会社の財産に関して、イリノイ判決にいかなる効力を与えるかは、解散会社の財産に対するたんなる債権者の権利の強行に関する問題であり、それは超地域的効力を有しない）。

Shreve Chair Co. v. Manufactures' Furniture Co., 168 Ark. 756, 271 S. W. 954 (1925).（州外会社（アーカンソー会社）に対する商品代金請求の訴えが、イリノイ州裁判所において提起され、州外会社解散の後に判決が下されたという事実関係の下で、イリノイ判決がアーカンソー州にも効力を及ぼすか否かが、アーカンソー州裁判所において問題となったとき、コモンロー・ルールによれば、会社の解散はその会社に対して係属中の訴えの中止をもたらし、その後下された判決を無効とするが、州外会社に対して判決をなす州は、州内の資産が処理されるまで制定法によって会社の生命存続を定めることができる。会社の解散後下された判決は、超地域的効力を有しない）。

In re National Surety Co., 283 N. Y. 68, 27 N. E. 2d 505 (1940).（ミシシッピー州において営業活動をしていたニューヨーク会社が、設立証書の取消によって解散し、ミシシッピー居住の債権者が清算手続における資産分配を求めてニューヨーク州裁判所に訴えを提起した事案において、ミシシッピー州制定法が、解散後の一定期間、すべての会社の生命を継続させることを定めているとしても――解散した州外会社に関する限り――かかる制定法は、営業活動が他の「法地域」において行われる限度で、この会社の営業の清算に対してのみ適用される。かくして解散した会社に対して他の「法地域」(ミシシッピー州)で下された判決は、設立州(ニューヨーク州)においては無効であり、もし効力を有するとすれば、他の「法地域」で見出される地方資産に関してのみ有効である)。

③　注:i項に関する判例

Petrogradsky Mejdunarodny Kommerechesky Bank v. National City Bank of New York, 253 N. Y. 23, 170 N. E. 479 (1930), cert. den. 282 U. S. 878 (1930). (当該ロシア銀行はロシア帝国時代の銀行であり、一九一七年のソビエト法令により人民銀行ないし国立銀行に吸収合併され(一九二〇年人民銀行および国立銀行廃止)、資産は没収、株式は消滅したが、革命により追放された全取締役七人の内六人(一人は革命中死亡)はパリに移って、革命前ロシア領土外に有した巨額の資産の回収を企て、その一つとしてニューヨーク銀行に対する革命前の預金の払戻を求めて、ニューヨーク州裁判所に訴えを提起した事案において、ロシア銀行は解散されておらず、いぜんとしてニューヨーク銀行から預金口座の払戻を受けるため、訴える能力を有する法人として存在する。追放された取締役は、ニューヨークにおいて事実上の取締役として訴えることができる)。

Vladikavkazsky Ry. Co. v. New York Trust Co., 263 N. Y. 369, 189 N. E. 456 (1934). (当該ロシア鉄道会社はロシア帝国時代の会社であり、一九一八年のソビエト法令によって国有化され、会社資産は政府に没収されたが、この鉄道会社が、ニューヨーク銀行に対して、旧帝国時代の預金の返還を求めて、ニューヨーク州裁判所に訴えを提起した事案において、ソビエト法令によるロシア会社の解散は、われわれの公序に反し、正義と公平の観念に衝撃を与えるから、ロシア会社は、本国において消滅させられているけれども、ニューヨーク州においては、訴える能力を有する法人として存続している)。

A/S Merilaid & Co. v. Chase Nat. Bank, 189 Misc. 285, 71 N. Y. S. 2d 377 (S. Ct. 1947). (当該エストニア会社は、エストニアがソビエト連邦に編入される前の会社であり、ソビエト連邦編入後、会社は国有化されたが、一九四五年海外の会社資産の国有化から守るために、過半数の株主が、スウェーデン(ストックホルム)において株主総会を開催、本店をエストニアからストックホルムに移すこと、および以前の取締役を再任することを決議し、営業を継続するために、取締役がソビエト連邦編入前、ニューヨーク銀行に預金した金銭の払戻を求めてニューヨーク州裁判所に訴えを提起した事案において、エストニア共和国の国有化法令は、没収の効力を有するものでニューヨーク州の公序に反しており、また株主総会がスウェーデンにおいて開催され、本店の移転および取締役の再任を決議したことは、変則ではあるが、かかる行為は、会社の法人としての存在を継続する効果を有し、ニューヨーク銀行に対する預金について会社に権利を与えるものである）。

Compania Ron Bacardi S. A. v. Bank of Nova Scotia, 193 F. Supp. 814 (S. D. N. Y. 1961).（原告はキューバ会社であり、キューバの国有化法公布後、フロリダで取締役会を開催して、会社の継続を決議してニューヨークに営業所を設置し、ニューヨークで開催された株主総会（議決権株七万株の内六万八千株余が出席）において、前述取締役会の決議を承認し、ニューヨーク銀行に預けていた金銭および証券に対する会社の権利決定を求めて、ニューヨーク連邦裁判所に訴えを提起した事案において、ニューヨーク州で営業活動をなす資格を与えられたキューバ会社は、たとえ会社の存在がキューバ収用法によって終結させられているとしても、ニューヨーク銀行を訴えることができる。けだしわが国の公序は、キューバ国外にある財産に関しては、キューバ政府の没収法令の承認に反しており、また取締役および株主の大多数が、新しい所在地における会社の継続、およびキューバ国外における会社資産の保持を授権されたという点で、会社を代表するのに必要な権能を有するとみなされるからである）。

Gonzalez v. Industrial Bank, 33 Misc. 2d 285, 227 N. Y. S. 2d 459 (S. Ct. 1961).（原告は、キューバ革命後、米国に亡命した難民であり、革命直前にキューバにおいて、ニューヨーク銀行あてキューバ銀行振出の為替手形を取得し、亡命後ニューヨーク銀行に支払のため呈示をしたが、支払を拒絶されたので、振出人であるキューバ銀行（ニューヨーク支店）に対して、金銭の回復を求めてニューヨーク州裁判所に訴えを提起した事案において、その後行われたキューバ法令によるキューバ銀行の解散は、キューバ難民による手形にもとづく金銭回復を妨げるものではない。けだしかかるキューバ法令は、没収の性質を有し、われわれの公序に反し、難民から財産を奪う効果をもたないからである）。

三　本条を引用した判例〔抵触法第二リステイトメント刊行後〕

Gillham Advertising Agency, Inc. v. Ipson, 567 P. 2d 163, 167 (Utah 1977).（反対意見において二九九条を引用）〔二九六条および二九八条を引用した判例と同一〕

Casselman v. Denver Tramway Corp., 195 Colo. 241, 577 P. 2d 293, 295 (Colo. 1978).（議論において二九九条を引用）（〔運送〕料金を支払った乗客が、被告会社の従業員の過失にもとづいて被った被害について〔コロラド州裁判所に〕訴えを提起した。会社（デラウェア法にもとづいて設立され、バス事業を経営していた）は、乗客が訴状を提出した時より、ほぼ四年前にデラウェアで正式に解散していた。事実審裁判所は、つぎのように述べて乗客全員に対する事実審理を経ない判決（summary judgment）を下した。すなわち会社に対する請求はデラウェア法によって禁じられていること、清算人はデラウェア衡平裁判所の独占的管轄権の下にあるから、会社資産を保有する清算人に対して管轄権を有しないこと。〔コロラド州〕控訴裁判所は、コロラド法は訴えを禁じているという理由で、事実審を経ない判決の認容を維持した。上訴にもとづいて〔コロラド州最高〕裁判所は、つぎのように判示した。すなわち州外会社が、解散後、訴えられうるか否かの問題は、設立州法によって決定されること、デラウェア法によれば、清算人の任命は、解散会社が訴え、または訴えられる期間を延長することになると――。それゆえに最高裁判所は、乗客が訴状を提出した時、被告会社が訴えられる法的能力を有していたこと、控訴裁判所の判決は破棄・差戻されることを認定した)。

Willey v. Brown, 390 A. 2d 1039, 1042 (Me. 1978).（議論において二九九条一項を引用）（芝刈機販売業者および芝刈機製造業者を相手として、芝刈機の過失ある構造によって被害を被った原告が、損害賠償を求めて〔メイン州裁判所に〕訴訟を提起した。下級裁判所は、訴訟が出訴期限法（statute of limitations）により妨げられているとの理由で、却下を求める被告会社の申立てを認容した。上訴に際して原告は、被告会社の非任意解散（involuntary dissolution）が、出訴期限法を適用するために〔会社〕不存在の原因となったか否かの問題を提起した。〔メイン州最高〕裁判所は、被告会社の存在が終結または停止したか否かを決定するために、設立州法であるマサチューセッツ法に注目し、被告会社は出訴期限法を適用するためには不存在ではないと判示した)。

Ficor, Inc. v. McHugh, 639 P. 2d 385, 391 (Colo. 1982).（支持意見において二九九条注g項および設例を引用）（非公開解散会社（closely held defunct corporation）の債権者が、不適法な会社の解散を理由に取締役、役員、株主および譲渡人を相手として金銭回復を求めた。〔コロラド州〕事実審裁判所は、原告債権者の勝訴を認定し、損害賠償を求める被告の反訴を棄却した。被告上訴。〔コロラド州最高〕裁判所は、〔被告の〕連帯責任を認めた事実審判決を維持したが、損害賠償額の再計算については差し戻した。裁量上訴にもとづき裁判所は、解散会社の取締役でなかった株主一人を除き、連帯責任を認めた事実審判決を維持した。裁判所は、前記株主については、会社解散にもとづいて受領した財産の利益についてのみ責任があると判示した。裁判所は、解散会社が他の州で設立されたにもかかわらず、〔設立州の〕地域実質法を適用した。〔設立州の〕地域実質法は会社にとってより重要な関係を有するからである。解散会社は、会社の設立以外には設立州とは関係がない。若干の取締役が設立州に居住するが――。会社は、土地購入のためにのみ設立され、すべての財産は法廷地（local forum）に存在する）。

Cunartd S. S. Co. Ltd. v. Salen Reefer Services AB, 773 F. 2d 452, 458 (C. A. 2 1985).（支持意見において二九九条を引用）（スウェーデン事業法人（business entity）は破産手続を開始し、債権者の債務者に対する訴訟手続を中断させた。イギリス会社は、契約文書――それにはロンドンを仲裁地とする仲裁契約が含まれていた――にもとづく請求権を根拠として、合衆国所在のスウェーデン法人の資産を差し押さえた。スウェーデン法人の申立てにもとづき、〔連邦〕下級裁判所は差押えを取り消し、事件を却下した。イギリス会社上訴。〔連邦控訴〕裁判所は原判決を維持し、つぎのように判示した。すなわち下級裁判所は、スウェーデン事業法人破産のスウェーデン裁判所の表明、およびその結果としての債権者の差押手続停止の実施、これらに対する礼譲を認めるという点において、適正に自己の裁量を行使している。裁判所は、州内事業法人の清算に際して、外国裁判所の利益を承認したと――）。

Velasquez v. Franz, 123 N. J. 498, 589 A. 2d 143, 149 (N. J. 1991).（議論において二九九条一項を引用）（機械操作員は、〔機械の〕欠陥によって生じた被害の損害賠償を求めて、ニュージャージー連邦裁判所に州籍の異なる製造業者を訴えた。ニュージャージー連邦地方裁判所はイリノイ法を適用し、製造会社は解散して訴えられる能力を欠いているとの理由で、訴えを却下した。操作員は、本質的に同一の請求をニュージャージー州裁判所に再提出したが、事実審裁判所は、設立州法が訴えられる会社の能力の問題を規律すると決定し、訴えを却下した。中間上訴裁判所は、既判力にもとづき〔事実審判決を〕維持した。〔州最高〕裁判所はその判決を維持し、つぎのように判示した。すなわち訴えられる能力の欠缺にもとづく却下は、既判力に服する本案に関する司法的判断である。抵触法問題に関する上訴のための適切な法廷は、連邦裁判所である。さらに裁判所は、つぎのことに言及した。訴えられる会社の能力に関する抵触法上の問題は、ルールが連邦民事訴訟規則に組み入れられる以前から、長い間、設立州法を参照して回答を答えていたと――)。

In re Morris, 147 B. R. 929, 935 (S. D. Ill. Bkrtcy. Ct. 1992). (支持意見において二九九条注e項を引用) (〔連邦破産法〕第七章の破産管財人は、アイオワ債務会社が不動産譲渡の時、非任意解散をしていたから、イリノイ〔所在〕不動産の譲渡は無効であると主張して、不動産の回復と宣言的救済を求めて〔イリノイ連邦破産裁判所に〕訴えを提起した。裁判所は、不動産譲渡の効力を決定するためにアイオワ法を適用した。アイオワ法は、会社が〔解散後〕資産を処分するために長い期間を許容していた。裁判所はつぎのように述べた。すなわち不動産所在地裁判所(situs court)は、土地譲渡の効力および効果ならびに譲渡された権利の性質を決定するために、通常、自州の法を適用するが、アイオワ州が、会社の解散後、資産を処分する長い期間を定めているという事実は、自州の制定法とイリノイ法とを不調和とさせるものではない。なぜなら双方の州制定法は、解散会社(defunct corporation)の権原の移転を促進するために役立つものだからである。かくして株主が、不動産譲渡の時、会社の解散を知らなかったにもかかわらず、裁判所は、不動産譲渡を有効と判示して、管財人敗訴の判決を下した)。

Gemstar Ltd. v. Ernst & Young, 183 Ariz. 148, 901 P. 2d 1178, 1184 (Ariz. App. 1995), vacted 185 Ariz. 493, 917 P. 2d 222 (1996). (議論において二九九条を引用) 〔二九六条を引用した判例と同一〕

Hood Bros. Partners v. USCO Distribution Services, 140 F. 3d 1386, 1386, 1388 (C. A. 11 1998). (頭注および脚注において二九九条注h項を引用) (不動産賃貸人は、倉庫のために使用された財産の長期賃貸借契約を終了させるために〔ジョージア連邦地方裁判所に〕訴えを提起した。不動産賃貸人は、賃借人の前権利者が賃貸借契約にもとづく責任に対して十分な準備をすることなく会社の解散を行うことによって、賃貸借契約を拒絶したと主張した。ジョージア連邦地方裁判所は、不動産賃貸人勝訴の事実審理を経ない判決(summary judgment)を下した。連邦控訴裁判所はつぎのように判示して、原判決を破棄・差し戻した。すなわち不動産賃貸人が、いかなる点においても賃貸借契約を拒絶する者によって損害を与えられたという証拠は存在しないと――。前権利者は、ニュージャージー会社である。裁判所は、つぎのように認定した。設立州が、本来、会社解散の法的効果を規律する。不動産賃貸人は、会社の解散に関するニュージャージー法の適用と、これを比較考慮したジョージア州の利益について言及していない)。

第三〇〇条　州外会社の清算

「独立した法地域」は、州外会社の存在を終結させることなく、憲法上の制限の下で、州内にある会社営業を清算することができる。

第一リステイトメント第一六二条（州外会社の清算）「独立した法地域」は、会社が州外会社であるか州内会社であるかを問わず、会社を解散することなくして、「法地域」内にある会社営業を清算することができる。

一　本条の注解

a 項（合理的根拠）　地域内で活動するものを支配する権能の一部として、「独立した法地域」は、州外会社の活動を規制し制限を加えることができる。憲法上の制限の下で、合衆国の各州は、州外会社が州内で営業活動をなすことを禁止することができ、また会社業務を清算することもできる。

b 項（清算業務の内容(1)）　清算は通常、次のものを含んでいる。

(1) 会社が「独立した法地域」内で営業活動をなすことを止めるよう要求すること

(2) 「独立した法地域」内の会社資産の責任をもつ財産管理人または官吏を任命すること

(3) ある会社債権者が差押をして、他の会社債権者に不利益をもたらすことのないよう、「独立した法地域」内の会社資産を保護すること

ｃ項〔清算業務の内容⑵〕　清算はまた、資産を換価すること、債権を支払い、かつ会社資産の残額を分配するか、または残額を設立「法地域」における組織体または代表者に返還することを含む。

ｄ項〔清算する州の権能の制限〕　〔連邦〕破産法および他の連邦制定法は、会社営業を清算する州の権能に影響を及ぼす。また財産管理人の任命のような連邦裁判所による管轄権の行使は、会社を清算する州裁判所の権能に影響を及ぼすのである。

二　本条に関する判例

抵触法第二リステイトメントは、三〇〇条について判例を引用していない。

三　本条を引用した判例〔抵触法第二リステイトメント刊行後〕

三〇〇条を引用した判例はない。

第二節　会社の権能及び責任

第三〇一条　第三者に対する権利及び責任

個人によっても同様になされうる種類の会社の行為から生ずる、第三者に対する権利及び責任は、非法人当事者（non-corporate parties）に適用されると同一の法選択原則によって決定される。

第一リステイトメント第一六五条(州外会社の権能)　州外会社は、行為がなされる「法地域」の法によってその行為が禁止されていない限り、設立「法地域」の法にしたがい会社の権能の範囲内でいかなる行為をも適法になすことができる。

第一六六条(州外会社の行為を規律する法)　州外会社によってなされた行為の効果は、その行為が行われる「法地域」の法によって規律される。

一　本条の注解

a項(本条の適用範囲)　本条のルールは、個人によっても同様になされうる会社の行為から生ずる、第三者に対する会社の権利及び責任に関するものである。会社またはその他の団体（associations）によってのみなされうる行為から生ずる争点について、これを規律する法に関しては第三〇二条を参照。第三者（third persons）という用語が本条において用いられるとき、それは設立「法地域」および会社の取締役、役員もしくは株主以外の者をいう。会社の行為から生ずる取締役、役員および株主の権利および責任に関しては第三〇三条―第三一〇条を参照。

会社は代理人によってのみ行為することができる。会社の行為（act of corporation）という用語が本条において用いられるとき、それは会社を代理してなされ、かつ会社が代理原則にもとづいて責任を負う行為を意味する。会社が、会社を代理してなされた行為により拘束されるか否かは、第二九二条[19]のルールの適用により選択された法によって決定される。

b項(能力外の行為でない場合の、州外会社による行為の効果)　多くの行為は会社および個人の双方によってなされうる。したがって会社と個人は同様に契約を締結し、不法行為を行いもしくは資産の譲受および譲渡を行う。会社によってなされたとき、かかる行為に関する争点は、非法人当事者に適用されると同一の法選択原則によって決定される。このことは会社が、設立「法地域」の一般制定法またはコモンロー・ルール上特定の行為をなすことを禁じられているとしても同様である。かかる場合、設立「法地域」は、もし欲するならば当該行為をなしたことにつき会社を解散するか、さもなければ会社に制裁を科することができる。個人が市民権（citizenship）を有する「法地域」もまた、当該個人が他の「法地域」においてその地域実質法上適法でありかつ有効な行為を行ったことに対し、その個人を処罰することができる。設立「法地域」はまた、取締役または役員に対し、設立「法地域」の地域実質法に違反して会社によりなされた行為につき責任を免れしめることができる（三〇九条参照）。

契約にもとづく会社の権利および義務は第一八七条―第一八八条[20]のルールの適用により選択された法によって決定される。会社の代理人が、業務の遂行中不法行為を行ったとき、第一四五条および第一七四条[21]のルールの適用により選択された法が、会社は不法行為に対して責任があるか否か、および会社はいかなる範囲で損害賠償責任を負うかについて決定する。

土地または動産に関する権利についての、会社によるまたは会社に対する譲渡の効力は、第二二三条および第二四四条[22]のルールの適用により選択された法によって決定される。移転行為が債権者を欺罔するものであるか否かを決定するため適用される法選択のルールは、移転行為が会社または個人によってなされたか否かを決定するルールと同一である。

若干の「法地域」においては、会社の活動はこれを制限するが、個人の活動はとくに制限しないとする制定法がある。かかる制定法が、会社の行為がなされた「法地域」に存在するときは、その制定法は通常、州内会社のみならず州外会社に対しても適用がある。ある「法地域」内において、州外会社が一定の要件をみたさない限り営業活動をなすことを禁止するという制定法については、第三一一条―第三一二条を参照。

c項（州外会社による能力外の行為の効果）　本条において能力外の行為（ultra vires act）とは、基本定款（charter, articles of incorporation）によって与えられた権能を超えて会社によりなされた行為をいう。本条に定める法選択ルールの適用により選択された法が、基本定款により特定の行為をなすことを会社が授権されているか否かを、第三者は調査する義務を負うか否か、およびいかなる事情の下で調査義務を負うかを決定する。第三者が、会社は自己の権能を超えて行為していることを知っていたか、または知るべきであったとき、会社が権能を超えて行為したという事実が当事者の権利義務にどんな効果を与えるかについて問題を生ずる。能力外の事実が抗弁となるか否かは、両当事者が完全に履行した契約、一方当事者は履行したが他方当事者は未履行の契約、もしくは当事者双方が未履行の契約などにより、会社が原告または被告となる訴えにおいて、関係「法地域」の地域実質法が異なることがある。

本条において定められた法選択ルールの適用により選択された法にしたがい、能力外の事実が特定の事情の下で抗弁とされないとき、契約は能力外の理由で強行不可能であると判決されることはない。設立「法地域」の地域実質法によれば、能力外の理由で契約が強行不可能であるとしても、前述と同様である。

基本定款により会社に賦課された制限は設立「法地域」内においてのみ有効である、と設立「法地域」が意図していたと解することができる。かかる制限は、他の「法地域」における会社の活動を制限するために適用されることはない。例えば会社が基本定款により土地の所有を禁止され、かつ当該定款規定がその〔設立法〕地域の土地にのみ適用されると設立「法地域」が意図しているとき、会社は、他の「法地域」における土地に関する権利取得を妨げられることはない。

基本定款に定める特定の制限があらゆる地において会社を拘束することを設立「法地域」が意図しているとしても、本条に定める法選択ルールの適用により選択された法によって、当該定款規定は無効と判決することができる。例えば会社が基本定款により土地の所有を禁止せられ、かつ当該定款規定があらゆる地において会社を拘束する旨、設立「法地域」が意図しているとしても、当該土地が存在する「法地域」は、会社権能に対する〔基本定款の〕制限を無視し、会社は土地に関する有効な権原（good title）を取得している、と判決することができる。かくして他のすべての「法地域」は同様に、会社が土地に関する有効な権原を取得していると判決することと思われる。

d項（適用される地域実質法）　会社によりなされた行為は、当該行為が個人によりなされたとき適用されると同一の法選択原則によって規律されるが、このことは必ずしも同一の地域実質法ルールが会社と個人の双方に適用されることを意味するものではない。例えば土地に関する権利を移転する譲渡人の能力（capacity）に関する問題は、土地所在地の裁判所が適用する法によって決定される（二二三条参照）。通常これらの裁判所は、当該争点につき自己の地域実質法にしたがって決定する。しかし場合によっては、これらの裁判所は、個人のときには譲渡人のドミサイルの「法地域」、会社のときには譲渡会社の設立「法地域」の地域実質法を適用することがある。

e項（州外会社による制定法の不遵守）　制定法は、しばしば、州外会社が一定の要件を遵守しないで「法地域」内において営業活動をなすことを禁止することがある。営業活動「法地域」が賦課した要件を遵守しないときの効果は、第三一一条―第三一二条において検討されている。

f項（取締役および役員の責任）　会社および株主に対する取締役および役員の責任は、通常、設立「法地域」の地域実質法によって決定される（三〇九条参照）。そこで本条に定める法選択ルールの適用により選択された法によれば法律上有効とされるところの会社の行為を授権し、またはその行為に加わったことについて、取締役が設立「法地域」の地域実質法上責任があると判決されることがおこりうる。

g項（社債問題の効力）　社債問題の効力を規律する法については、第三〇二条注hを参照。

二　本条に関する判例

①　注b項に関する判例

個人に関連するときであれば支配するであろう法の選択原則が、次の争点に適用されている。

（法定外の金利）

Falls v. United States Savings, Loan & Bldg. Co., 97 Ala. 417, 13 So. 25 (1892).（ミネソタ制定法が、ミネソタで設立された会社に対し八パーセントの金利を超える金銭貸付をなしうることを定め、他方アラバマ制定法が、八パーセントの金利は法定外の金利であるとして、この利率で貸付をした場合、元金を除いては強行することができないと定めているとき、アラバマ州内で営業活動をなすことを授権されたミネソタ会社 United States Savings, Loan & Bldg. Co.（原告、被上告人）が、アラバマ州内で締結した金銭貸付契約につき八パーセントを超える利息を請求できるか否かがアラバマ州裁判所において問題となった事案において、Falls（被告、上告人）は法定外金利の抗弁を主張することができる。けだし州外会社がわが〔アラバマ州〕法廷において権利を強行しようとするのみでなく、さらに事実上わが「法地域」において会社の行為を遂行しようとする場合、設立州法によって与えられた格別の権利または特権を強行することがわが「法地域」の公序または制定法体系の侵害をもたらすとき、州外会社はかかる権利または特権を主張できないからである）。

Meroney v. Atlanta Building & Loan Ass'n, 116 N. C. 882, 21 S. E. 924 (1895).（ノースカロライナ制定法が貯蓄貸付組合〔一定の持分を引き受けて社員となり、それにもとづいて金銭の貸付を受け、以後、元金、利息および借入謝礼金を分割して返済し、持分ごと一定額に達すると持分が消滅する相互扶助組合〕による金利を六パーセントに制限している場合、ジョージア州法にもとづいて設立された貯蓄貸付組合 Atlanta Building & Loan Ass'n（被告、上告人）がノースカロライナ州市民 Meroney（原告、被上告人）に対して一二パーセントの金利で金銭を貸し付け、この貸付契約が法定外の金利であるか否かが、ノースカロライナ州裁判所において問題となった事案において、当該契約はノースカロライナ契約であり、いかなる名目であるかを問わず元金と法定利息を超えて支払われるとき、その契約は法定外の金利契約である。裁判所にとって明らかにその州の利息制限法（usury law）を免れるためにとられたと思われる州外会社の企ては、利息制限法の事実上の廃止をもたらすものであるから許されてはならず、州の確立された法政策は、裁判所によって支持されなくてはならない）。

Floyd v. National Loan & Investment Co., 49 W. Va. 327, 38 S. E. 653 (1901).（西ヴァージニア州市民であるFloyd（原告、上告人）は、ミシガン州で設立されミシガン制定法により高金利の免除特権を有する貯蓄貸付組合（被告、被上告人）と契約締結地および履行地をミシガン州とする捺印証書契約を締結し、支払を担保するため西ヴァージニア州所在の不動産を他の被告に信託譲渡したが、原告が捺印証書契約につき西ヴァージニア利息制限法による法定金利を主張して西ヴァージニア州裁判所に訴えを提起した事案において、この契約には西ヴァージニア利息制限法の適用がある。けだし礼譲原則は、設立州法により個人に許される行為につき会社が他の州でなすことを許容するにすぎず、設立州法上、利息制限法の適用を免除された会社が他の州においてその免除特権を行使しうるかは疑問であるし、また本州制定法により州外会社は、州内会社に課せられると同一の規則、制限および責任に服するのであって、州内会社に許されるよりも大きな権利、権能および特権を行使しえないからである）。

Stack v. Detour Lumber & Cedar Co., 151 Mich. 21, 114 N. W. 876 (1908).（利息に関するミシガン制定法が、法定外金利を定める契約においては貸主は利息の全部を喪失すると定め、また他のミシガン制定法が、州内における営業活動を授権された州外会社は州内会社のあらゆる権利および特権を享受することができると定めており、他方、利息に関するイリノイ制定法が、いかなる会社も法定外金利という抗弁を主張してはならないと定めている場合、ミシガン州市民 Stack（原告、被上告人）がイリノイ会社 Detour Lumber & Cedar Co.（被告、上告人）に対して、ミシガン州法上、法定金利を超える利率で金銭を貸し付け（契約の締結地・履行地はともにミシガン州）、原告が被告所有の土地（所在地はミシガン州）に対する譲渡抵当の受戻権喪失を求めてミシガン州裁判所に訴えを提起し、原告が、被告は法定外金利の抗弁を提出しえないと主張した事案において、イリノイ会社は法定外金利の抗弁を主張することができる。けだしある制定法がその地域の法政策を実施するために制定されたとき、かかる制定法の規定は、州または株主により〔州と株主間の〕charter 契約に包含させることを意図していたとか、州外における取引において会社を規制することを意図していたと仮定されるものではないし、利息制限法は地域的（local）であり、超地域的効力を有しないからである）。

（土地に関する権利取得の能力）

The Whitman Gold and Silver Mining Co., v. Baker, 3 Nev. 386 (1867).

White v. Howard, 38 Conn. 342 (1871).

Tarpey v. Deseret Salt Co., 5 Utah 494, 17 P. 631 (1888), aff'd 142 U. S. 241 (1891).（あるカリフォルニア鉄道会社が連邦法によりユタ州内の土地の譲与を受け、新設合併によりこの権利を承継した鉄道会社から一定期間の土地賃貸借権を取得したTarpey（原告、被上告人）が Deseret Salt Co.（被告、上告人）に対して土地の回復を求めてユタ州裁判所に訴えを提起したところ、被告は、原告がカリフォルニア鉄道会社から適法に権利を承継していないと主張した事案において、財産を保有・譲渡する州外会社の権能および権利は、設立州法によって決定されるべきではなく、州外会社が営業活動をしている州または州外会社が財産を取得する州の法律によって決定されるべきである）。

反対の判例としてはつぎのものがある。

Starkweather v. American Bible Society, 72 Ill. 50 (1874).

Diamond Match Co. v. Powers, 51 Mich. 145, 16 N. W. 314 (1883).（デラウェア会社である Diamond Match Co.（原告）がミシガン州の登記事務所長 Power（被告）に対して、ミシガン州のカウンティ内にあるすべての不動産の権原の概要を作成するために登記所にある帳簿・記録の利用を許すよう職務執行令状を求めてミシガン州裁判所に訴えを提起したところ、ミシガン州市民でない州外会社が前述の目的で登記事務所に立ち入り帳簿などの利用をなしうるか否かが争われた事案において、原告はかかる申立を認められない。けだし州外会社が自己の存在を負うており、またその地域に属しているデラウェア州が、その会社に対して土地取引をなす権能を法律上与えていない限り、会社はミシガン州においてかかる土地取引業務に従事することができず、この点に関するいかなる証拠も提出されていないからである）。

House of Mercy of New York v. Davidson, 90 Tex. 529, 39 S. W. 924 (1897).（ニューヨーク州の公益法人設立に関する法律は、公益法人設立の場合を除いて、一般には五万ドル相当額を超える不動産の取得・保有を禁止していたが、この法律にもとづいて設立され、すでに五万ドル相当額の不動産を保有するニューヨーク公益法人 House of Mersy of New York（原告、上告人）が、訴外Pの遺言によってテキサス州所在の土地の遺贈を受け、Pの法定相続人 Davidson（被告、被上告人）に対し土地の回復を求めてテキサス州裁判所に訴えを提起したところ、当該公益法人が設立準拠法上の制限を超えて土地を取得・保有する能力があるか否かが争われた事案において、上告人（原告）に対する土地の遺贈は無効である。けだしニューヨーク州の公益法人設立に関する一般法は五万ドルを超えない額の土地保有を授権する旨の規定を含んでおり、この一般法はその法律にもとづいて登録された基本定款とともに charter を構成し、上告人は、本州においては、charter によって禁止された権能を行使することができないからである）。

（優先譲渡）

Boehme v. Rall, 51 N. J. Eq. 541, 26 A. 832 (1893).（ニューヨーク支払不能会社規制法が、支払不能のおそれがある会社は譲渡抵当の設定をなすことを禁止しており、他方ニュージャージー州においてはかかる場合でも譲渡抵当を認める法政策をとっている場合、ニューヨーク市から移転してニュージャージー州に全財産を有し、かつ全営業活動を行っているニューヨーク会社（「鉱山、製造、機械および化学を目的とする会社の設立法」に準拠し、社員が従業員・役員である co-operative corporation）が、支払不能のおそれが生じた時点でニュージャージー州居住者から金銭を借りいれ（契約の締結地・履行地はニュージャージー州）、その支払を担保するためニュージャージー州所在の不動産に譲渡抵当を設定したが、支払不能となったニューヨーク会社の収益管理人 Boehme（原告）が債権者の受託者 Rall（被告）を相手として譲渡抵当の無効を主張してニュージャージー州衡平法裁判所に訴えを提起した事案において、当該譲渡抵当は有効である。けだし譲渡抵当設定の禁止規定は、ニューヨーク会社が設立に際して準拠した法の一部ではなく、全ニューヨーク会社を規制する一般法に含まれており、州の一般法はそれ自体超地域的効力を有するものではないし、また州際間の礼譲原則は、他の州において会社の資格で活動する特権の行使を承認するにすぎず、州外会社に地域の法政策に違反する権能の行使まで承認するものではないからである)。

Warren v. First Nat. Bank of Columbus, 149 Ill. 9, 38 N. E. 122 (1893).（Warren（原告、被控訴人、上告人）とFirst Nat. Bank of Columbus（被告、控訴人、被上告人）は、支払不能となった訴外ニューヨーク会社 Ohio & Western Coal & Iron Co.（「鉱山、製造、機械および化学を目的とする会社の設立法」に準拠）に対する差押債権者であるが、支払不能のおそれが生じた時点で、被告は前述訴外ニューヨーク会社の訴外P会社に対する債権の譲渡を受け、他方ニューヨーク支払不能会社規制法が、支払不能のおそれのある会社は会社債権者に対し財産譲渡をなすことを禁止しそれに違反する譲渡を無効と定めている場合、原告が被告の債権譲渡無効を主張してイリノイ州裁判所に訴えを提起した事案において、当該債権譲渡は有効である。けだし礼譲原則によって他の法域において承認されるのは、charter〔基本定款および設立準拠法〕のみであって会社設立州の一般法ではなく、州の一般法は超地域的効力を有しないからである）。

Borton v. Brines-Chase Co., 175 Pa. 209, 34 A. 597 (1896).（ニュージャージー州裁判所によって任命された、ニュージャージー支払不能会社 Brineschase Co.（被告、被上告人）の収益管理人 Borton（原告、上告人）が被告を相手として会社債権者のために、被告がペンシルヴェニア州債権者に対して作成・交付した権利譲渡捺印証書（作成・交付地はペンシルヴェニア州）の無効を主張してペンシルヴェニア州裁判所に衡平法上の訴えを提起した事案において、当該捺印証書は有効である。けだしニュージャージー制定法が支払不能会社につき権利の譲渡を禁止しているとしても、その法律は、地域的に適用されるもので超地域的効力を有せず、かつ会社の組織的権能には及ばず、救済方法にのみ影響を及ぼすものであり、またその法律は、本州にある会社財産の分配に際して会社の行為を支配するものではないからである）。

Fawcett's Assignee v. Mitchell, Finch & Co., 133 Ky. 361, 117 S. W. 956 (1909).（ケンタッキー制定法が、債務者につき支払不能のおそれがある時点で他の債権者を排除して、ある債権者を優先させるため行った財産譲渡は、債権者の利益のために債務者のすべての財産譲渡とみなし、また債権者を妨害する意図をもってなされたすべての譲渡は無効と定めており、他方オハイオ制定法には支払不能に関する規定がおかれていない場合、訴外 Fawcett が、支払不能のおそれがある時点でケンタッキー会社 Micthell, Finch & Co.（被告、被上告人）に対して既存の債務を担保するため他の債権者に優先させる意図をもって手形を譲渡（行為地はオハイオ州）したところ、Fawcettに対する債権者の受託者（原告、上告人）が手形譲渡の無効を主張してケンタッキー州裁判所に訴えを提起した事案において、当該手形譲渡は有効である。けだし支払不能に関する本州制定法は本州を超えて効力を有しないし、もしその取引がケンタッキーで行われたならばすべての債権者の利益のため債務者の財産譲渡に相当するが、オハイオ州にはかかる規定がなく、当該取引はそれが行われた州において有効と仮定せざるをえないからである）。

Washington-Alaska Bank v. Dexter Horton Nat. Bank, 263 Fed. 304 (1920).（Dexter Horton Nat. Bank（原告、被控訴人）は、アラスカにおいて銀行営業を行い、支払不能となったネバダ銀行 Washington-Alaska Bank（被告、控訴人）に対して金銭債権を有していたが、被告が一部の支払を除き残額を支払わないので、原告は、ネバダ銀行およびその収益管理人を相手として金銭の支払を求めて連邦裁判所に訴えを提起したところ（一審はアラスカ第四区連邦地裁、二審は第九区連邦中間上訴裁）、被告が、ネバダ銀行法は支払不能銀行に対する預金者および為替手形所有者の権利につき、税以外の他の権利よりも優先させる旨を定めているので、原告に対する支払は禁止されていると主張した事案において、ネバダ銀行法は、アラスカで営業活動をしているネバダ銀行には適用がない。けだし会社の charter の一部となっている州法すなわちネバダ一般会社法は、会社が他の州で営業活動をするときにも会社に随伴するが、ネバダ州内で営業活動をする会社を規制する州法、例えばネバダ銀行法はそうではないからである）。

McLean v. Tucker, 26 Cal. App. 2d 126, 78 p. 2d 1168 (1938). (Tucker（被告、被控訴人）は、カリフォルニア州において鉱山業を経営し支払不能となった訴外ネバダ会社 Cave Springs Mining Corporation に対して金銭の支払を求めてカリフォルニア州裁判所に訴えを提起し、勝訴判決をえてネバダ会社の鉱業権を差し押さえようとしたところ、その差押を中止させるためネバダ会社は、被告に対し鉱山施設を譲渡する旨の捺印証書を作成したが、ネバダ会社の役員 McLean（原告、控訴人）は、捺印証書の無効を主張してカリフォルニア州裁判所に本訴を提起し、無効の理由として一九二五年ネバダ会社法四五条が、支払不能のおそれがある会社は、特定の債権者を一般債権者よりも優先させる意図で財産譲渡をなすことを禁じ、違反行為を無効としている点をあげた事案において、当該捺印証書は有効である。けだしなにが charter を構成するかについて若干の混乱がみられるが、カリフォルニアで営業活動をしている州外会社は、この地で行う営業についてはカリフォルニア州法に服しており、また会社の charter 規定がとくに限定条項を含むのでない限り、会社設立州の一般法は当該会社を支配しないからである)。

（土地収用権能）

Southern Illinois & Mo. Bridge Co. v. Stone, 174 Mo. 1, 73 S. W. 453 (1903), aff'd 206 U. S. 267 (1907). (Southern Illinois & Mo. Bridge Co.（原告、上告人）は、イリノイ州のある地点からミズーリ州のある地点にかけて、ミシシッピー河を渡る橋梁の建設・維持をする目的でイリノイ会社法にもとづいて設立され、ミズーリ州務長官からミズーリ州における営業活動の権限を取得し、また当該橋梁の建設を授権する連邦法の制定をえていたが、ミズーリ州側の土地を所有ないし占有している Stone（被告、被上告人）が土地を明け渡さないので、原告は被告を相手として土地の収用を求めてミズーリ州裁判所に訴えを提起したところ、被告は、ミズーリ州の憲法および法律によれば州外会社がかかる目的のため本州の土地を収用する権能を有しないと主張した事案において、上告人（原告）は本州において土地収用の権能を有する。けだし設立州が会社に土地収用の権能を与えないにもかかわらず、本州が管轄法域の範囲内でその権能を会社に授与することは正当と認められ、当該州外会社は、charter によっては土地収用権を行使する資格がないが、州憲法上の禁止がないときは、営業活動地州の立法府が権能付与法（enabling acts）によって州外会社にこの権利を授与することは正当だからである)。

United Gas Pipe Line Company v. Nezat, 136 So. 2d 76 (La. App. 1962). (United Gas Pipe Line

Company（原告、被控訴人）は、ルイジアナ州における営業活動資格を取得した州外会社であるが、ルイジアナ州にパイプラインを建設するため敷設予定地の一部を所有する Nezat（被告、控訴人）から土地を購入しようとして拒絶されたので、土地の収用を求めてルイジアナ州裁判所に訴えを提起したところ、被告は、原告が私的目的のために設立された会社であり、本件土地を収用することができないと主張した事案において、被控訴人（原告）は、本件土地を収用する権能を有する。けだしルイジアナ制定法が、公衆に天然ガスを供給するためにガスの配管および販売の目的で設立された会社は、必要とされる財産を収用する権利があると定めているからである〔ただし傍論であり、原告勝訴の第一審判決を別の理由で破棄差戻〕）。

② 注c項に関する判例

個人相互間の契約上の問題を規律する法律は、会社と契約する取引相手方が会社の charter によって与えられた権能について調査義務を負うか否か、を決定するために適用される。

City Fire Ins. Co. v. Carrugi, 41 Ga. 660 (1871).

Minneapolis Fire & Marine Ins. Co. v. Norman, 74 Ark. 190, 85 S. W. 229 (1905).（ミネソタ相互保険会社 Minneapolis Fire & Marine Ins. Co.（被告、上告人）は、アーカンソー州市民 Norman（原告、被上告人）とアーカンソー州所在の財産につき火災保険契約を締結したが、その際交付した保険証券は、相互保険会社が発行を授権された証券ではなく、株式会社によって使用されている標準方式保険証券であったという事実関係において、原告が被告を相手として火災にもとづく保険金の支払を求めてアーカンソー州裁判所に訴えを提起したところ、被告（倒産後はその収益管理人）が、当社は相互〔保険会社〕方式保険証券を発行する権原を有するが、標準方式保険証券を発行する権限を有せず、したがって当該保険契約は能力外の契約であると主張した事案において、上告人（被告）は、かかる保険証券にもとづく訴えにおいて能力外の契約であると主張する資格がない。けだし州市民は、州外会社が自己と契約を締結する前に法律を遵守していることを知ることまで要求されておらず、保険会社の charter 権能を確認しないことは、保険証券所有者の過失となしえないからである）。

会社が能力外の行為をしたとき、それが当事者の権利に与える効果についてつぎの判例がある。

Heirs and Adm'r of Hitchcock v. The United States Bank, 7 Ala. 386 (1845).

Knox v. Bank of the United States, 26 Miss. 655 (1854).

Bank of Louisville v. Young, 37 Mo. 398 (1866).

United States Mortgage Co. v. Sperry, 24 Fed. 838 (C. C. N. D. Ill. 1885).（ニューヨーク州の特別法によって設立され金銭の貸付を授権されている United States Mortgage Co.（原告）は、基本定款に「法定金利を超える利率で貸付を行ってはならない」旨が定められていたが、イリノイ州市民（未成年者）の後見人 Sperry（被告）に対し、イリノイ州法上適法であるけれどもニューヨーク州法上違法な金利で金銭を貸し付けて、イリノイ州所在の不動産に譲渡抵当権を取得し、その譲渡抵当の受戻権喪失を求めてイリノイ州北部連邦裁判所に衡平法上の訴えを提起したところ、被告が、当該債券および譲渡抵当は利率に関する限り絶対無効であること、および本件契約はウルトラ・バイレスであり無効である、と主張した事案において、原告は、ニューヨーク州の法定金利を超えて他の州でなされた貸付にもとづき利息を課すことを妨げられない。けだし利息制限法（usury laws）は超地域的効力を有しない地域的な（local）ものであり、また原告は契約を完全に履行しており、契約の他方当事者が原告の権限欠缺を抗弁することによって自己の履行を免れることは許されないからである)。

Ray v. Home & Foreign Investment & Agency Co., 98 Ga. 122, 26 S. E. 56 (1896). Ray（原告、上告人）は、本店および役員をイングランドに有する外国会社 Home & Foreign Investment & Agency Co.（被告、被上告人）から手形貸付を受け、借入金の支払を保証するためジョージア州所在の土地を担保とする捺印証書を作成したが（契約準拠法はジョージア州法）、原告が借入金を支払わないので被告が捺印証書にもとづいて土地を売却しようとしたところ、原告は、被告による土地の売却の差止命令を求めてジョージア州裁判所に訴えを提起し、差止の理由として、被告はその charter〔基本定款を含む組織法〕によればグレート・ブリテンの国外において土地を売却する権限がない、と主張した事案において、上告人（原告）は、被上告人（被告）のかかる売却権限を否定することは許されない。けだし外国会社と取引してその金銭を借りいれ、売却権限を含めて不動産捺印証書によって金銭貸付を担保した者が会社に与えたこの権能を否定することは、禁反言により許されないからである。)

Southern Illinois & Mo. Bridge Co. v. Stone.（本条の判例）

Illinois Fuel Co. v. Mobile & O. R. Co., 319 Mo. 899, 8 S. W. 2d 834 (1928), cert. den. 278 U. S. 640

(1928).（鉱山業を営むイリノイ会社 Illinois Fuel Co.（原告、被上告人）は、ミズーリ州で蒸気鉄道を経営するアラバマ会社 Mobile & Ohio Railway Co.（被告、上告人）および同じく蒸気鉄道を経営する訴外ミシシッピーP会社との間に、石炭販売を目的とする継続的連帯債務契約を締結したが（契約締結地はミズーリ州、履行地はイリノイ州）、訴外P会社が受け取った石炭の代金を連帯債務者である被告が支払わないため、原告が被告を相手として石炭代金の支払を求めてミズーリ州裁判所に訴えを提起したところ、被告は、基本定款、設立州法（アラバマ法）および契約履行地法によっても石炭購入のため連帯債務契約を締結する権能を有せず、したがって当該契約は能力外の契約として無効であると主張した事案において、上告人（被告）の連帯債務契約が会社の能力外であるか否かの問題は、契約履行地法によってではなく、契約締結地法によって決定される。けだし契約締結地法が当事者の能力問題を決定するからである）。

E. C. Warner Co. v. W. B. Foshay Co., 57 F. 2d 656 (8th Cir. 1932).（ミネソタ会社 E. C. Warner Company（原告、控訴人）は、本店をミネソタ州に有するデラウェア会社W. B. Foshay Co. およびその収益管理人（被告、被控訴人）に対して、約束手形にもとづき原告に支払うべき金額の決定および手形の担保として質入された株式への受戻権喪失を求めて、ミネソタ連邦地方裁判所に衡平法上の訴えを提起したところ、第一審は約束手形を法定外金利として無効とし、原告が被告に対し担保物を返還するよう被告勝訴の判決を下したので、原告は第八区連邦中間上訴裁判所に上訴して、デラウェア制定法が「会社は法定外金利の抗弁を提出してはならず、かかる法規定は会社の目的に不適当または不適切な場合を除いて会社の charter の一部である」と定めており、したがって被告は法定外金利の抗弁を提出することができない、と主張した事案において、前述デラウェア法規定は、礼譲ルールによっても、契約の締結地、履行地および訴訟地がミネソタ州とされる、デラウェア会社に対する訴えには適用がない。けだし前述制定法は訴訟手続規定であり、訴訟手続的規定は礼譲ルールによっても超地域的効力を与えられないし、また礼譲ルールによって他の州において効力を有するのは、charter のすべての規定ではなくて会社と株主間の合意を構成する charter 規定のみであり、会社設立州法はこの合意の範囲と効力を決定する限りにおいて考慮されるのであり、当該デラウェア法規定は地域の法政策実施のために立法されたもので、デラウェア州または Foshay Co. 設立者が、charter 契約を締結することによってデラウェア州外における取引の規制をなすことを前述法規定は意図していた、と推測しえないからである）。

つぎの判例は、会社の権能が設立州法によって決定されるとする。

Wasserman v. National Gypsum Co., 335 Mass. 240, 139 N. E. 2d 410 (1957).（訴外Aはニュージャージー会社 Shanley Lumber Company の全株式を所有する当該会社社長であったが、Shanley Co. は安い価格で木材を自己に供給させるために供給先としてヴァージニア会社 Arey and Russell Lumber Co. のほとんどの株式を取得し、この Arey Co. が National Gypsum Co.（被告、被上告人）に対して負担する金銭債務を、供給先としての Arey Co. の存続を助けるため Shanley Co. が代って弁済をなし、その後 Shanley Co. が破産したところ、その破産管財人 Wasserman（原告、上告人）が被告を相手として Shanley Co. がArey Co. に代って被告に支払った金銭の返還を求めてマサチューセッツ州裁判所に訴えを提起し、その理由として Shanley Co. の支払はウルトラ・バイレスで違法であり、無効であると原告が主張した事案において、上告人（原告）は金銭の返還を求めることができない。けだしニュージャージー会社の権能の問題にはニュージャージー州法が適用されるし、またマサチューセッツ州法によっても二つの会社間の営業利益の共有および供給先としての Arey Co. を維持する営業目的のゆえに、当該取引は Shanley Co. の権能の範囲内にあるからである）。

しかし能力外の抗弁は、会社設立州の地域実質法によって主張しうるのではなく、契約を規律する法律によって主張しうるのであり、設立州の地域実質法はむしろ会社から抗弁を奪うために適用されている。

American Employers' Ins. Co. v. H. G. Christman & Brothers Co., 284 Mich, 36, 278 N. W. 750 (1938).（マサチューセッツ会社 American Employers' Ins. Co.（原告、上告人）は、訴外Pインディアナ会社のために建設債務の保証人となり、それによって生じた損失はインディアナ会社 H. G. Christman & Brothers Company（被告、被上告人）が補償するという旨の損失補償契約を原告と被告との間で締結していたが、原告が、前述保証債務を履行したので、被告を相手として損失補償を求めてミシガン州裁判所に訴えを提起したところ、被告は、損失補償契約が自己の能力外の契約であり強行しえないと主張した事案において、被上告人（被告）は能力外の抗弁を主張することができない。けだし被上告人の設立州法であるインディアナ法によれば、能力外の抗弁は、契約の取引相手方が会社の権能を信頼して行為したとき、会社はそれを主張することができないからである）。

裁判所は、しばしばその意見のなかで Bank of Augusta v. Earle, 13 Pet. (38 U. S.)519, 10 L. Ed. 274 (1839) の傍論すなわち「会社は設立州によって与えられた権能のみを有する」旨を引用している。しかしながら裁判所は、様々の手法によってこのルールの適用を回避しており、設立州によって会社の権能に課せられた制限は、つぎの理由により適用されえないと認定されている。

（i）会社の権能に課される特定の制限は、設立「法地域」内で行われる行為に対してのみその適用が予定されている。

M. Lowenstein & Sons v. British-American Mfg. Co., 300 Fed. 853 (D. Conn. 1924).（ニューヨーク会社 M. Lowenstein & Sons（原告）は、デラウェア会社 British-American Mfg. Co. およびその収益管理人（被告）に対して、被告が原告に与えた譲渡抵当の受戻権喪失を求めてコネティカット連邦地方裁判所に衡平法上の訴えを提起し、原告が、「いかなる会社も、今後、いかなる訴えにおいても法定外金利の抗弁を提出してはならない」と定めるデラウェア貸付金利法は被告の charter の一部であり、したがって被告は法定外金利の抗弁を主張しえない、と主張した事案において、法定外金利を抗弁する会社の権利は、設立州制定法によって影響を受けるものではない。けだし法定外金利の抗弁提出を制限するデラウェア法規定は、訴えがデラウェア州裁判所に提起されたとき、州内会社および州外会社のすべてに対して適用があるが、他の「法地域」において訴えられたときには、法定外金利を抗弁する権利に影響を与えるがために、デラウェア会社の charter の一部となるものではないからである）。

United States Mortgage Co. v. Sperry.（本条の判例）

（ii）会社の権能に課された特定の制限は、あらゆる地での適用が予定されているが、それは会社とともに同行するもの（traveling）として他の「法地域」によって承認される、というものではない。

E. C. Warner v. W. B. Foshay Co.（本条の判例）

Knox v. Bank of the United States.（本条の判例）

Bank of Louisville v. Young.（本条の判例）

（iii）会社は、設立「法地域」の地域実質法によっては明示されない随伴権能（incidental powers）を有している。

Heirs and Adm'r of Hitchcock v. The United States Bank.（本条の判例）

Southern Illinois & Mo. Bridge Co. v. Stone.（本条の判例）

（iv）会社の権能に課された特定の制限は、法廷地の地域実質法が規律する訴訟手続問題と関連する。

E. C. Warner v. W. B. Foshay Co.（本条の判例）

（v） 通常の抵触法ルールにしたがって、ある州が本条に関する行為を規律するとき、その行為は当該州の統治権能[23]（police power）の範囲内にある。 E. C. Warner v. W. B. Foshay Co.（本条の判例

しかし場合によっては、ある「法地域」は、自己の領域内において州外会社が設立「法地域」の地域実質法上欠いている権能を行使すること、を拒絶するのである。

State ex rel. Baltimore & O. Tel. Co. v. Delware & A. Tel. & Tel. Co., 7 Houst. 269, 31 A. 714 (Del. 1885).（メリーランド会社 Baltimore & Ohio Telegraph Company of Baltimore City（原告）は、charter によってメリーランド州内における営業活動のみに制限されていたが、デラウェア州内で電話線を作動させるため Delaware & Atlantic Telegraph & Telephone Company（被告）に対して、自己に援助を強制する職務執行令状の、不発行の理由を明らかにする決定を求めてデラウェア州裁判所に申立を提起した事案において、かかる決定は認められない。けだし自己の営業活動を設立州内に制限されず、いずれの地においても活動しうる会社は、憲法上または法律上の制限がない限り、他の州において承認され、好意によってその州内での活動を許容されるが、自己の営業活動を明示的に設立州内に制限されている会社は、設立州を超えて活動することを許容されないからである）。

Southwestern Tel. Co. v. Kansas City S. & G. Ry. Co., 108 La. 691, 32 So. 958 (1902).（テキサス会社 Southwestern Telephone Company（原告、被上告人）は、テキサス州のある地点からルイジアナ州を通ってアーカンソー州のある地点まで電信・電話線の架設を企てていたが、ルイジアナ州の土地を所有する Kansas City, Shreveport & Gulf Railway Company（被告、上告人）と通行権の価額について合意が成立しなかったので、通行権の収用を求めてルイジアナ州裁判所に訴えを提起したところ、第一審では原告が勝訴したので被告が上告し、被告が、原告の charter はテキサス州の九つのカウンティ内における活動のみを授権しており、その他の地においては営業活動を行う権能を付与していないと、主張した事案において、被上告人（原告）はルイジアナ州において財産収用権を行使することができない。けだし礼譲原則は、州外会社が営業活動地州の公序に違反する権能を行使すること、またはコモンロー上の権利を侵害する権能を行使すること、にまで拡張されるものではなく、後者の分類に属する財産収用権は、礼譲の問題として州外会社によって行使されることはできず、収用権が行使される州の明示的な権限授与のみによって行使されうるのであり、電信電話事業を

行う州外会社に財産収用権を与えるルイジアナ一八八〇年法は、州外会社が設立準拠法によってルイジアナ州での活動を禁じられている場合には、適用がないからである）。

Herbert v. Sullivan, 123 F. 2d 477 (1st Cir. 1941), cert. den. 315 U. S. 803 (1941).（本店をマサチューセッツ州に有するマサチューセッツ会社 Commercial Brewing Company は、ニューハンプシャー州に居住する John D. Sullivan の遺言執行者 William F. Sullivan（被告、被控訴人）に対して五、〇〇〇ドルの手形貸付を行ったが、適法な手形金の請求にもかかわらず被告が金銭の支払をしないので、Commercial Co. の破産管財人Herbert（原告、控訴人）が、金銭の支払を求めてニューハンプシャー連邦地方裁判所に訴えを提起したところ、被告は、裁判所の釈明権行使に答えて、原告が訴状に記載した契約はウルトラ・バイレスであると主張した場合、第一審では被告勝訴の判決を下したので、原告が第一区連邦中間上訴裁判所に控訴した事案において、Commercial Co. の行った手形貸付は能力外の契約であり、したがって無効である。けだし当該マサチューセッツ会社は、そのcharterによれば金銭貸付を行う権限を有しないこと、能力外の契約は無効でかかる契約に対する訴えは主張されえない、とするのがマサチューセッツ州におけるルールであること、については疑いの余地がなく、これはまたニューハンプシャー州における法でもあるからである）。

三 本条に関する立法

若干の州では、州外会社または州内会社に関する訴えにおいてウルトラ・バイレスが抗弁とされてはならない、とする法規定がおかれている。

Cal. Corp. Code §208 (1977)[24]; Mich. Comp. Laws Ann. §450. 11 (1967); N. Y. Business Corporation Law §203 (1963); N. C. Gen. Stat. §55-18b (1965); Ohio Rev. Code Ann. §1701. 18 (Baldwin 1964).

四 本条を引用した判例〔抵触法第二リステイトメント刊行後〕

Choate, Hall & Stewart v. SCA Serv. Inc., 378 Mass. 535, 392 N. E. 2d 1045, 1049 (Mass. 1979), on remand 22 Mass. App. Ct. 522, 495 N. E. 2d 562 (1986).（議論において三〇一条を引用）（被告ほか一名は契約を締結したが、その契約によって被告は、他人が負担した法的〔サービス〕料金を支払うことに合意した。原告は、他人のために法的サービスを行い、被告を相手に料金の金銭回復を求めて〔マサチューセッツ州〕裁判所に訴えを提起した。被告はつぎのように主張した。原告は、契約当事者ではないから、その契約の履行を強行することはできず、またマサチューセッツ法によれば、かかる状況の下での損失補償は違法であると――。下級裁判所は、事実審理を経ない判決で被告の申立を認容した。〔マサチューセッツ上訴〕裁判所はつぎのように述べた。すなわち下級裁判所は、適正にマサチューセッツ法の適用を選択している。なぜなら法廷地〔マサチューセッツ州〕は、状況と当事者にもっとも重要な関係を有するから。また法廷地は、契約交渉および契約確定の地であり、当事者の住所（residence）でもあるからであると。〔上訴〕裁判所はつぎのように判示した。すなわちデラウェア法は適用されない。なぜなら契約がその旨を規定しておらず、〔デラウェア州が〕被告の会社設立州であったとしても、原告の訴えは、会社の内部運営に関する争点を前提としていないからであると――。さらに〔上訴〕裁判所は、つぎのように述べた。第三者である受益者によって提起された訴えは、法廷地州〔マサチューセッツ州〕によって承認される。第三者である受益者に対する金銭回復を否定するいかなる理論も時代遅れというべきである。契約は、他人に対する法律相談の提供および契約によって他人の弁護士としての原告に利するという被告の意思を証明している。したがって原告は偶然的受益者ではなく、法的〔サービス〕料金に対する訴えを提起する権利がある。下級裁判所の認容判決は破棄されると――）。

Litarowich v. Wiederkehr, 176 N. J. Super. 144, 405 A. 2d 874, 877 (N. J. Super. 1979).（脚注において三〇一条を引用）（原告は、欠陥除雪車の運転中に傷害を負ったと主張した。除雪車がニュージャージー州で購入・使用されていたので、訴えは、複数の被告を相手としてニュージャージー州裁判所に提起された。被告二社（デラウェア会社およびデラウェア・パートナーシップ）は、自分たちが除雪車製造業者からの購入承継人であり、デラウェア法によれば原告の傷害について責任を負わないと主張して、事実審理を経ない判決（summary judgment）を求めて申立を行った。〔ニュージャージー州中間上訴〕裁判所は、つぎのように判示した。すなわちニュージャージー州は、争点に対してより大きい利害関係を有しており、したがってニュージャージー法が適用されると――。裁判所は、つぎのように述べた。被告は、商品をニュージャージー州で販売することを選択したが、そのことによって、どの不法行為法が消費者を保護するため必要であるかについてのニュージャージーの見解に服しているのであると――)。

First Nat. City Bank v. Banco Para El Comercio, 462 U. S. 611, 103 S. Ct. 2591, 2597, 77 L. Ed. 2d 46 (U. S. 1983), on remand 744 F. 2d 237 (2d Cir. 1984).（議論において三〇一条を引用）（キューバ外国貿易銀行は、合衆国商業銀行を相手として、未払信用状にもとづく金銭の支払を求めて〔連邦裁判所に〕訴えを提起した。キューバ政府は、被告のキューバ所在資産のすべてをなんら補償することなく国有化した。被告は、原告に支払うべき金銭につき、キューバ政府によって没収された資産を相殺物として充当した。被告は、原告がキューバ政府の分身であるとして反訴を提起した。原告は自己が独立法人であると主張した。〔連邦〕下級裁判所は、被告勝訴の判決を下した。〔連邦〕控訴裁判所はこれを破棄した。〔連邦最高〕裁判所は、原判決を破棄・差し戻した。設立州法は、通常、会社の内部事項（intrernal affairs）に関する争点を決定するが、第三者に影響を及ぼす対外的事項（external affairs）に関する争点には、別の抵触法ルールが適用される。この事案では、連邦コモン・ローと国際法原則の両者がキューバ法よりも、むしろ適用される。連邦最高裁は、原告がキューバ政府の分身であることの認定、および没収に対する被告の反訴の許容に際しては、エクイティの原則を適用する）。

In re G & L Packing Co., Inc., 41 B. R. 903, 910 (N. D. N. Y. 1984).（議論において三〇一条引用判例を引用）（家畜販売業者は、〔債務者が〕被告銀行によって設定させられた担保につき、精肉出荷業および家畜飼育場法によって定められた債務者財産に関する制定法上の信託（statutary trust）の設定を求めて、〔ニューヨーク連邦破産裁判所に〕訴えを提起した。破産裁判所は、つぎの理由で原告の主張を認めた。すなわち二つの債務会社は、同一個人によって密接に統合され管理されているので、精肉出荷業および家畜飼育場法の下では一つの実体（one entity）としてとらえられうるからである。〔連邦控訴〕裁判所は原判決を維持した。すなわち会社は、債権者からの防御物として判決執行不能（judgment proof）の最前線を作りだすことを許されない、ということを決定して、連邦〔控訴〕裁判所は、つぎのように判示した。すなわち破産裁判所は、連邦法が関係しているとの理由で、正当にも連邦法を適用している。設立州法は、通常、会社の内部事項に関する争点のみを決定するのであると――)。

Robert A. Wachsler, Inc. v. Florafax Intern., Inc., 778 F. 2d 547, 550 (C. A. 1985).（支持意見において三〇一条注b項を引用）（コネティカット会社は、オクラホマ州に主たる営業所を有するデラウェア会社を相手として、〔会社との〕取締役契約違反を理由として〔オクラホマ連邦裁判所に〕訴えを提起した。事実審裁判所は、オクラホマ法を適用して原告勝訴を認定した。〔オクラホマ連邦控訴〕裁判所は、原判決を破棄・差戻して、つぎのように決定した。〔連邦控訴〕裁判所はリステイトメントに留意し、デラウェア法が争点を規律すべきであると認定する。なぜならこの事案における争点は会社が契約当事者であったときにのみ生ずる契約確認の特殊問題に関係しているからである。裁判所は、つぎのように判示した。原告は、被告会社株主の過半数が契約を追認したことを立証していないから、取締役契約は取り消しうるものである。したがって被告は、適法に契約を否認することができると——)。

Bagdon v. Bridgestone/Firestone, Inc. 916 F. 2d 379, 382 (C. A. 1990), cert. denied 500 U. S. 952, Ill. S. Ct. 2257, 114 L. Ed. 2d 710 (1991). (議論において三〇一条—三一〇条を引用)(イリノイ州に主たる営業所を有するタイヤ会社は、多数株主(オハイオ会社)が、イリノイ州の同じ地域に競業店を開設したために利益の減少を生じた。少数株主(イリノイ州市民)は、多数株主が〔タイヤ〕会社に対して負っている義務に、さらには競業店開設によって派生的に少数株主に対して負っている義務に違反していると主張して、〔イリノイ連邦地方裁判所に〕訴えを提起した。〔連邦〕地方裁判所は、つぎのような多数株主の申立——タイヤ会社が〔この訴えには〕不可欠の当事者であること、裁判管轄のために要求される完全な州籍相違が不十分であることの申立——を拒否して、裁判管轄権欠缺のゆえに訴え却下を求める多数株主の申立を否定した。原判決取消、差戻。〔連邦控訴〕裁判所は、つぎのように述べて少数株主の請求は派生的であると判示した。すなわちタイヤ会社が当事者として必要であり、したがって州籍相違は不十分であると——。〔控訴〕裁判所は、つぎのように決定した。会社統治に関する抵触法理論として内部事項理論を適用することによって、訴えは、デラウェア(タイヤ会社の設立州)法上、派生的であると——)。

In re Integra Realty Resources, Inc., 198 B. R. 352, 353, 361 (D. Colo. Bkrtcy. Ct. 1996). (頭注において三〇一条を、議論において同条注b項を引用)(請求権が、〔連邦破産法〕第一一章の会社更生計画にもとづいて無担保債権者の信託に移転させられた後、債権者信託の受託者は、会社分割(spinoff)にもとづく移転が詐欺的移転および違法配当であるとして、その株式移転の取消を求めて債務者〔会社〕の株主を〔コロラド連邦破産裁判所に〕訴えた。裁判所は、他の決定と同じくテキサス出訴期限法(statute of limitations)が適用されることを決定(order)した。裁判所は、受託者の要求——詐欺的移転の主張がデラウェア出訴期限法により妨げられるとの決定の要求——を否定した。つぎの理由でテキサス法が適用される。〔請求権の〕移転がテキサス居住の取締役によって承認されたから、またそうでないとすれば〔請求権の〕移転後、テキサスで提起された訴えが派生的なものであるからである。その上、重要な数の株主および債権者がテキサス州に居住している。設立証書および少数の株主が、デラウェア州との債務者の唯一の関連を構成しているのである）。

Askanase v. Fatjo, 130 F. 3d 657, 660, 671 (C. A. 1997).（議論および頭注において三〇一条を引用）（〔連邦破産法〕第七章の債務会社およびその子会社の破産管財人は、債務会社の取締役、役員および株主を相手として、信認義務違反、契約違反、過失および詐欺を理由として〔テキサス連邦地方裁判所に〕訴えを提起した。連邦地方裁判所は、テキサス法がすべての管財基金（trust fund）請求権を支配すると判示し、被告勝訴の判決を下した。上訴に際して破産管財人は、債務会社は一九八五年にデラウェア州で再設立（reincorporation）をしているから、その日以降生ずるすべての管財基金はデラウェア法が支配すると主張した。〔連邦控訴〕裁判所は原判決を維持し、つぎのように判示した。すなわち以下の場合には、デラウェア法ではなくてテキサス法が適用される。債務会社の主たる営業所がテキサス州にあり、要求される支払はテキサス州からなされ、債務会社の会議はテキサス州で開催され、債務会社の主たる財産がテキサスにある場合——）。

Chrysler Corp. v. Ford Motor Co., 972 F. Supp. 1097, 1098, 1102 (E. D. Mich. 1997).（頭注および支持意見において三〇一条を引用）（一九九五年、数名の者が、ミシガン州天然資源局（環境保護庁（E. P. A; Environmental Protection Agency）の代理人）と総合環境・〔汚染〕反応・賠償・責任法（CERCLA; Comprehensive Environmental Response, Compensation, and Liability Act of 1980）にしたがって、以前の爆撃機製造場所改善計画を実行するため裁判上の和解（consent decree）を行った。自動車製造業者は、自己がCERCLAまたは州環境〔汚染〕反応法にもとづく〔汚染〕反応費用に対して責任がないという宣言判決（declaratory judgment）を求めて、〔ミシガン連邦地方裁判所に〕訴えを提起した。裁判所は、つぎのように判示した。すなわち自動車製造業者は、前用地所有者の権利承継人ではなく、したがって前所有者による危険な荒地を救済するCERCLA、州制定法もしくはコモン・ローに基づく責任を負わないと。裁判所は、より大きい利害関係を有する州であるミシガン州の法が、前所有者の会社設立州であるペンシルヴェニア州の法よりも優越すると決定した。さらに裁判所は述べた。非法人団体（noncorporate entity）はCERCLA責任を生ずるであろう。その根拠については、抵触法第二リステイトメント三〇一条がここでは適用されるものと思われ、通常の契約また不法行為の抵触法ルールの適用へと導くであろうと——）。

(19) 抵触法第二リステイトメント第二九二条（第三者に対する本人の契約責任）第一項　第三者との取引において代理人が本人を代理してなした行為により本人が拘束されるか否かは、個々の争点につき、第六条に述べられた原則にもとづき当事者及び当該取引にもっとも重要な関係を有する「法地域」の地域実質法によって決定される。　第二項　本人が、代理人が第三者と取引する「法地域」の地域実質法により拘束されるとき、本人は代理人の行為により拘束されると判決される。ただし少なくとも、本人が代理人に対し当該「法地域」において本人を代理して行為することを授権し、又は本人が第三者をして代理人がかかる権限を有すると合理的に信じさせた場合に限る。

第六条（法選択原則）第一項　裁判所は、憲法上の制限の下に、法の選択に関して自己の「法地域」の制定法による指示に従う。第二項　かかる指示がない場合、適用すべき法規の選択に関する要素は、次のものを含む。a号　州際及び国際秩序の必要性、b号　法廷地の直接関連する法政策、c号　他の利害関係「法地域」の直接関連する法政策及び個々の争点の決定に際して前掲「法地域」の有する関連の利害、d号　正当と認められる期待の保護、e号　個別の法分野の基礎に横たわる基本的政策、f号　結果の確実性、予測可能性及び統一性、g号　適用すべき法の決定及び適用の容易なこと。

(20) 抵触法第二リステイトメント第一八七条（当事者により選択された「法地域」の法）第一項　契約上の権利義務を規律するため当事者により選択された「法地域」の法は、個々の争点が当事者により当該争点に関する合意中の明示規定によって解決されうるものであるとき、適用がある。第二項　契約上の権利義務を規律するため当事者により選択された「法地域」の法は、個々の争点が当事者により当該争点に関する合意中の明示規定によって解決されえないものであるとしても、適用がある。ただし次の場合は除く。a号　選択された「法地域」が、当事者又は取引に重要な関係を有せず、かつ当事者の選択にとってなんら合理的な基礎が存在しない場合、b号　選択された「法地域」の法の適用が、次の「法地域」——個々の争点の決定に際して選択された「法地域」より著しく大きな利害を有する「法地域」であり、かつ第一八八条のルールにしたがい当事者による法の有効な選択が欠けている場合に適用すべき法の属する「法地域」——の基本的政策に反する場合。第三項　反対の意思表示がない限り、選択された法の「法地域」の地域実質法が参照される。

第一八八条（当事者による有効な選択が欠けている場合に規律する法）第一項　契約上の争点に関する当事者の権利義務は、当該争点につき、第六条に述べられた原則にしたがって取引と当事者にもっとも重要な（significant）関係を有する「法地域」の地域実質法によって決定される。第二項　当事者による法の有効な選択（一八七条参照）が欠けている場合、当該争点に適用すべき法を決定するため第六条の原則を適用するに際して考慮すべき関連性は、次のものを含む。a号　契約締結地、b号　契約交渉地、c号　契約履行地、d号　契約目的物の所在地、e号　当事者のドミサイル、レジデンス、国籍、設立地および営業

所 これらの関連性は、個々の争点につき相対的重要性にしたがって評価されるべきである。第三項 契約交渉地と契約履行地とが同一「法地域」内にある場合、この「法地域」の地域実質法は、別に第一八九条ないし第一九九条及び第二〇三条に定める場合を除いて、通常適用がある。

(21) 抵触法第二リステイトメント第一四五条（不法行為の一般原則）第一項 不法行為上の争点に関する当事者の権利及び責任は、当該争点につき、第六条に定める原則にしたがい事件と当事者にもっとも重要な関係を有する「法地域」の地域実質法によって決定される。第二項 ある争点に適用しうる法を決定するために、第六条の原則を適用するに際して考慮すべき関連性は、次のものを含む。a号 権利侵害の発生地、b号 権利侵害の原因たる行為の発生地、c号 当事者のドミサイル、レジデンス、国籍、設立地及び営業所、d号 当事者間の関係がもしあれば、それが集中している地 これらの連結点は、個々の争点に関して相対的な重要性にしたがって評価されるべきである。

第一七四条（使用者責任） 第一四五条のルールの適用により選択された法は、ある者が他の者の不法行為につき責任があるか否かを決定する。

(22) 抵触法第二リステイトメント第二二三条（土地に関する権利譲渡の効力及びその効果）第一項 譲渡行為が土地に関する権利を移転するか否か及び移転された権利の性質いかんは、土地所在地の裁判所が適用する法によって決定される。第二項 これらの裁判所は、通常かかる問題を決定するに際して自己の地域実質法を適用する。

第二四四条（動産に関する権利譲渡の効力及びその効果）第一項 譲渡当事者間における動産に関する権利譲渡の効力及びその効果は、個々の争点につき、第六条に定められた原則にしたがい当事者、動産及び譲渡行為にとってもっとも重要な関係を有する「法地域」の地域実質法によって決定される。第二項 当事者によって法が有効に選択されていない場合、準拠法の属する「法地域」を決定するに際しては、譲渡当時における動産の所在に対して、他のいかなる関連性に対するよりも通常、より大きな重要性が認められる。

(23) 田中英夫・英米法のことば（一九八六年）五二頁以下によると、police power とは、州が、公共の安全と秩序の維持のみならず、州民の健康、安全および福祉を維持・増進させるため適切な措置をとる権限であるとされ、福祉権能と訳されている。しかし本章では、州のかかる統治・行政の権限に注目して統治権能と訳すこととしたい。

(24) 一九七七年カリフォルニア会社法第二〇八条（能力外の行為）a項 基本定款、第一八節、第一九節、第二〇節及び株主間の合意中に定められる、会社の営業、目的又は権能に対するいかなる制限も、株主、役員又は取締役の権限に対するいかなる制限、又はかかる権限行為の方法に対するいかなる制限も、会社又は株主と第三者との間においては、主張してはならない。但し次の場合を除く。一号　会社、役員又はその両者が授権されない営業を遂行し、第三者がかかる営業によって権利を取得しない場合、株主又は州が営業遂行の禁止を求めて訴えを提起しているとき、二号　会社解散の訴えが提起されているとき、三号　会社役員又は取締役に対して、その権限違反のため会社又は株主により代表訴訟が提起されているとき。b項　取締役会によって授権され若しくは追認され、取締役会によって授権された実際上若しくは表見上の権限の範囲内でなされ、又はその権限を執行する役員の代理権の範囲内でなされた、会社の名による契約又は不動産譲渡は、取締役会の権限が本章以外の法律によって制限される場合を除き、会社を拘束する。会社は、契約が完全に履行されたか一部履行されたかを問わず、権利を取得する。c項　本条は、本州において州外会社によりなされた契約及び不動産譲渡、並びに本州所在の不動産につき州外会社によりなされたすべての譲渡に適用がある。

第五節　内部事項に対する干渉

序　文

本〔一三〕章における他の節は、会社の存在およびその活動に関する種々の問題について、いかなる法律がこれを規律するかに関するものである。これに対して本節は、「独立の法地域」が、州外会社に対して有する裁判管轄権（judicial jurisdiction）を必ずしも行使するものでない、という局面を取り扱っている。この局面とは、州外会社の内部事項（internal affairs）に関連する場合である。本リステイトメントにおいてこの内部事項という問題が論じられるとき、その内部事項は、会社、その株主、取締役、役員もしくは代理人これら相互の関係が問題となるときは、いつでも関連しているのである。

訴えは、後に明らかにされるように、それが州外会社の内部事項を包含するという理由だけで、必ずしも常に却下されるのではない。むしろ、かかる訴えは――それが州外会社に対する訴えであるか、または州外会社の取締役、役員もしくは代理人に対する訴えであるか、いずれにせよ――「独立の法地域」が被告に対する裁判管轄権（二七条――五二条参照）を有し、かつ、その裁判管轄権の行使に対する連邦憲法上の制限がないとき、審理されるのが通常である。しかしながら訴えが州外会社の内部事項を包含するという事実は、つぎのことを決定するに際して、すなわち法廷地がきわめて不便宜なものであること（八四条注d項参照）[25]、または法廷地が適正な救済を与えることができないこと（八五条参照）[26]という理由にもとづき、訴えが却下されるべきか否かを決定するに際して、考慮されるべき要素の一つなのである。

州外会社の内部事項を含む訴えが審理されるか、それとも却下されるかは、主として事件の事実関係と、事実審裁判所の裁量とにもとづく問題である。審理するか、却下するかの、裁判所の決定到達に動機を与える主たる要件は、つぎの条文に述べられている。

第三一三条　州外会社の内部事項

裁判所は、訴えの審理につき不適切（inappropriate）または不便宜（inconvenient）な法廷地でない限り、州外会社の内部事項に関する訴えに対して裁判管轄権を行使する。

第一リステイトメント該当条文なし。

一　本条の注解

a項（内部事項の意義）　本リステイトメントで内部事項という問題が論じられる場合、争点が、会社、その株主、取締役、役員もしくは代理人これら相互の関係に関するものであるときは、つねに内部事項に関連しているのである（本節序文参照）。

b項（基本原則）　裁判所は、通常、自己の有する裁判管轄権を行使する。会社に対する訴え、または取締役、役員もしくは代理人の一人またはそれ以上の者に対する訴えは、裁判所が、この問題について本リステイトメント第三章[27]に定めたルールにしたがい、会社または会社財産に対して裁判管轄権を有するとき、通常、審理される。しかしながら裁判所は、時折、自己が州外会社の内部事項に関する訴えの審理につき不適切な法廷であることを発見する。かかる場合、訴えは却下されるのである。この論点の決定に際して裁判所が考慮する主たる要素は、注解c項において述べられている。

c項（考慮されるべき要素）　裁判所が、訴えを審理するか否かの決定に際して第一に重要とする要素は、効果的（effective）かつ適切な（appropriate）救済を与える裁判所の能力である。裁判所にこの能力が存在しない場合、事件は却下されるのが通常である（八五条参照）。したがって裁判所は、通常、つぎの訴えを審理しない。すなわち「法地域」外で行われた州外会社取締役の選任を判決によって取り消す訴え、または州外の土地の担保を付された社債を別の「法地域」で州外会社が発行することを禁止する訴えがそれである。同様につぎの救済を求める訴え――すなわち他の「法地域」における州外会社の活動に対して、裁判所が詳細かつ継続的な監督を行うよう求める訴え――も却下される。

第二に重要な要素は、(1)法廷所在「法地域」に対して、州外会社が有する関係の性質、および、(2)訴えに包含される争点である。問題とされている争点において、設立「法地域」の利害が法廷所在「法地域」の利害より大きい場合、裁判所は、つぎの理由――すなわち訴えは設立「法地域」に正しく提起されるべきであるという理由――でその訴えの審理を辞退することができる。実際、訴えはつぎの場合ですら却下されることができる。すなわち裁判所が、かりに事件を審理するならば、判決をうるために設立「法地域」の地域実質法を適用するであろうという場合である。その理由は、法律の書物に書かれていない地域の慣習に正当な注意を与えるだけではなく、設立「法地域」で訴えを審理してもらうことによって、判決の結果の統一がもっともよく保証されうるからである。会社と設立「法地域」との関連性（contacts）が大きければ大きいほど、とくに争点が会社の組織構造（organic structure）または内部運営（internal administration）と密接に関連すればするほど、訴えが審理されることはますます少なくなるであろう。したがって裁判所は、つぎのような訴えの審理を拒絶することができる。すなわち州外会社取締役の配当宣言を求める訴え、または配当もしくは株式発行の効力に関する訴えである。また州外会社の合併反対株主が、合併時における自己保有株式の公正な価格の回復を求める訴えは、つぎの理由――すなわちかかる訴えは、設立「法地域」に限定されない限り統一的な財産の回復は行われないし、したがって反対株主相互間の平等な取扱がなされえないという理由――で却下されることができる。

会社が設立「法地域」と密接に関連している場合でも、営業活動「法地域」（second state）の裁判所は、つぎの訴え――すなわち会社の取締役、役員もしくは代理人が、営業活動「法地域」において、その〔営業活動〕地の地域実質法上、会社に禁じられている行為をなすことの差止を求める訴え、またはかかる取引の無効を主張する訴え――を審理するであろう。かかる訴えは、営業活動「法地域」にとって真の利害関係（real interest）を有する事項に関するものであり、さらにその訴えは、会社の組織構造または内部運営に関係がないからである。同様の理由で裁判所は、その地域にドミサイルを有する者が州外会社を相手として提起したつぎの訴え――すなわち宣言された配当につき自己の配当額の回復を求める訴え、または株主名簿の名義の書き換えおよび新株券の交付を求める訴え――を審理するであろう。他方において裁判所は、法廷所在「法地域」の側になんら直接の利害関係（direct interest）がないとして、つぎの訴えを通常、却下するであろう。すなわち州外会社の取締役、役員もしくは代理人が、営業活動「法地域」において、設立「法地域」の地域実質法により会社に与えられた権能を超えて行為することの差止を求める訴え、営業活動「法地域」においてかかる権能を超えて会社が締結した取引の無効を主張する訴え、もしくは他の「法地域」でなされた行為のために法廷所在「法地域」において会社の解散を求める訴えがこれである。

法廷所在「法地域」に対する会社の関係が密接になればなるほど、当該「法地域」の裁判所は、会社の内部事項に関する事件を審理する傾向があるといえるであろう。要するに会社がたんに法律上、州外会社であるときは、会社の設立地を除く会社の関連性のすべてまたは大部分が法廷所在「法地域」にあるのだから、裁判所は、会社の組織構造または内部運営に影響する救済を求める訴えを審理する、ということすら行うであろう。したがって州外会社の営業活動が、すべてまたは主として法廷所在「法地域」において行われ、かつ会社取締役の全員またはその過半数が当該「法地域」に居住し、当該「法地域」における株主総会開催を慣例としているとき、裁判所は、つぎの訴え――すなわち株式発行または配当の効力を争う訴え、提案された会社再編成（reorganization）の禁止を求める訴え、もしくは株主総会の招集を求める訴え――を審理することができる。それと同じような事案において、裁判所はまた、州外会社の役員選任を認めない判決や、株主総会または取締役会の開催を認めない判決を下すこともできる。

裁判所が、訴えを審理するか否かを決定するに際して考慮するその他の要素には、不便宜法廷（forum non conveniens）の問題がある（八四条参照）[28]。これはつぎの事項を含んでいる。すなわち当事者の便宜、緊急に救済を与える必要性、設立「法地域」裁判所に当事者を出廷させることに伴う費用と遅延である。かくして、必要的当事者（necessary parties）または証人が法廷所在「法地域」外にあるとき、同一争点に関する訴えが設立「法地域」において係属中であるとき、もしくは――従来、解釈されていなかった設立「法地域」制定法の合憲性または解釈が関係しているときのように――会社設立「法地域」がより適切な法廷地であるとき、訴えは却下されることができる。他方において裁判所は、通常、つぎの訴え――すなわち現在または過去の役員、取締役もしくは支配株主が、会社財産を不法な利用に供したとか、会社との取引において不当に利益をえたという理由で、株主がかれらに対して州外会社を代表して提起した訴え――を審理するであろう。同様に裁判所は、通常、株主が州外会社役員に対して、「法地域」内にある会社の帳簿または財産の閲覧・調査を許可するよう求める訴えを審理するであろう。

d項(事実審裁判所の裁量)　訴えが本条のルールにしたがって審理されるべきか、却下されるべきかは、事実審裁判所の健全な裁量の行使による。その裁量が上訴により破棄されることは稀であろう(八四条b項[29]参照)。

e項(準拠法)　本条は、裁判管轄権の行使に対する制限についてのみ適用されねばならない。すなわちいかなる法が会社の活動および存在の諸側面を規律するか、の問題に関するものではない。かりに裁判所が州外会社の内部事項に関する訴えを審理するとしても――本章〔第一三章　会社〕に述べられたルールにしたがって、適用すべき地域実質法が存在しないとき――裁判所は、通常、事件の終局判決に到達するため設立「法地域」の地域実質法を適用するであろう。

二　本条に関する判例

① 裁判所が州外会社の内部事項に関する訴えの審理を拒絶した古い判例のいくつかは、裁判管轄権の欠缺(lack of jurisdiction)という表現を用いている。

North State Copper & Gold Min. Co. v. Field, 64 Md. 151, 20 A. 1039 (1885).(メリーランド州制定法によると、州内で営業活動を行う州外会社は州内取引につきメリーランド州裁判所に訴えられる責任がある、とされていた。メリーランド州市民 Field(原告、被上告人)は、メリーランド州に営業所を有し同州で営業活動を行っているノースカロライナ会社 North State Copper & Gold Min. Co.（被告、上告人）の株主であった。被告会社の取締役は、原告の株金未払込を理由に株主権の喪失を宣言した。そこで原告は、被告を相手として、株金払込請求の無効を主張し、株主の地位を回復するよう職務執行令状の発給を求めてメリーランド州裁判所に訴えを提起した。原告が勝訴したので被告が上告した。上告人（被告）は、メリーランド州裁判所にはこの事件につき裁判管轄権が欠けていると主張した。〔判旨〕メリーランド州裁判所は裁判管轄権を有しない。なぜなら前述制定法の目的は、州外会社からわが州の市民に支払われるべき金銭債務の徴収を定めたものであって、州外会社の内部事項について裁判管轄権を与えることがこの制定法の意図するところではないし、またわが州裁判所は内部事項について監督権（visitorial power）[30]を有せず、かかる権能は会社設立州のみに帰属するものだからである。原判決を破棄し訴えを却下）。

現代における判例の傾向は、つぎの考え――すなわち便宜、効率もしくは公正を考慮すると、設立「法地域」の裁判所が適切な法廷として指定される、というのでない限り裁判管轄権が行使されるという考え――に向かっている。

Travis v. Knox Terpezone Co., 215 N. Y. 259, 109 N. E. 250 (1915).（ニューヨークに営業所を有するニュージャージー会社 Knox Terpezone Co.（被告、控訴人、上告人）は、「株券の引渡により株主名簿上、移転することができる」旨を記載した株券を発行した。ニューヨーク州の居住者 Travis（原告、被控訴人、被上告人）は、訴外の第三者から株券を譲り受け、名義書換のため被告会社の名義書換代理人に株券を提出したが、会社は名義の書換を拒絶した。原告は、自分が株式の所有者であることの確認、および会社が名義書換を行って新株券を発行するよう求めて、ニューヨーク州裁判所に訴えを提起した。一審判決は、原告の最初の訴答に対する被告の妨訴抗弁を破棄し、中間上訴裁判所も一審判決を維持したので、被告は州最高裁に上告し、裁判所は州外会社の内部運営につき裁判管轄権を有しないと抗弁した。〔判旨〕当裁判所はこの事件につき裁判管轄権を有する。なぜなら便宜（convenience）、効率（efficiency）もしくは公正（justice）を考慮した結果、会社がドミサイルを有する州の裁判所が適切な法廷として指定される、という場合でない限り、訴訟当事者が株主だからという理由で、かれが排除されるべきではないからである）。

② 裁判所は、州外会社に関するつぎのタイプの訴えを審理している。

会社の名簿上、株式の移転をなすよう求める訴え

Hammond v. Hastings, 134 U. S. 401 (1890).

Shaw v. Goebel Brewing Co., 202 F. 408 (6th Cir. 1913).（イギリス会社Goebel Brewing Co.（被告、被控訴人）はミシガン州法にしたがって同州で営業活動をなす許可をえ、同州に醸造所を有して営業活動を行っていた。株主名簿はロンドンに保管し、株券の発行および譲渡はロンドンで行ってその地で登録し、一般取締役および一般役員はロンドンに居住したが、地域取締役および地域役員はミシガン州に居住していた。被告会社の株主訴外Pは、一八九〇年、Shaw（原告、控訴人）に対し株式譲渡を約して譲渡証書を作成したが、原告はこれに署名せず、Pは株券を原告に引き渡したが、原告は被告会社に株券を提出しなかった（株式移転を登録するためには会社に対する株券の提出が必要であった）。Pは、一八九四年、前述株式を訴外Qに二重譲渡したが、Pから株券を送ってこないので、Qは、一九〇四年、ロンドン高等法院に訴えを提起し、同裁判所から、被告がP名義の株式所有者としてQの名を記載するよう、株主名簿の訂正を命ずる判決をえた。他方において原告は、一九〇八年、自分が前述株式を所有することの確認、および被告が自分に株券を再発行するよう、裁判所の命令を求めて連邦地方裁判所（ミシガン東部地区）に衡平法上の訴えを提起した。〔筆者コメント〕この事案では裁判管轄権の行使についてとくに争いはなく、一審、二審ともに裁判管轄権を行使して本案判決を下している）。一審、原告の請求棄却。二審、原判決確認）。

Travis v. Knox Terpezone Co.（本条の判例）

Evans v. R. W. Evans & Co., 284 Pa. 126, 130 A. 313 (1925).（ペンシルヴェニア州ピッツバーグで証券ブローカーを営むデラウェア会社R. W. Evans & Co.（被告、上告人）は、ピッツバーグで全営業を行い、主たる営業所、記録の保管場所、役員の居住地も同市内にあった。Evans（原告、被上告人）は、被告会社に対して、株主名簿上、株式移転の記載をなし、原告に被告会社の株式の発行を命ずるよう、職務執行令状の発給を求めてペンシルヴェニア州裁判所に訴えを提起した。一審は原告の申立を認めたので、被告は上告した。上告審において被告は、ペンシルヴェニア州裁判所が州外会社の株式譲渡を求める職務執行令状審理の裁判管轄権がない、と主張した。〔判旨〕ペンシルヴェニア州裁判所は、本事案につき裁判管轄権を有する。なぜなら、⑴被告会社はデラウェア会社であるが、全営業、主たる営業所、記録の保管場所、役員の居住地はピッツバーグにあり、⑵株式譲渡の実行は、会社の職務執行上の（ministerial）もので、会社に対する要求ではなくして会社役員に対する要求であり、会社の内部事項の運営に対する干渉とはならないからである）。

Fuller v. Ostruske, 48 Wash. 2d 802, 296 P. 2d 996 (1956).（訴外P会社はアラスカ会社であるが、ワシントン

州タコマに営業所を有し、役員・取締役の居住地、議事録・株式名簿その他の帳簿・記録・計算帳簿はワシントン州内にあった。P会社の支配株主Ostruske（被告、（被）上告人）は、P会社の株主Bからその全所有株式を購入することとし、株式売買契約書を作成したが、Bは署名をしなかった（株券はBの債権者Cが担保として保有）。他方においてBは、自分の所有株式をFuller（原告、（被）上告人）に譲渡した。そこで原告は、被告を相手として、株式売買契約の特定履行を求める訴え、および株主名簿上、株式の譲渡を命ずる職務執行令状の発給を求める訴えを、ワシントン州裁判所に提起した。一審は特定履行および職務執行令状の発給を否定したが、通常の損害賠償を認めた。原告は、前二者の判決に不服を申し立てて上告し、被告は、後者の判決につき反対上訴を提起した。〔判旨〕ワシントン州裁判所は、本件株式譲渡に関する事案について裁判管轄権を有する。なぜなら、(1)会社の内部事項の運営に属する問題か否か一線を画することは困難であるが、州外会社に株式の譲渡を登録するよう命ずる、職務執行令状の発給を求める訴えは、会社の内部事項に関する干渉を構成するものではない、(2)株式譲渡の登録手続は、たんに職務執行上のものであって、それは会社の内部事項の運営に対する干渉とならない、(3)P会社はアラスカ会社であるが、ワシントン州に実態を有する擬似州外会社であり、ワシントン州以外のいかなる地においても、会社は、ワシントン州タコマと同じ位の便利さをもって株式の譲渡をなすことができないからである）。

役員に会社帳簿の閲覧を許可するよう求める訴え

Wise v. H. M. Byllesby & Co., 285 Ill. App. 40, 1 N. E. 2d 536 (1936).（イリノイ州で継続的営業活動の資格を与えられたデラウェア会社H. M. Byllesby & Co.（被告、控訴人）は、本店および営業所をイリノイ州シカゴに設置し、取締役会議事録など会社の記録も役員管理の下、同市内に保存されていた。被告会社の株主Wise（原告、被控訴人）は、株式の真正な価格を決定するため本店において帳簿の閲覧請求を行ったが、被告会社はこれを拒絶した。そこで原告は、被告会社および会社役員に対し帳簿閲覧の許可を命ずるよう、職務執行令状の発給を求めてイリノイ州裁判所に訴えを提起した。〔筆者コメント〕この事案においては、裁判管轄権の行使についてとくに争いはなく、一審、二審ともに本案判決を下している。一審、原告勝訴。二審、原判決確認。――〔裁判管轄権以外の判示事項〕控訴人（被告）が、デラウェア会社には帳簿閲覧権に関するイリノイ州会社法の適用がないと主張したのに対して、二審裁判所は、帳簿閲覧権がコモン・ロー上存在するものでイリノイ会社法上与えられる権利と同一の権利であること、立法・判例の沿革に照らしてもイリノイ会社法の閲覧権規定は州外会社に対しても適用があること、を理由として被控訴人に閲覧権を認めた）。

Kahn v. American Cone & Pretzel Co., 365 Pa. 161, 74 A. 2d 160 (1950).（American Cone & Pretzel Co.（被告、上告人）は、ペンシルヴェニア州における営業活動の登録を受けたウェスト・ヴァージニア会社であり、本店をペンシルヴェニア州に設置し、会社の帳簿および記録を同州内に保存していた。二人の会社役員（被告、上告人）もペンシルヴェニア州市民で、かつ、同州居住者であり、同州で勤務していた。被告会社の株主 Kahn（原告、被上告人）は、投資者のための優先株主保護委員会設置を計画し、会社およびその役員が原告に対して、株主の氏名・住所に関する会社帳簿および記録の閲覧を許可するよう命ずる、職務執行令状の発給を求めてペンシルヴェニア州裁判所に訴えを提起した。一審で原告が勝訴したので被告が上告。〔判旨〕ペンシルヴェニア州最高裁は、かかる事案につき裁判管轄権を行使する。なぜなら州裁判所が、州外会社の内部運営または内部事項を規制または干渉する目的のため裁判管轄権を行使することはないが、裁判管轄区域内に存在する州外会社の帳簿および記録を閲覧する権利を認めることは、内部事項への干渉となるものではないからである。――〔裁判管轄権以外の判示事項〕州外会社の株主がいかなる条件でいかなる範囲において閲覧権を与えられるか、の決定に際しては、〔営業活動〕地域の制定法が、州内で営業活動を行うすべての会社の閲覧権を明確に定めていない限り、〔営業活動〕地域の裁判所は会社ドミサイルの法に従うのである）。

Stoopack v. George A. Fuller Company, 18 Misc. 2d 977, N. Y. S. 2d 596 (1959), aff'd 9 A. D. 2d 605, 191 N. Y. S. 2d 356 (1st Dep't 1959).（ニュージャージー会社 George A. Fuller Company（被告、控訴人）は、ニューヨーク州で継続的営業活動の許可を取得し、同州内に営業所（office）および会社の記録を有していた。被告の株主 Stoopack（原告、被控訴人）は、ニューヨーク州民事訴訟法（Civil Practice Act）にもとづき被告の帳簿・記録の閲覧を請求してニューヨーク州裁判所に訴えを提起したところ、被告は、会社がニュージャージー法の支配下にあり、したがって原告は閲覧の目的およびその必要性を立証すべきである、と抗弁した。一審で原告が勝訴したので、被告が州中間上訴裁判所に控訴した。〔筆者コメント〕この事案においては、裁判管轄権の行使についてとくに争いがなく、ニューヨーク州中間上訴裁判所は、裁判管轄権を前提として原判決確認の本案判決を下した。――〔裁判管轄権以外の判示事項〕被告が前述のような擬似州外会社である場合、州外会社の記録の閲覧権は、州内会社に適用されると同一の原則によって決定されねばならない。したがって原告は、閲覧の目的およびその必要性を立証する必要がない）。

Donna v. Abbotts Dairies, Inc., 399 Pa. 497, 161 A. 2d 13 (1960).（メリーランド会社 Abbotts Dairies, Inc.

（被告、被上告人）は、ペンシルヴェニア州において営業活動資格を登録され、その地で継続的営業活動を行っていた。ペンシルヴェニア会社法は、株主の閲覧請求権の範囲として、株式登録簿、会計帳簿および記録、株主総会・取締役会の議事録を定めていた。被告会社の株主 Donna（原告、上告人）は、この法定範囲より広範囲の帳簿および記録の閲覧を請求し、職務執行令状の発給を求めてペンシルヴェニア州裁判所に訴えを提起したところ、被告会社は予備的異議を申し立てた。一審で原告の申立が却下されたので原告が上告した。〔判旨〕ペンシルヴェニア州最高裁は、全員一致で原判決を確認したが、裁判管轄権の行使につき次のように述べた。ペンシルヴェニア州最高裁は、州外会社の内部事項を規制しまたは干渉する目的で裁判管轄権を行使することはないが、裁判管轄区域内にある州外会社の帳簿および記録の閲覧の権利を承認することは、前述のルールに反するものでない。──〔裁判管轄権以外の判示事項〕閲覧の条件およびその範囲はペンシルヴェニア法によって規律される。なぜならわれわれは、〔ペンシルヴェニア〕州内で継続的営業活動を行うすべての会社の株主の閲覧権を明確にする制定法を有するからである）。

会社資産の不法な利用や信任義務違反に関する、取締役または役員に対する訴え

National Lock Co. v. Hogland, 101 F. 2d 576 (7th Cir. 1939).（イリノイ州市民Hogland（被告Y_1、控訴人）は、デラウェア会社 National Lock Co.（原告、被控訴人）の社長・取締役であり、かつ株主であった。被告Y_1は原告会社から金銭の貸付を受け、取締役会を構成するGrenberg（被告Y_2、控訴人）、Strandquist（被告Y_3、控訴人）、Anderson（被告Y_4、控訴人）は、取締役会において前述Y_1に対する会社の金銭貸付に同意した。Y_2―Y_4はすべて原告会社の株主であり、かつ、イリノイ州市民であった。当時の一九三五年デラウェア会社法は、会社の役員に対する会社の金銭貸付を禁止し、かかる貸付に同意した役員は、貸付金が返還されるまで貸付金につき連帯責任を負うと定めていた。そこで取締役会を構成する被告Y_2―Y_4は、被告Y_1の会社に対する借入金返還債務を免れさせ、同時に自分たちの連帯責任をも免れるために、取締役会において被告Y_1に対し、前述貸付金と同一金額の賞与の支払をなすことを決議した。そこで原告は、被告Y_1に対しては違法な会社資金流用にもとづく金銭の返還を求め、被告Y_2―Y_4に対しては違法な金銭貸付の同意にもとづく連帯責任を追及して、イリノイ北部地区連邦地方裁判所に衡平法上の訴えを提起した。一審は原告勝訴の判決を下したので、被告Y_1―Y_4は第七区連邦巡回控訴裁判所（イリノイ州、インディアナ州、ウィスコンシン州の管轄）に控訴した。二審において被告Y_1―Y_4は、賞与の支払が会社の内部事項を構成すること、訴状には賞与の支払に関して詐欺または不正の問責がなされて

いないこと、を理由に原審の裁判管轄権の欠缺を主張した。〔判旨〕二審はこの事案につき裁判管轄権を肯定した。すなわち衡平法裁判所としての事実審裁判所は、賞与債権に関して詐欺または不正の争点を決定する裁判管轄権を有する。なぜなら違法な会社資金の流用という原告の主張に対し、被告が賞与債権を主張するとき、賞与の支払に関する詐欺または不正の争点は、重要な問題（material question）となるからである)。

Upson v. Otis, 155 F. 2d 606 (2d Cir. 1946).（Otis（被告Y_1、被控訴人）および Franklin（被告Y_2、被控訴人）は、British Type Investors, Inc.（訴外A社）の社外議決権株八五パーセントを所有する支配株主であり、A社は、Allied International Investing Corp.（訴外B社）の優先株四三パーセント、普通株五九パーセントを所有する支配株主であり、B社は、Automatic Products Corp.（訴外C社）の社外議決権株三八パーセントを所有する株主であった。このように被告Y_1・Y_2は、A社の支配株を有し、このA社を通じてB社およびC社を支配し、A、BおよびCの三社（すべてデラウェア会社）の取締役および役員を選任・支配し、Y_1およびY_2は、自らも三社の取締役を兼ねていた。被告Y_1およびY_2は、C社に対し、訴外P社から訴外Q社の株式および〔株式〕買受選択権の取得について調査を命じ、後日、C社をして、市場価格より低い価格でP社から前述株式および〔株式〕買受選択権を購入させ、Y_1・Y_2その他の被告（B社取締役、C社取締役、三社の兼任取締役）は、C社から、C社取得の購入価格と同一の価格で株式および〔株式〕買受選択権を購入し、その代金はC社からの借入金を充てることにし、その後、Y_1・Y_2らは、この株式および〔株式〕買受選択権を転売して利益を取得した。A社の少数株主 Upson（原告、控訴人）は、Y_1・Y_2らの株式および〔株式〕買受選択権の取得が信任義務に違反するものであり、A・BおよびCの三社に生じた損害の回復を求めて、ニューヨーク南部地区連邦地方裁判所に代表訴訟を提起した。一審は原告の請求を棄却したので、原告は、第二巡回区連邦巡回控訴裁判所（コネティカット州、ニューヨーク州、ヴァーモント州の管轄）に控訴した。〔筆者コメント〕一審、二審、ともに裁判管轄権の行使についてとくに争いはなく、二審は本案を審理し、原審判決を破棄して差戻した。——〔裁判管轄権以外の判示事項〕ニューヨーク州においては、デラウェア会社取締役の信任義務を決定するためにデラウェア法を参照する、という点につき通常の抵触法ルールが遵守されている。会社の借入金により会社から他社の株式を買い受けた取締役は、デラウェア法によって（ニューヨーク法と同じく）信任義務にもとづいて責任を負う。会社に〔株式〕買受選択権を取得させ、後日、〔株式〕買受選択権により定められた価格より低い価格で会社から株式を買い受けた取締役は、違法な利益をえたものであり、その利益について取締役は会社に対して責任を負う）。

Steinberg v. Adams, 90 F. Supp. 604 (S. D. N. Y. 1950).

Hirshhorn v. Mine Safety Appliances Co., 106 F. Supp. 594 (W. D. Pa. 1952), aff'd 203 F. 2d 279 (3d Cir. 1953).

Beacon Wool Corp. v. Johnson, 331 Mass. 274, 119 N. E. 2d 195 (1954).（デラウェア会社 Beacon Wool Corp.（原告、被控訴人）は、営業所をマサチューセッツ州ボストンに有し、羊毛の自己商およびブローカー業務を営んでいた。取締役は、訴外Pitt（社長P、全株式の所有者）、Johnson（被告Y_1、控訴人）および Mckeller（被告Y_2、控訴人）の三名であったが、会社の経営は社長Pが全面的に支配し、取締役および従業員四名―五名の報酬もすべてPが決定していた。Pは、取締役会の決議を経て、一九四二年以降、毎年、取締役および従業員に対して利益分配としての賞与の支払を行い、一九四六年一二月二日、Pは、翌年の一九四七年にも一九四六年と同一の賞与の支払をなす旨を宣言したが、翌年一九四七年二月七日にPは死亡した。原告会社の営業の九〇パーセントは、Pと個人的に親密であった訴外 Kahn 財閥の代理業務であったため、Pの死亡により会社の代理業務は消滅し、原告会社の営業活動は一九四七年八月に停止した。取締役Y_1およびY_2はPの死亡によりK財閥との代理関係が消滅することを知っていたが、一九四六年一二月のPの宣言にしたがって、一九四七年、三回（二月、三月、五月）にわたり取締役および従業員に対して賞与の支払を行った。そこで原告会社は、被告Y_1およびY_2を相手として、Y_1およびY_2により取締役および従業員に対して支払われた、賞与金額の回復を命ずるよう求めて、マサチューセッツ州裁判所に衡平法上の訴えを提起した。一審は原告勝訴の判決を下したので、被告らはマサチューセッツ州最高裁（単独裁判官）に控訴した。〔筆者コメント〕この事案においては、一審二審ともに裁判管轄権についてとくに争いはなく、二審は、裁判管轄権を前提として原判決確認の本案判決を下している。――〔裁判管轄権以外の判示事項〕従業員に対してなされた授権されない支払についての、デラウェア会社取締役の責任を決定するためには、デラウェア法が適用される。社長が死亡する前、取締役会決議によって決定された賞与は、社長が積極的に会社営業の従事を続けていることを条件としている。社長の死亡した後、社長生存中になされた決議にしたがい、従業員に対して利益配当賞与を支払った取締役は、デラウェア法にしたがって、従業員に支払われた金額につき、会社に対して信任義務違反の責任を負う）。

Fayes, Inc. v. Kline, 136 F. Supp. 871 (S. D. N. Y. 1955).

Perlman v. Feldmann, 219 F. 2d 173 (2d Cir. 1955), cert. den. 349 U. S. 952 (1955).（インディアナ会社 Newport Steel Corp.（被告Y_1、被控訴人）は、ケンタッキー州およびオハイオ州で鋼板工場を経営していた。Feldmann（被告Y_2、被控訴人）は、被告Y_1会社の取締役かつ社長であり支配株主でもあったが、自己の支配株を鋼板の取引先である訴外P会社に売却し、被告Y_2はY_1会社の取締役を辞任し、代わりにP会社の指名する者を取締役に任命するという決定を行った。Y_1会社の少数株主 Perlmann（原告、控訴人）はY_2が支配株を売却してP会社からえた株式の対価には、鋼鉄不足の時、取締役会の支配を通じて会社製品の割当を決定する権限の対価が含まれており、Y_2が取締役を辞任してP会社の指名者を選任する決定をすることは、会社および少数株主に対する信任義務違反となることを理由に、Y_2が取得した違法な利得の返還を求めて、コネティカット連邦地方裁判所に代表訴訟を提起した（州籍相違訴訟）。一審が、会社製品の割当決定権限は支配株の所有には付随するものだとして訴えを棄却したので、原告は、第二巡回区連邦控訴裁判所（コネティカット州、ニューヨーク州、ヴァーモント州の管轄）に控訴した。〔筆者コメント〕一審二審ともに裁判管轄権の行使についてはとくに争いがなく、二審は原判決を破棄して事件を差戻した。――〔裁判管轄権以外の判示事項〕インディアナ会社における取締役および支配株主の、会社および少数株主に対する信任義務は、第一にはインディアナ法にしたがって判断される。鋼板会社の支配株主であり、かつ主要役員である者が、鋼鉄が不足したとき鋼鉄の割当を決定する、という付随的権限とともに支配株を取引先に売却した場合、支配株主＝主要役員は、少数株主に対して、支払金額の内、鋼鉄の割当決定権限に対する支払額の限度において責任を生ずる）。

宣言または保証された配当の支払を求める訴え

Boardman v. Lake Shore & M. S. R. Co., 84 N. Y. 157 (1881).

Guttmann v. Illinois Cent. R. Co., 91 F. Supp. 285 (E. D. N. Y. 1950).（イリノイ会社 Illinois Cent. R. Co.（被告）は、シカゴに終点をもつ鉄道を所有し経営を行っていた。一九三七年から一九四七年までの各年間を通じて、優先株に対する配当相当金額が会社内に確保されていたにもかかわらず、取締役会は、優先株に対する配当の宣言および支払をしなかった。ニューヨーク州東部地区に居住する Guttmann（原告）は、被告会社の優先株（六パーセント非累積転換株式、額面一〇〇ドル）二〇〇株を所有していた。原告は、自分および同種株式の保有者のために、前述各年間において優先株に対する配当が確保されていたとの判決、ならびに優先株に対する取締役会の配当の宣言および支払を求めて、ニューヨーク東部地区連邦裁判所に訴えを提起した。〔筆者コメント〕この事案においては、裁判管轄権の行使についてとくに争いがなく、裁判所は訴え棄却の本案判決を下した。――〔裁判管轄権以外の判示事項〕配当の権利を決定するに際して適用される法律は、イリノイ法である。なぜなら本件事案における裁判管轄権は、州籍相違にもとづいているからである。一九三七年から一九四七年までの各年間において、非累積優先株に対する配当が宣言されるべきであったか否かの決定は、配当の支払に必要な金額以上に各年間に純利益が存在したとしても、取締役会の裁量の範囲内にある）。

③ 裁判所は、州外会社に関するつぎのタイプの訴えについて裁判管轄権の行使を辞退している。

株式発行の差止または株式の取消を求める訴え

Allen v. Montana Refining Co., 71 Mont. 105, 227 P. 582 (1927).（デラウェア会社 Montana Refining Co.（被告Y_1、被上告人）は、モンタナ州で営業活動資格を取得し、会社財産を同州内に所有していたが、役員、取締役および議決権の過半数を有する株主はモンタナ州内に居住していなかった。被告Y_1会社は、普通株を五万株、無議決権でかつ償還株である優先株を五、〇〇〇株発行したが、実際には会社の発起人（被告Y_2）がダミー株主を使って全く払込をしないで会社を設立し、取締役会は、被告Y_2に対し、Y_2所有の事実上無価値の不動産上の権利と交換に普通株を発行した。他方において被告Y_1会社は、設立の当初、営業活動を行ったものの、その後営業活動をやめてしまったため利益をあげることができず、モンタナ州居住の優先株主 Allen（原告）に対して配当を行わず、また予定されていた優先株の償還もしなかった。そこで原告は、社外普通株の取消を求めてモンタナ州地方裁判所に訴えを提起したが、被告らは、裁判所の裁判管轄権の行使に異議を申し立てる妨訴抗弁を提出した。一審は、被告の抗弁を支持して訴えを却下したので、原告が上告した。〔判旨〕かかる事案において、当モンタナ州最高裁判所は、訴えを却下した原判決を確認する。その理由は、ある州またはある国の裁判所が、州外会社に対し内部事項監督権（visitorial power）を有しないことは十分確立された原則であり、かかる権限は、会社を創造した州または国に独占的に帰属しており、かかる州または国の裁判所は、自州または自国居住の株主の訴えについてすら、州外会社の内部事項の運営に差止命令などにより干渉する裁判管轄権を有しておらず、州外会社の内部事項に関する問題は、会社を創造した州または国の裁判所によって解決されねばならないこと、また財産と交換に普通株を譲渡する取締役の行為は、株主資格における原告に影響を及ぼすもので、原告個人の権利に影響を及ぼすものでないこと、にある）。

Rogers v. Guaranty Trust Co., 288 U. S. 123 (1933).（ニュージャージー会社 The American Tobacco Co.

（被告Y_1、被控訴人、被上告人）は、ニュージャージー州に登録された事務所を有し、同州内で株主総会を開催し、かつ相当程度の営業活動を行っていた。被告Y_1会社は、そのほかにもニューヨーク州から営業活動を行うことを授権され、同州内に主たる営業所を設置し、同州内で取締役会を開催し、会社首脳部も同州内に事務室を有し、ほとんどの会社帳簿も同州内に保存されていた。他方、営業活動は、前述二州のほか、他の多くの州および多数の外国においても行われていた。一九二〇年ニュージャージー法は、従業員や取締役など企業の従事者に対して、勤務に対する報酬として株式を発行することを認めていた。被告Y_1会社の取締役会は、前述規定にもとづいて従業員および若干の取締役に対し、勤務に対する付加的報酬として新株引受権を与えることを決議し、株主総会もこれを承認した。割り当てられた株式は、信託会社 Guaranty Trust Company of New York（被告Y_2、被控訴人、被上告人）に売却され、被告Y_2会社は、自己が引き受けた価額と同一の価額で、割当を受けた引受人に引き受けさせることになっていた。被告Y_1会社の株主 Rogers（原告、控訴人、上告人——ニューヨーク州居住）は、会社の基本定款およびニュージャージー法によれば、株主が比例的新株引受権を有するはずだと主張して、被告Y_1会社の株式発行計画実行の差止、株式の無効、および被告Y_1会社の取締役（Y_3ほか）の会社に対する損害賠償を求めて、ニューヨーク州裁判所に訴えを提起したが、訴えは、ニューヨーク州南部地区連邦地方裁判所に移送された。連邦地裁は、株式発行という手続の適法性はニュージャージー裁判所が判決すべき事項である、という理由で原告の訴えを却下したので、原告が控訴した。第二巡回区連邦巡回控訴裁判所は、本案を審理して訴えを棄却したので、原告は上告して、つぎの点を主張した。株式発行計画は一九二〇年法一七五号の要件にしたがっていないこと、同号は連邦憲法の契約条項に違反すること、一九一七年一九五号は企業従事者の勤務に対する株式の発行を認めていないこと、裁判管轄権の行使を辞退するという連邦地裁の判決は連邦最高裁の判決に違反していること。〔判旨〕連邦最高裁判所は、つぎの理由で巡回控訴裁判所の本案判決を破棄し、訴えを却下した地裁判決を復活させるため事件を連邦地裁に差し戻した。⑴株式発行計画を実行するためとられる手段は、被告Y_1会社の内部事項の行為と運営を構成するものである。原告が株式を取得して会社の構成員となったときには、内部事項について会社は設立州法によって規律されるべきである、ということに黙示的に合意しているのである。州裁であれ連邦裁であれ、ある州に存在する裁判所は、差止命令その他により州外会社の運営に干渉したりコントロールしたりすることを差し控え、かかる事項についての争いをドミサイルのある州に任せる、ということは長らく確立された原則である（North State Copper & Gold Mining Co. など）。⑵便宜、効率および公正の考慮の結果、特定の事件を判決するためドミサイルの州の裁判所が適切な法廷として指定される場合、裁判管轄権は、いつでもその行使を差し控えるのである（Travis など）。(3)被告Y_1会社は、ニュージャージー州に登録された事務所を設置し、同州内に財産を有し、工場を経営していた。他方、営業活動は、同州のみならず、他の州および外国においても行われているので、他の州で全営業活動をなすことを目的としながら便宜上ニュージャージー州で設立された会社ではなく、またニューヨーク州のローカル企業でもない。(4)原告の主張する点は、一九二〇年ニュージャージー法一七五号の意義および意図の確認のみではなく、憲法上の効力なのである。同号規定は、ニュージャージー裁判所によっていまだ解釈されたことがなく、これら規定は、州外会社を規律する制定法によく知られたものでもなかった。また同号に関連する一九一七年一九五号、一九二六年三一八号も、ニュージャージー裁判所がこれら相互の関係を考察したことはなかった。(5)株式の発行計画、授権、争点、割当、売付は、株式の無効その他の原告の救済に関する限り、便宜上においても効率上においても、ニュージャージー裁判所——ニュージャージー州制定法の担当者であり、終局的解釈者——によって決定されることができる）。

Sternfeld v. Toxaway Tanning Co., 290 N. Y. 294, 49 N. E. 2d 145 (1943).（ノースカロライナ会社 Toxaway Tanning Co.（被告、控訴人、上告人）の普通株主 Sternfeld（原告、被控訴人、被上告人）は、被告会社を相手として、自分および他の普通株主全員のために、優先株発行が違法であり無効であることの宣言、優先株の返還、優先株の発行手続の取消、優先株の取引停止および配当支払の禁止などを求めて、ニューヨーク州裁判所に訴えを提起した。一審二審ともに、訴え却下の被告の申立が却下されたので被告が上告した。〔判旨〕ニューヨーク州最高裁は、つぎのように述べて原審の命令を破棄した。当州裁判所の判決は、他の州の法律にしたがって行われた株式再構成手続（recapitalization proceedings）を取り消すことなしには、またその手続にしたがって発行された株式を取り消すことなしには、いいかえれば州外会社の内部事項およびその運営に対する干渉なくしては、これを強行することができない。かかる事情の下では、わが州裁判所は裁判管轄権を行使しないであろう（Travis, Rogers)）。

配当の宣言を求めまたは配当宣言の無効を求める訴え

Hogue v. American Steel Foundries, 247 Pa. 12, 92 A. 1073 (1915).（ニュージャージー会社 American Steel Foundries（被告、被上告人）は優先株と普通株とを発行していたが、株式再構成（reorganization）が計画され、前述二種類の株式はすべて普通新株と交換されることになり、この計画は、株主総会において九〇パーセントの議決権株主によって承認された。この計画実行の後、取締役会は、新株に対しては配当宣言および支払を行ったが、この計画手続にしたがわない旧株式保有者に対しては配当宣言および支払を行わなかった。この計画に反対の旧優先株主 Hogue（原告、上告人）は、旧株券記載の条件にしたがい配当相当額の金銭の支払を求めて、ペンシルヴェニア州裁判所に訴えを提起したが、被告は、この事案が州外会社の内部事項であるから裁判管轄権を行使することができない、と妨訴抗弁を提出した。一審は、被告の申立を認めて訴えを却下したので、原告が州最高裁に上告した。〔判旨〕かかる事案につきペンシルヴェニア州裁判所は裁判管轄権を行使しない。なぜなら、原告の訴えを決定するには、株式再構成計画の有効性を調査し決定することを要するが、これは地域実質法にしたがって効力を生ずるものであり、ニュージャージー州裁判所が決定することだからである。また原告が訴える会社の行為は、たんに原告自身の個人的権利に影響を及ぼすものではなく、この計画に同意しないすべての優先株主の権利に関するもので、この計画の合法性の審理は、州外会社の内部事項の運営への干渉となるからである）。

Goldstein v. Lightner, 266 App. Div. 357, 42 N. Y. S. 2d 338 (1st Dep't 1943), aff'd 292 N. Y. 670, 56 N. E. 2d 98 (1994).（Goldstein（原告、控訴人）は、ニュージャージー会社 Singer Manufacturing Co.（被告、被控訴人）の株主である。原告は、被告会社を相手として、被告会社が剰余金の一部を配当として支払うよう求めてニューヨーク州裁判所に訴えを提起したが、被告は訴えの却下を主張した。一審において裁判所は、被告の申立を認めて訴えを却下したので、原告は、一審裁判所上訴部に控訴した。〔判旨〕かかる事案においてニューヨーク州裁判所は裁判管轄権を行使しない。なぜなら訴訟物は、この州裁判所が裁判管轄権を辞退すべき、州外会社の内部運営に関するものだからである[31]）。

合併または会社再構成（reorganization）反対の株主による訴え

Hogue v. American Steel Foundries.（本条の判例）

Langfelder v. Universal Laboratories, 293 N. Y. 200, 56 N. E. 2d 550 (1944).（訴外デラウェア会社 Vadsco Sales Corp.（P会社）は、ニューヨーク州で主たる営業活動を営んでいたが、完全所有のデラウェア子会社Delettrey, Inc. を吸収合併し、存続会社の商号を Universal Laboratories, Inc.（被告、被控訴人、被上告人）に変更した。合併契約は、各合併当事者において、デラウェア会社法上要求される株主総会の決議をみたして承認された（一九四三年六月二九日合併の効力発生）。合併前、P会社の基本定款には、優先株の減少を生ずる減資の場合、優先株主に対して額面（一〇〇ドル）の一一〇パーセント以上の金額を支払うこと、および累積未払配当額の支払をなすこと等が定められていた。ところが前述合併契約によりP会社の基本定款は変更され、新優先株は一株当り年間二五〇ドル配当の、清算価格五〇ドルとする無額面株式とし、他方、新普通株は額面一ドルとし、旧優先株は、新優先株一株と新普通株五株に転換すること、ならびに合併前に生じた累積優先株配当の支払義務が消滅すること、等が定められた。ニューヨーク市に居住する被告会社の優先株主 Langfelder（原告、控訴人、上告人）は、被告会社を相手として、合併前に公表された一株一一〇ドルと、合併契約により定められた一株五〇ドルとの差額を支払うこと、および優先株一株ごと七パーセントの年間累積未払配当額が、合併によって影響を受けないことを宣言するよう求めて、ニューヨーク州裁判所に衡平法上の訴えを提起した。二審は、裁判管轄権を辞退するとして訴えを却下したので、控訴人（原告）は、州最高裁に上告した。〔判旨〕州最高裁はつぎのように判決した。合併反対の、デラウェア会社株主による、自己所有株式の公表価格と清算価格との差額の回復を求める訴えにつき、ニューヨーク州裁判所が裁判管轄権を辞退したのは正当である。なぜなら会社の主たる営業が行われる営業所および保存された会社の記録がニューヨーク州に存在する場合であっても、裁判管轄権の行使が、州外会社の内部事項の規制および運営にかかわりをもつことになるからである）。

役員もしくは取締役の解任請求または選任無効を求める訴え

Wason v. Buzzell, 181 Mass. 338, 63 N. E. 909 (1902).（マサチューセッツ州居住の Wason ら二名（原告、控訴人、上告人）は、訴外メイン州会社（P会社）取締役であったが、P会社は、マサチューセッツ州で継続的営業活動をなすことを授権され、マサチューセッツ州ボストンに営業所を有していた。原告らは、自分たち以外のP会社取締役 Buzzell ら三名（被告、被控訴人、被上告人 —— マサチューセッツ州居住）に対して、被告らが原告らを取締役として承認すること、および被告らの取締役としての職務執行を中止することを命ずる職務執行令状の発給を求めて、マサチューセッツ州裁判所に衡平法上の訴えを提起した。二審である州最高裁（単独裁判官）は、訴訟物が州外会社事項の内部処理に関するものだとして訴えを却下したので、原告は、州最高裁（合議）に上告した。〔判旨〕州最高裁（合議）は、つぎのように述べて訴えを却下した。この訴訟における唯一の問題点は、原告が、会社の住所（home）の法律にしたがって取締役に選任されたか否か、すなわち取締役と会社との公的（official）関係に関する問題である。これは会社の内部事項の処理に関する問題にほかならない。かかる事案において裁判管轄権が行使されるか否かにつき、いくつかの州で若干の相違がみられるが、この問題は会社のドミサイル所在地州の裁判所によって解決される、というのがより良きルールである）。

④　Travis v. Knox Terpezone Co.（本条の判例）

会社がたんに形式上、州外会社であって、会社の関連性（contacts）のすべてまたは大多数が法廷所在「法地域」にある場合、設立「法地域」外では通常、審理されないタイプの訴えについてすら裁判管轄権が行使されている〔完全擬似州外会社における例外〕。

Harr v. Pioneer Mechanical Corp., 65 F. 2d 332 (2d Cir. 1933), cert. den. 290 U. S. 673 (1933).（デラウェア会社 Pioneer Mechanical Corp.（被告、被控訴人）は、ニューヨーク州において営業活動をなすことを授権され、主たる事務所および主たる営業所をニューヨーク州に有し、すべての営業活動を同州内で行い、すべての帳簿および記録を同州内に保存し、デラウェア州には名目的事務所を有するのみであった。被告会社は累積優先株と普通株とを発行していたが、経営が赤字となったので、取締役会は、資本を減少し、配当・清算につき従来の優先株より上位の最優先株の種類を新設し、旧優先株の未払配当を受ける権利を廃棄することを決議し、株主総会もこれを承認した。ニューヨーク州居住の遺言執行者 Harr（原告、控訴人）は、旧優先株を保有していたが、前述の提案により自己保有の株式価値が減少するとして、被告会社が最優先株の売付および広告をなすこと、ならびにその株券発行および交付をなすこと、を禁止する差止命令、さらに原告の権利確定の宣言判決を求めて、ニューヨーク州裁判所に訴えを提起した。事件の移送を受けた連邦地裁は原告の訴えを却下したので、原告は連邦巡回控訴裁判所に控訴した。〔判旨〕かかる事案につきニューヨーク連邦裁判所は裁判管轄権を行使する。異なった種類株式の保有者の地位に関する争いは、通常、ドミサイルの州の裁判所がより大きな便宜を有し、他の裁判管轄区で、同一の争点につき異なった判決を下す危険なくして判決できる事項である。しかし全営業活動、全営業財産および全記録がニューヨーク州にあり、株主の権利が由来するデラウェア制定法がすでにデラウェア州裁判所によって解釈されている場合、ニューヨーク連邦裁判所は、ニューヨーク市民により、デラウェア会社を相手として提起された株主訴訟につき裁判管轄権を行使するのである）。

State of Iowa ex rel. Weede v. Bechtel, 239 Iowa 1298, 31 N. W. 2d 853 (1948), cert. den. sub nom. Bechtel v. Thatcher, 337 U. S. 918 (1949).（デラウェア会社 Iowa Southern Utilities Company of Delaware（被告Y_1、上告せず）は、アイオワ州で電気ガスの製造供給事業の許可を取得し、同州内だけで電気ガスの製造供給事業を行い、銀行預金を除き、機械設備や会社の記録など会社財産のすべてはアイオワ州内に存在し、役員も同州内に居住していた。被告Y_1

会社は、当初、優先配当率を異にする三種類の累積優先株（六パーセント、六・五パーセント、七パーセント）および普通株を発行していたが、基本定款を変更して、発行株式数を増加するとともに全優先株および普通株を回収して、前述四種類の種類株式ごと一定の比率で新普通株を再発行することとし、Bechtel（被告Y_2、上告人）所有の旧普通株一〇万株に対しては三万九四六八株を発行した。アイオワ州（原告、被上告人――実質的当事者は優先株主のWeede）は、会社がこの株式種類分け計画当時、財政困難で、優先株に対する未払配当が累積しており、したがって被告Y_2所有の旧普通株は無価値であり、「等価交換によらない限り株式を発行することができない」とするアイオワ制定法に違反することを理由に、被告Y_2に対して発行された株式の取消を求めて、アイオワ州裁判所に衡平法上の訴えを提起した。一審は株式取消の判決を下したので、原告および被告Y_2が上告した。〔判旨〕かかる事案につき当裁判所は裁判管轄権を行使する。なぜなら当裁判所が裁判管轄権の行使を辞退し、原告にデラウェア裁判所の救済を求めるよう強制するとき、公衆およびすべての利害関係者に対して、裁判所の義務の怠慢となるであろうし、また裁判所が会社の内部事項に干渉しない、という不明瞭な原則は、現代ビジネス世界の実際的必要性の前に崩壊しなければならないからである。――〔裁判管轄権以外の判示事項〕本件擬似州外会社の株式種類分けや株式再構成は、デラウェア州法によってではなく、アイオワ州法によって規律される）。

三　本条を引用した判例〔抵触法第二リステイトメント刊行後〕

Gross v. Texas Plastics, Inc., 344 F. Supp. 564, 566 (D. N. J. 1972).（支持意見において三一三条の注を引用）（テキサス会社の前取締役二名は、ニュージャージー〔連邦〕地方裁判所に、自分たちが株主の代表訴訟防御のために負担した正当な費用の損害填補を求めて〔会社を相手として〕訴えを提起した。裁判所は、つぎの理由でテキサス法を適用した。すなわち訴えが州外会社の内部事項に関係している場合には、州裁判所は、通常、会社設立〔州〕法を適用するからである）。

Genetti v. Victory Markets, Inc., 362 F. Supp. 124, 127 (M. D. Pa. 1973).（支持意見において三一三条を、また支持意見の一部で同条注c項を引用）（原告（ニューヨーク会社の株主）は、〔ニューヨーク会社を相手として〕原告が株主名簿を調査するまでは、年次総会の開催を禁止するよう求めて、〔ペンシルヴェニア連邦地方裁判所に〕訴えを提起した。裁判所はペンシルヴェニア法を適用して、つぎのように判示した。すなわち当裁判所は、州外会社の内部運営（internal management）に干渉するいかなる裁判管轄権をも有しないと――。さらに裁判所は述べた。もし記録がペンシルヴェニア州に保管されていたのであれば、異なった結果に到達したことであろう。したがって当裁判所は、訴えを却下すると――）。

Poe v. Marquette Cement Mfg. Co., 376 F. Supp. 1054, 1059 (D. Md. 1974).（支持意見において三一三条を引用）（原告（メリーランド州居住者でイリノイ会社の株主）は、〔イリノイ会社が〕新設のデラウェア会社と合併するという会社の決議に反対した。原告は、〔イリノイ会社を相手として〕イリノイ法にもとづき、合併直前の株式の公正な価格の支払を求めて〔メリーランド連邦地方裁判所に〕訴えを提起した。裁判所は、まず訴えが州外会社の内部事項の司法的干渉を禁止するメリーランド・ルールによって妨げられないと判示した。ついで裁判所は、つぎのように判示した。すなわち、〔裁判所は〕異なった結果を是認するいかなる特別の状況も発見しないので、当裁判所は、自己の裁量を行使し裁判管轄権を受けいれると――。ついで裁判所は、不便宜法廷（forum non conveniens）の理由にもとづく訴えの却下を拒絶した。なぜなら被告は、メリーランド州に大規模な工場を所有しているし、また訴えを却下したとすれば原告を救済することなく放置することになるからである）。

Shaffer v. Heitner, 433 U. S. 186, 225, 97 S. Ct. 2569, 2591, 53 L. Ed. 2d 683 (U. S. 1977).（補足意見および支持意見における議論において三一三条を引用）（原告は、デラウェア〔連邦裁判所〕において、デラウェア会社の非居住の役員および取締役を相手として、信認義務違反を理由に訴えを提起した。同時に原告は、〔デラウェア〕州内に所在する被告の全株式および会社に対する権利の仮差押を求めた。被告は、令状送達の破棄および仮差押の取消を主張した。〔連邦最高〕裁判所は、下級裁判所判決を破棄してつぎのように判示した。すなわち非居住者に対する州の裁判管轄権の主張は――対人管轄権であろうと対物管轄権であろうと――International Shoe判決に宣明された最小の関連性（minimum contacts）の要件に合致しなければならないと――。この基準を適用して〔連邦最高〕裁判所は、つぎのように認定した。州内の被告財産の単なる所在は――〔財産が〕争点に関係がなく、また訴えの訴訟物でもないとき――裁判管轄権に対するデラウェア州の主張を支持するには不十分であると――。補足・少数意見の裁判官は、つぎのように主張した。会社の運営を規制するというデラウェア州の利害関係、および被告が任意に会社運営のために定められた法律上の利益を利用できるという事実は、裁判管轄権を基礎づける十分な関連性を構成すると――）。

Mantei v. Creole Petroleum Corp., 61 A. D. 2d 910, 402 N. Y. S. 2d 822, 823 (N. Y. Sup. Ct. App. Div.

1978).（支持意見において三一三条注c項を引用）（つぎのような訴えが〔ニューヨーク州裁判所に〕提起された。デラウェア一般会社法にもとづく親会社の子会社簡易吸収合併（short merger）が、少数株主――この者に対して親会社および取締役は損害賠償責任を負う――に対して詐欺を構成するという訴えである。下級裁判所は、親会社および取締役に対する訴えを却下した。上訴。〔ニューヨーク州高位〕裁判所上訴部（Supreme Court, Appellate Division）は、訴えがニューヨーク州裁判所よりも、むしろデラウェア州裁判所で追及されるべきであるという理由で、原判決を維持した。裁判所はつぎのように認定した。州外会社の吸収合併または新設合併における反対株主の不公正な取扱から生ずる訴えは、伝統的にはつぎのような事項――反対株主間の取扱の平等を確保するために、この〔ニューヨーク〕州裁判所が考慮すべきでない事項――であると判決されてきた。この事案では、少数株主は全国に居住している。ニューヨーク州が、州内居住者のみならず、他州の居住者に対しても株式の価格を決定すべきなんらの理由も存在しない。またデラウェア法によって提出されたつぎの未解決の問題がある。それはデラウェア法にもとづく株式買取による救済が、詐欺の主張に直面しているときでさえも唯一の救済かどうかの問題である）。

Tanzer v. Turbodyne Corp., 68 A. 2d 614, 417 N. Y. S. 2d 706, 710 (N. Y. Sup. Ct. App. Div. 1979).（支持意見において三一三条注c項を引用）（少数株主二名は、州外会社二社を相手として、被告会社の吸収合併に関し、詐欺および〔株式の〕価格の不適正にもとづく損害の賠償を求めて〔ニューヨーク州裁判所に〕それぞれ別個の二つの訴えを提起した。原告は、訴えを集団代表訴訟（class action）とする許可を与えられた。上訴裁判所は、集団確認を認めた原決定（order）を破棄した。裁判所は、事案の情況からすると〔集団の代表者〕個人の能力――集団の代表者であり、集団の利益を保護するという能力――に大きな疑いがあると判示した。裁判所は、集団の非居住者構成員に対する州裁判所の裁判管轄権の範囲の問題については決定しなかった）。

State v. Great Northern-Chan Rest., Inc., 30 Ohio App. 3d 355, 445 N. E. 2d 732, 733 (Ohio App. 1982).（三一三条を引用、ただし先例を踏襲していない）（会社の役員および取締役の、その地位の保持および権限行使の剝奪を求めて、権限開示令状（quo warranto）にもとづく訴えが〔オハイオ州裁判所に〕提起された。〔州〕上訴裁判所は、訴えを却下してつぎのように判示した。すなわち当裁判所は、たとえ会社および関係個人に対して人的管轄権を有していたとしても、州外会社の役員および取締役の選任を争う権限開示令状の訴えを受け入れないと――。州外会社の株主による役員および取締役の選任を規律するルールの決定は、当該法地域（foreign jurisdiction）——その法地域の制定法が法人を設立し支配している——の〔立法〕目的に通じている裁判所によって評価されるのが最良である）。

Broida v. Bancroft, 103 A. D. 2d 88, 478 N. Y. S. 2d 333, 336 (N. Y. Sup. Ct. App. Div. 1984).（議論において三一三条を引用）（少数株主である原告は、会社が資本再構成のための株式分割（stock split）計画を導入するよう求めて〔ニューヨーク州裁判所に〕訴えを提起した。原告は、終局的差止命令による救済（permanent injunctive relief）を求めた。被告会社は反対の申立をして、訴えが州外会社の内部事項に関するものであるとの理由で勝訴した。〔州〕上訴裁判所は決定を破棄した。裁判所は、内部事項ルールが不便宜法廷（forum non conveniens）分析にもとづく一つの側面であると述べた。また裁判所は、訴えの審理に不適切または不便宜な法廷地でない限り、裁判管轄権は会社の内部事項に対して行使されるべきであると述べた。この分析にしたがって裁判所は、ニューヨーク州が適切かつ便宜な法廷地であると認定し、事件を〔原審に〕差し戻した）。

Fleisher Development Corp. v. Home Owners Warranty Corp., 647 F. Supp. 661, 664 (D. D. C. 1986).（議論において三一三条を引用）（住宅瑕疵担保保証企画（homeowner warranty program）の会員が、当該企画を運用している非株式法人（nonstock profit-making corporation）を相手として、当該法人の帳簿、記録および会員名簿の調査を許可するよう求めて〔コロンビア特別区連邦地方裁判所に〕訴えを提起した。裁判所は述べた。法人の会員名簿、帳簿および記録に対する調査の要求が、法廷地法にもとづいて設立されていない子会社二社の内部事項の侵害となるときは、要求は拒否されなくてはならないと——。裁判所は、つぎのように認定した。すなわち〔調査を〕要求されるすべての記録はコロンビア特別区内に保管されているから、当裁判所は〔調査の〕要求に対して裁判管轄権を保有していると——）。

McDermott Inc. v. Lewis, 531 A. 2d 206, 214 (Del. Super. 1987).（議論において三一三条注a項を引用）（デラウェア会社の株主は、デラウェア会社がパナマ会社支配の子会社になるという会社再編成を禁止または取り消すよう求めて〔デラウェア会社を相手として、デラウェア州裁判所に〕訴えを提起した。デラウェア会社は、また会社再編成によりパナマ会社株式を一〇パーセント所有することとなった。事実審裁判所は、審理を経ない一部判決（partial summary judgment）で原告勝訴を認め、デラウェア法を適用して、デラウェア会社は親会社株式の議決権を行使できないと判示した。〔州高位〕裁判所（Superior Court）は原判決を破棄し、つぎのように判示した。すなわち子会社は、パナマ法——その法は、パナマが親会社の設立法地域であるから、適用される――にもとづいて親会社株式の議決権行使をすることができると――。デラウェア法が〔パナマ法の〕見解に類似する場合には、裁判所は、法廷地法が適用されるかどうかを決定するために、法廷地州の利害関係および〔立法〕目的の比較考量をするという抵触法理論を拒否するのである）。

Kempe v. Ocean Drilling & Exploration Co., 683 F. Supp. 1064, 1073 (E. D. La. 1988), affirmed 876 F. 2d. 1138 (5th Cir. 1989).（支持意見において三一三条注a項およびc項を引用）〔二九七条を引用した判例と同一〕

In re Ivan F. Boesky Securities Litigation, 129 F. R. D. 89, 96 (S. D. N. Y. 1990).（支持意見において三一三条注c項を引用）（ホーム・ショッピング・ネットワーク〔家庭用端末による受注システム業者〕は社債を発行し、社債は投資業者（investment firm）によって買取引受された。ネットワークは、〔投資業者が〕社債の〔株式への〕転換比率について詐欺的情報を与えたとして、投資業者を相手として〔ニューヨーク州連邦地方裁判所に〕訴えを提起した。社債の購入者は、連邦民事訴訟規則（Federal Rules of Civil Procedure）ルール二四およびデラウェア州衡平法裁判所による決定（ruling）にもとづいて自分たちの訴訟参加を許可するよう裁判所に申し立てた。裁判所は、不適切な法廷地という理由で訴訟参加の申立を拒否した。裁判所は、つぎのように述べた。すなわちデラウェア州――ネットワークの設立州――の利害関係は、ニューヨーク州の利害関係よりも大きいから、デラウェア州が、訴訟参加人の訴えにとって適切な法廷地であると――）。

In re Rospatch Securities Litigation, 760 F. Supp. 1239, 1259 (W. D. Mich. 1991).（支持意見において三一三条注e項を引用）（フロリダ州に活動の基礎をおくデラウェア会社は、ミシガン会社の株式を購入し、後日、ミシガン会社の買収にもとづいて〔ミシガン会社の〕調査を行った。この調査の結果、および子会社を将来買収しようとする者の別の調査の結果、ミシガン会社は、子会社の純資産の五九パーセント――それは会社の企業価値の三六パーセントに相当する――を減額した。〔デラウェア会社の〕監査委員会は、ミシガン会社の経営者が、デラウェア会社によるミシガン会社の株式購入期間中、財務諸表の虚偽記載を行ったと認定した。デラウェア会社は、つぎのこと――すなわち会社、役員その他の者に対する多数の州の訴えであり、訴えの併合として事件が連邦裁判所に移送されること――を主張して、フロリダ州に訴えを提起した。〔ミシガン州連邦地方〕裁判所はフロリダ法を適用し、ミシガン州は訴えについてもっとも重要な関係を有すると決定した。裁判所は、つぎのように認定した。すなわち事件は、ミシガン州に所在しミシガン法にもとづいて設立された企業の、株式の公売（public sale）に関するものであり、ミシガン会社の内部事項に関するものであり、ミシガン州居住者によってミシガン州内で生じた詐欺に関するものであると——）。

Realmark Inv. Co. v. American Financial Corp., 171 B. R. 692, 695 (N. D. Ga. 1994).（支持意見において三一一三条注a項を引用）（投資会社（investment company）は、連邦破産法第一一章会社更生手続の申立会社によって発行された社債を購入したが、オハイオ会社が債務者〔社債発行会社〕の分身であること、オハイオ会社と債務者間の会社法人格は否認されるべきことを主張して、オハイオ会社を相手として〔ジョージア州連邦裁判所に〕訴えを提起した。連邦裁判所は、被告の訴え却下の申立を認容して、つぎのように判示した。すなわちジョージア州最高裁判所は、抵触法第二リステイトメントに従い、会社法人格否認の争点については、債務会社の設立州であるテキサス州の法を適用するであろうと——）。

(25) 抵触法リステイトメント第八四条注d項　かつて裁判所は、他の「法地域」で法人格を取得した会社の内部事項への干渉に対して、強い嫌悪をあらわすのが常であった。かかる状況を背景に、州外会社に対する株主の訴えは、主張される不正行為がもっぱら会社構成員としての株主資格においてのみ原告に影響を与える場合には、しばしば却下されたのである。しかし内部事項理論は、現在においてはあまり効力を有しない。すなわち訴えが州外会社の内部事項に関する場合、そのことは、選択された法廷が訴えにとって適切か否か、を決定する際に考慮すべき要素の一つにすぎない、とされている。

(26) 抵触法第二リステイトメント第八五条（適切な救済を与えることのできない法廷）「独立の法地域」は、適切な救済を与えることができないとき、裁判管轄権を行使しない。

(27) 第三章裁判管轄権（二四条—七九条）。

(28) 抵触法第二リステイトメント第八四条（不便宜法廷）「法地域」が訴え審理のためにきわめて不便宜な法廷地であるとき——より適切な法廷地が原告に利用されうるならば——「法地域」は裁判管轄権を行使しない。

(29) 抵触法第二リステイトメント第八四条注b項（事実審裁判官の裁量）訴えが本条のルールにもとづいて審理されるか却下されるかは、主として個々の事件の事実いかんにかかっており、それは事実審裁判官の健全な裁量の範囲内にある。

(30) 内部事項監督権（visitorial power）は、会社を法的権能の範囲内にとどめる目的で、会社の行為および業務の調査を行う公的の権利であり、これは会社設立州または会社設立国に独占的に帰属する（17 FLETCHER'S CYCLOPEDIA CORPORATIONS §8425）。

(31) Goldstein判例では、本文の判示事項のほか、つぎのように取締役の信任義務に対する裁判管轄権の行使が争われた。原告は、被告会社取締役Lightner（被告Y_2、被控訴人）を相手として、被告Y_2が会社財産を費消し信任義務に違反しているとして、損害賠償の回復を求めてニューヨーク州裁判所に代表訴訟を提起したが、被告は訴えの却下を主張した。一審は被告の申立を認めて訴えを却下したので、原告は一審裁判所上訴部に控訴した。〔判旨〕かかる事案につきニューヨーク州裁判所は裁判管轄権を行使する。なぜならこの訴訟原因に対しては不便宜法廷理論の適用がないからである。

〈資料補遺〉アメリカ抵触法第二リステイトメント第三〇二条

第三〇二条　会社の権能（powers）及び責任に関するその他の争点

第一項　会社の権利（rights）及び責任に関する争点は、第三〇一条において取り扱われるものを除き、個別の争点に関して、第六条の原則にしたがい事件と当事者にもっとも重要な関係を有する「法地域」の実質法（local law of the state）により決定される。

第二項　設立「法地域」の実質法は、個別の争点に関して、他の「法地域」が事件と当事者にとってより重要な関係を有する異例な場合を除き、当該争点を決定するために適用される。異例な場合には、他の「法地域」の実質法が適用される。

第一リステイトメント　第一六五条（州外会社の権能）及び第一六六条（州外会社の行為を規律する法）（第三〇一条の参照条文を参照）

一　本条の注解

a項（本条の適用範囲）　本条の準則は、第三〇一条と対照されるべきである。第三〇一条の準則が、個人によってなされうる種類の会社の行為から生ずる争点についてのものであるのに反して、本条の準則は、会社その他の社団（associations）に特有な事項に関する争点についてのものである。本条の準則の適用範囲内に属する事項の多くは、会社の内部事項（internal affairs）に関するものである。すなわち会社、株主、取締役、役員または代理人これら相互の関係である。したがってこれらの事項は、第三〇三条ないし第三一〇条の準則の適用の範囲内にも属している。本条の準則の適用範囲内に属するその他の事項には、会社債権者の権利に影響を及ぼすものがある。

本条の準則の適用範囲内に属し、かつ主として会社の、株主に対する関係についての事項はつぎの通りである。会社の設立過程においてとられた手続、取締役および役員の選任または任命、付属定款の採用、株式の発行、新株引受権、取締役会および株主総会の開催、累積投票の要件を含む議決の方法、会社の記録を調査する株主の権利、基本定款および付属定款の変更、吸収合併、新設合併および会社更生、株式の種類分割。本条の準則の適用範囲内に属するが、会社債権者の権利にも影響を及ぼす事項には、社債の発行、利益配当の宣言と支払、取締役・役員および株主に対する会社の金銭貸付、社外自己株式の会社による購入および償還がある。

本条の準則は、目前の事態に適用することが明らかな制定法が存在しない場合に適用がある。合衆国のすべての州は、種々の方法で自己の領域内における州外会社の業務を規制する制定法を有している。しかしかかる制定法の性質およびその適用範囲を記述することは、本リステイトメントの範囲外の問題である。

本条第一項の注解

b項（合理的根拠）　第六条に述べられた原則は、あらゆる法選択準則の基礎に横たわっており、この原則は、個別の争点に関して、利害関係の可能性のある「法地域」（potentially interested states）に対する、事件および当事者の関係の有意義性を評価するに際して用いられる。第六条第二項に列挙された要素は、つぎの五つのグループに分類することができる。第一グループは、多数の法地域にまたがる事件において、決定された準則は、連邦のごとき、または国際的な、相互依存共同体の調和的かつ有益な関係の促進をはかることが不可欠である、という点に関するものである。第二グループは、適用が主張される、競合関係にある各実質的法準則の有する立法目的（purposes, policies, aims and objectives）、ならびにそれらの準則が適用されるに際して利害関係が考えられる「法地域」の考慮、という点に関するものである。第三グループは、当事者の必要性すなわち当事者の、正当と認められる期待の保護および結果の確実性と予測可能性に関するものである。第四グループは、不法行為または契約のような個別の法分野の基礎に横たわる基本的な立法目的の実施に向けられている。第五グループは、裁判実務の要求すなわち準拠法の決定および適用の容易さに関するものである。

第六条第二項に列挙された要素は、各分野によってその重要性が若干異なっている。会社の分野で重要性の目立つ要素は、州際および国際の秩序の要求、結果の確実性、予測可能性および統一性、正当と認められる当事者の期待の保護、個別の争点を決定するに際して主要な利害関係を有する「法地域」の直接関連する立法目的の実現、準拠法の適用の容易さである。これらの要素は、本条の注c項ないしh項に述べられた理由で、通常、設立「法地域」実質法の適用へと導くであろう。会社の設立は、ここでの立場においては、最大の意義を有する関連性（contact）である。設立「法地域」実質法は、決定されるべき問題に関して、他の「法地域」がもっとも重要な利害関係があるという理由で当該他の「法地域」実質法の適用が要求される場合を除いて、適用がある。

c項(準則の立法目的)　利害関係の可能性のある「法地域」の直接関連する（実質法）準則によって達成されるべき立法目的、ならびに取引および当事者に対するこれら「法地域」の関係は、もっとも重要な関係を有する「法地域」を決定するに際して考慮されるべき要素である。「法地域」――個別の争点を決定するに際してその法地域の（実質法）準則が適用されるのだが――の利害関係は、その（実質法）準則によって達成することが求められる立法目的、ならびに取引および当事者に対する「法地域」の関係に依存している。

会社に関する法選択の問題は、利害関係を有する「法地域」の直接関連する（実質法）準則によって達成を求められている立法目的につき慎重な注意を払わなくても、これを決定することがしばしば可能である。個別の事情により、あるひとつの「法地域」が準拠法の「法地域」であるという点につき明白であるときは、いつでもそういうことがいえるのである。

d項(本条準則に包含される争点)　裁判所は、長い間、自己があらゆる争点を単一「法地域」の実質法にしたがって決定するよう義務づけられていない、ということを承認してきた。かくして伝統的かつ支配的実務にしたがう裁判所は、株式発行または社債発行の適法性のような争点については他の「法地域」の実質法を基準として決定するけれども、訴訟手続、訴答、当事者の併合および裁判所の進行に関しては法廷地の準則を適用している（第六章参照）。

本条の準則は、個別の争点を規律する準拠法の決定につき選択的方法を明らかにしている。争点が、二つまたはそれ以上の利害関係の可能性のある「法地域」の実質法準則にしたがって別異に決定されるものであるときは、各争点は別々に考慮されなくてはならない。

本条第二項の注解

e項(合理的根拠)　設立「法地域」実質法の適用は、通常、つぎのような要素――すなわち州裁および国際秩序の要求、結果の確実性・予測可能性・統一性、当事者の正当と認められる期待の保護および準拠法の適用の容易さに好都合な要素――によって支持される。通常、この法の適用は、個別の争点を決定する際の、主要な利害関係を有する「法地域」の直接関連する立法目的の実現をめざしている要素によってもまた支持されるのである。取締役、役員および株主の統一的取扱は、これらの者の会社に対する権利及び責任が単一法（single law）によって規律されることによってのみ達成される重要な要素である。彼らがこの問題を考える場合、通常、会社に対する権利および義務は、設立「法地域」実質法によって決定される、ということを期待している。この「法地域」は確認することもまた容易であり、この「法地域」実質法が適用されるとき、適用の容易さという価値がえられるのである。

それに加えて会社に関する多くの事項は、実際上、異なった「法地域」において別々に決定することができない。かかる事項の具体例は、そのほとんどがすでに注a項に述べられているが、それはつぎのようなものである。すなわち会社設立過程における手続、取締役および役員の選任または任命、付属定款の採用、株式の発行（注f項参照）、取締役会および株主総会の開催、累積投票の要件を含む決議の方法、利益配当その他の分配の宣言および支払、基本定款の変更、吸収合併・新設合併・会社更生、株式の種類分割および会社による社外自己株式の購入および償還である。

前述の事項は、第三〇一条で扱われる行為と比較対照されなくてはならない。後者の行為は、例えば契約の締結、不法行為の実行および財産の移転を含んでいる。これらの会社の行為が別々の「法地域」の実質法によって規律されてはならない、という理由はなにひとつ存在しない。例えば会社のある契約に関する争点がX「法地域」の実質法によって規律されているのに、会社の別の契約に関する争点がY「法地域」の実質法によって規律されてはならない、という理由は存在しないのである。他方において会社の機関構造（organic structure）また内部運営（internal administration）に関する前述の種類の事項が別々の法律によって規律される、というのは実際的でないであろう。例えば取締役の選任、株式の発行、利益配当の支払、基本定款の変更、新設合併または会社更生が、ある「法地域」では有効と判決され、別の「法地域」では無効と判決されるようなことは実際的でない。選択しうる方法は、この種の事項が特定「法地域」の実質法によって規律されるか、またはもっとも厳格な要件を課しており、かつ会社に合理的な関係を有する「法地域」の実質法を適用することができると判決することである。後者の見解によれば、例えば会社は、自己が重要な（substantial）関係を有するあらゆる「法地域」の要求を満足させることなしには、基本定款の変更または利益配当の宣言をすることができない。それに反して適用が明白である地域実質制定法（local statute）が欠けている場合には、前者の見解がほとんど変わることなく採用されており、設立「法地域」の実質法が、前述した種類の会社の行為に関する問題を決定するために適用されている。

さらにつけ加えられるべきことは、会社その他の組織体に特有な若干の争点は、機関構造または内部運営の事項に影響を与えることがなく、したがって実際上も単一法によって規律される必要がない、という点である。その例は、発行株式の移転である。例えばX「法地域」で設立された会社が、Y「法地域」で株式を売却しようとすると き、Y「法地域」の要求に従ってはならない、という実際的な理由は存在しない。しかしながらかかる事項についてすら、適用の明白な地域実質制定法（local statute）が欠けている場合には、設立「法地域」の実質法が、通常、適用されている。統一商事法典第八―一〇六条は、「証券の効力および移転登録に関する発行者の権利および義務は、発行者たる組織体を管轄する法（law of the jurisdiction of organization of the issuer）（抵触法を含む）によって規律される、と定めている。

f項（株式発行）　全体としての株式発行（an entire share issue）の効力が単一法によって規律されなくてはならない、ということは重要である。なぜなら全体としての株式発行が、ある「法地域」では有効と判決され、ほかの「法地域」では無効と判決される、ということは実際的ではないからである。また単一法がすべての株式発行（all share issues）を規律しなければならない、ということも重要である。なぜならこの方法によってのみ株式は、統一的取扱が保証されるからである。注e項に述べられた理由により、設立「法地域」実質法は、適用しうる地域実質制定法が欠けている場合、注g項の考慮を条件として、全体としての株式発行の効力を決定するために適用される。

準拠制定法（applicable local statute）が欠けている場合、設立「法地域」実質法は、ある特定の株式発行に属する株式の移転の効果を決定するためにも適用される。しかしながら「法地域」は、しばしば、自己の領域内における州外会社株式の移転を制定法によって規制するのである。典型的ブルー・スカイ・ローによる規制は、この種類に属している。

g項(設立「法地域」の実質法が適用されない場合)　適用の明白な地域準拠制定法(applicable local statute)が欠けている場合、設立「法地域」実質法が、会社に特有な事項に関する争点を決定するために、ほとんど変わることなく適用されている。注e項に述べるように、この設立「法地域」実質法の適用は、第六条第二項に列挙する法選択要素の多数によって支持されているのである。これらの要素および先例の効力を理由として、設立「法地域」実質法は——別の「法地域」が有するもっとも重要な利害関係によって相反する結果が要求される、というきわめて稀な事態を除いて——適用されるべきである。

ここでの問題に関係がある要素にはつぎのものがある。⑴設立「法地域」に対する、会社の関係の性質および程度、⑵「法地域」——その「法地域」の実質法の適用が求められているのであるが——に対する、会社の関係の性質および程度、⑶行為が注e項に論じられた種類のものであるか否か、すなわち実際上、二つの「法地域」以上の実質法により規律されえないものであるか否か、である。

会社が、ある「法地域」で設立されたという事実以外には、その「法地域」とはほとんど、またはまったく関連性(contact)を有していないとき、設立「法地域」の実質法を適用する理由は、その重要性がより少なくなる。かかる状況においては、個別の争点を決定するに際して、別の「法地域」が設立「法地域」にくらべてより大きな利害関係を有する、ということがほとんど確実であろう。それにもかかわらず適用の明白な地域準拠制定法が欠けている場合には、設立「法地域」実質法がほとんど変わることなく適用されている。設立「法地域」実質法適用の結果として、結果の確実性・予測可能性・統一性、準拠法適用の容易さ、および少なくとも場合によっては当事者の正当と認められる期待の保護という法選択要素がますます促進されるのである。最後の要素に言及しているのは、会社と取引する当事者が、しばしば、かれらと会社との間に生ずるいかなる争点も設立「法地域」実質法によって決定される、ということを期待しているからである。それにもかかわらず、設立「法地域」以外の別の「法地域」の実質法が、つぎの場合、おそらく適用されるであろう――すなわち、⑴別の「法地域」の、問題に直接関連した実質法が当該「法地域」の重要な立法目的を具体化しており、かつ、⑵当該事項が、会社の機関構造または内部運営に影響を及ぼさず、注e項に述べられた理由で、実際上、異なった「法地域」において別々に決定することができない問題のカテゴリーに含まれない場合である。しかしそれは会社が、設立「法地域」とほとんど関連性を持たない場合なのである。

設立「法地域」以外の別の「法地域」の実質法は、後者の「法地域」が個別の争点を決定するため自己の実質法を適用するもっとも有力な（dominant）利害関係を有するのでない限り、本条の準則によってカバーされる事項を規律するために適用されることはない。注c項に述べられたように、自己の実質法準則を適用する「法地域」の利害関係の程度は、その準則によって達成を求められる立法目的に照らしてのみ、決定することができる。かかる「法地域」の実質法の適用は、当該事項が単一「法地域」の実質法によってのみ規律されるものであるとき、特に過激な方法である。例えば会社が、累積投票を準備しなければならないか、またはその必要がないか、を決定するためには、唯ひとつの法のみが適用される。ある「法地域」の実質法が会社に累積投票の準備を要求するとき、たとえ設立「法地域」および会社が活動しまたは株主を有する他のすべての「法地域」の実質法が反対の立場であるとしても、会社は累積投票を準備しなければならない。したがってある「法地域」は、自己の法を適用することによって他の「法地域」に自己の立法目的を強制しているのである。設立「法地域」でない「法地域」が、決定すべき問題につき、他のあらゆる「法地域」の利害関係に優る利害関係を有していないかぎり、あるいは設立「法地域」

でない「法地域」の実質法準則が、会社が活動しまたは株主を有する他の多数の「法地域」において支配的な実質法準則と同一のものでない限り、その「法地域」は、自己の実質法を適用してはならない（注k項参照）。

個別の争点を決定するため、ある「法地域」の実質法を適用することによって、まったく同一の準則を有する他の「法地域」の利害関係に反するということは、ほとんどありえない。設立「法地域」以外の別の「法地域」の実質法は、会社が後者の「法地域」において営業の全部またはほとんど全部を行い、かつ株主のほとんどが後者の「法地域」にドミサイルを有しているとき、その適用が正当であると容易に認めることができる。それと同様に、前節で述べたように、会社が設立「法地域」とほとんど関連を有しない場合には、別の「法地域」の実質法の適用が一層、容易に正当と認められるのである。

h項（社債発行）　株式発行の場合のように、社債発行は単一法によって規律されるべきである、ということが重要である。しかしながら社債権者は会社の債権者であり、株式発行の場合のように、社債発行を規律する法が設立「法地域」実質法でなくてはならない、という強行的理由は存在しない。それと同様に、すべての社債発行が同一法によって規律されなくてはならない、という最重要の理由もみあたらない。合衆国の各州間においては、社債発行の効力を規律する法は、通常、設立州の実質法である。この州は確認することが容易であり、社債権者は、通常、社債の効力をこの州の実質法によって決定することを期待する。しかしながら争点に関するすべての、またはほとんどすべての重要な関連性が、設立州以外の別の州に集中し、その別の州が個別の争点に関して社債発行にもっとも重要な関係を有する、という事態がおこりうる。たとえばX「法地域」の会社が、社債の発行条件としてY「法地域」を支払地とする、全社債の発行をY「法地域」の保険会社に対して行うとしよう。かかる事態においては、Y「法地域」の実質法が会社に対する社債権者の権利を決定するために適用される、とするのが妥当であろう。社債が、不動産または動産上の譲渡抵当その他の担保権によって保証されているときは、不動産または動産上の担保権の効力および順位は、第二二八条および第二五一条の準則[1]の適用により選択された法によって決定される。

i項（株主および取締役の責任）　株主および取締役の責任を規律する法については、第三〇七条―第三一〇条を参照。

j項（関係があるのは選択された「法地域」の実質法）　関係があるのは、準拠法の所属する「法地域」の〝実質法〟（"local law" of the state of the applicable law）であって、抵触法準則を含む法の全体を意味する当該「法地域」の〝法〟（the state's "law"）ではない。結果の確実性および適用の容易さという価値によって、裁判所は選択された「法地域」の実質法を適用すべきであって、当該「法地域」の抵触法準則が適用されたとき生ずるであろう紛糾にかかわってはならない、ということが命じられるのである。公正さが、裁判所に選択された「法地域」の抵触法の適用を要求する、ということを推測する根拠もまた存在しない。人々は、会社と取引する前に抵触法問題を考慮する場合、おそらく現行（抵触法）準則の適用によって選択された「法地域」の実質法が適用される、と期待するであろう。

他方において、特定「法地域」の、あるひとつの実質法準則を適用して当該「法地域」の利害関係を判断するに際しては、裁判所は、当該「法地域」の（従来の）裁判所が事件の判決にあたって前述（実質法）準則を適用したか否か、の問題を考慮しなければならない。従来の裁判所がすでに当該（実質法）準則を適用していた場合、もしその（実質法）準則が裁判所によって適用されるならば、当該「法地域」の利害関係に貢献するであろう、ということが示されている。

これに反して、従来の裁判所が当該（実質法）準則を適用していない場合、もしその（実質法）準則が裁判所によって適用されなかったとしても、当該「法地域」の重要な利害関係をなんら損なうものではない、ということが示されているのである（第八条注k項参照[2]）。現行（実質法）準則に包含される領域においては、裁判所は、別の「法地域」

の抵触法準則を適用しない、ということが想起されるべきである。しかしながら裁判所は――（別の「法地域」の抵触法）準則が、直接関連する実質法準則の適用に際して別の「法地域」の利害関係の程度をどの基準に照らして明らかにするか、という点について――（別の「法地域」の抵触法）準則を考慮するであろう。

k項(二)「法地域」以上の（実質法）準則が同一の場合　当該争点に関して同一の実質法準則を有する二つ以上の「法地域」にいくつかの関連が存在するとき、事件は、当該争点の解決のために、関連が単一の「法地域」に集中しているかのように扱われるのである。

（1）第二二八条（不動産譲渡抵当）　第一項　不動産に譲渡抵当権が設定されたか否か、及び設定された権利の性質いかんは、（不動産）所在地の裁判所によって適用される法によって決定される。　第二項　これらの裁判所は、通常、かかる問題を決定するに際して自己の「法地域」の実質法を適用する。　第二五一条（動産担保権の効力及び効果）　第一項　直接の当事者間における動産担保権の効力及び効果は、個別の争点に関して、第六条に述べられた原則にしたがって当事者、動産及び担保権にもっとも重要な関係を有する「法地域」の実質法によって決定される。　第二項　当事者による法の有効な選択が欠けている場合、準拠法の属する「法地域」を決定するには、他の関連に対するよりも、担保権が設定された時の動産の所在地に、通常、より大きな重要性が与えられる。

（2）第八条注k項（「法地域」の利害関係の指標）　抵触法における重要な目的は、関係「法地域」の利害関係をできる限り配慮することである。もっとも有力な利害関係を有する「法地域」は、通常、自己の実質法が適用されるべきである。他方において当面問題となっている事項にほとんど、または全く利害関係を有しない「法地域」の場合には、「法地域」の実質法を適用する正当な理由は、通常、ほとんど存在しないであろう。特定の事項における「法地域」の利害関係の存在の指標、またはその利害関係の強さの指標は、当該「法地域」の抵触法の判決を検討することによって、時折、うることができる。例えば、ある「法地域」の抵触法判決が、ある争点を決定するために他の「法地域」の実質法の適用を決定しているときは、当該争点の解決に際して、前者の「法地域」は、自己の直接関連する実質法準則の適用にほとんど、または全く利害関係を有しない、という指標が与えられているのである。他方において、ある「法地域」の抵触法判決が、自己の「法地域」の実質法準則の適用を要求するときは、特定の争点の解決に際して、自己の法地域の準則の適用に、自己の側に利害関係が存在する、という証拠が与えられている

のである。（以下略）

索　　引

アメリカ抵触法第2リステイトメント
── 会社設立の承認 …… 224
── 会社存在の終結または停止 … 233
── 会社の意義 …… 216
── 会社の権能及び責任 …… 248
── 会社の権能及び責任に関するその他の争点 …… 299
── 会社の設立要件 …… 218
── 会社としての組織体の扱い … 229
── 州外会社の清算 …… 247
── 州外会社の内部事項 …… 273
── 州外会社の能力外の行為 …… 225, 250
── 州外会社の能力内の行為 …… 249
── 州内会社・州外会社 …… 219
── 第3者に対する権利及び責任 248
── 地域実質法 …… 216, 217
──「独立した法地域」「法地域」 …… 217
── 内部事項の意義 …… 273
── 内部事項の基本原則 …… 274
── 内部事項の審理に考慮されるべき要素 …… 274
── リステイトメント …… 215
外国会社
── 営業活動地説 …… 47, 67, 79
── 外国商事会社 …… 63
── 外国保険相互会社 …… 18, 64
── 外国民事会社 …… 63, 69
── 会社属人法（従属法） …… 7, 25, 61, 65
── 会社の渉外関係に対するわが国商法の適用 …… 12, 62
── 外人法 …… 25, 61
── 株券，社債券に対するわが国商法の準用規定 …… 81
── 管理説 …… 67
── 擬似外国会社 …… 20, 47, 64, 70, 78, 113, 171
── 規定 …… 25
── 規定の統一条約 …… 27, 28
── 在日営業所（支店） …… 41, 68
── 在日営業所財産の清算開始命令 … 86
── 在日営業所の設置 …… 72
── 在日営業所の登記・公告 …… 72
── 在日営業所閉鎖命令 …… 84
── 事実上の本店 …… 78, 172
── 社会主義国の会社 …… 13, 18, 64
── 設立行為地説 …… 79
── 設立準拠法国の数 …… 42
── 設立準拠法主義（説） …… 14, 43, 45, 61, 66, 170
── 設立準拠法主義における連結点 … 27
── 対日直接投資 …… 38, 60
── 登記期間の特則 …… 74
── 登記前の継続取引禁止 …… 75
── と国際裁判管轄権 …… 73
── 内外会社（人）平等原則 …… 7, 11, 25, 88, 89
── 内外会社平等原則の例外 … 25, 90

── 日本における代表者の権限 ………… ……………………………………………… 71, 173
── 日本における代表者の選任 ………… ……………………………………………… 67, 71
── の意義 ………………………… 14, 19, 69
── の概念 ……………………………………… 65
── の継続取引…………………… 68, 70, 110
── の対日進出形態………………………… 59
── の法人格の認許…………………… 63, 93
── の法的地位 ………………………………… 88
── 法人格を有しない外国会社 ………… ………………………………… 13, 64, 69, 114
── 本店所在地（本拠地法）主義（説）…………… 45, 47, 61, 66, 170
外国法人
── 営業活動の許容と禁止・制限 …… ………………………………………………… 111
── 規定 ………………………………… 25, 61, 93
── 旧民法人事編第6条の立法理由 … ………………………………………………… 97
── 現民法第36条第1項の立法理由 … ………………………………………………… 99
── 国際私法原則制限説 ……7, 104, 105
── 国際私法上の承認 ……………………… ………………………… 103, 107, 108, 114
── 国際礼譲理論 ………………… 95, 228
── 自由理論 ……………………………… 94, 104
── 制限理論 ……………………………… 94, 103
── 認許の意義 ……………………… 63, 93, 94
── の法人格の国際的承認…………… 26
── 不認許法人の活動 …… 80, 109, 115
── 法人活動のための法人格承認説 … ………………………………………………… 106
── 法人の属性……………………… 64, 109
外為法
── 外国為替の意義 ……………………… 132
── 外国投資家…………………………… 133
── 外資に関する法律…………………… 122
── 規制の概要………………………………… 124
── 居住者 ………………………………………… 125
── 金融システム改革 ………… 119, 120
── 事後報告 ………………………… 130, 137
── 事後報告不要 ………… 131, 137, 140
── 資本取引の意義・特色 ………… 127
── 審査付事前届出…………130,136,140
── 対外間接投資 ………………………… 140
── 対外直接投資………………… 128, 139
── 対内間接投資 ………… 38, 39, 138
── 対内直接投資 ………………………………… …………………… 37, 60, 128, 133, 134
── 非居住者 ………………………… 125, 133
── 平時規制………………… 128, 130, 140
── 変遷の概観……………………… 38, 122
── 有事規制 ……… 128, 129, 137, 140
── 例外3業種 …………………… 136, 142
国際会社
── 海外子会社 ………………………………… 21
── 外資系企業の実態 …………………… 39
── 国際合弁会社 …………… 21, 39, 111
── 在日子会社………………………… 21, 175
── 実質的外国会社 ……………… 20, 134
── 事実上の本店を外国に有する内国会社 …………………………………… 20
── 条約にもとづいて成立する会社 … ………………………………15, 17, 19, 27
── 全額出資子会社 ……… 39, 111, 175
── 多国籍企業 ……………………… 21, 60
── 内国会社の意義………………… 15, 19
── の概念 ………………………………………… 14
── の種類 ………………………………………… 19
── の設立準拠法 ……………………………… 16
── の法的性質 ………………………………… 15
── ヨーロッパ株式会社 ………………… 27
国際会社法
── 会社に関する抵触法と外国会社規定 ……………………………………… 4

―― 会社に関する抵触法と外国法人規定 …… 4
―― 研究の現状 …… 5
―― 国際商法 …… 3, 6
―― 成立の可能性 …… 10
―― と国際企業法 …… 31
―― と国際経済法 …… 31
―― と国際私法 …… 29
―― と国際取引法 …… 29
―― と国際民事訴訟法 …… 32
―― と内国会社法 …… 11, 30
―― の意義 …… 3
―― の規律対象 …… 4, 14
―― の特質 …… 29
―― の法源 …… 11, 25
―― の法的性質 …… 12

国際課税
―― 移転価格税制 …… 24, 145, 147
―― 移転価格税制の適用対象 …… 150
―― 移転価格の具体例 …… 147
―― ＯＥＣＤ租税委員会報告書「移転価格と多国籍企業」 …… 151, 153, 159
―― 外国税額控除 …… 145, 146
―― 原価基準法 …… 151
―― 国外関連者 …… 150
―― 再販売価格基準法 …… 151
―― 租税条約 …… 49, 51, 160
―― タックス・ヘイブン …… 23, 42, 48
―― 独立価格比準法 …… 151
―― 独立企業間価格（市場価格） …… 145, 147
―― 独立企業間価格の決定方法 …… 150
―― 米国財務省規則 …… 150, 153, 155
―― 利益比準法 …… 155

国裁判管轄権
―― 管轄配分説 …… 165
―― 逆推知説 …… 165
―― 具体的決定基準 …… 170
―― 契約締結地 …… 176
―― 国際裁判管轄権独自説 …… 166
―― 在日営業所の業務の範囲 …… 173
―― 在日営業所（支店）の所在 …… 73, 173
―― 在日子会社の所在 …… 175
―― 在日代理店の所在 …… 176
―― 主たる営業所の所在 …… 170
―― 設立準拠法所属国 …… 170
―― 単一法による規律の要否 …… 171
―― 駐在員事務所の所在 …… 172
―― 特段の事情説 …… 168
―― マレーシア航空判決 …… 167, 174
―― 民事及び商事に関する裁判管轄権及び外国判決に関する〔ハーグ〕条約準備草案 …… 179, 183, 187
―― 利益衡量説 …… 166

内部事項
―― 完全擬似州外会社 …… 203, 210
―― 監督権 …… 192, 205
―― 裁判管轄権行使辞退の判断基準 …… 206
―― 裁判管轄権の欠缺 …… 190, 192
―― 裁判所の救済を与える能力 …… 210
―― 地域実質法 …… 207, 210, 216
―― と機関構造 …… 209
―― と準拠法 …… 211, 277
―― と組織構造 …… 207, 209
―― と内部運営 …… 207, 209
―― とフォーラム・ノン・コンヴェニエンス …… 211, 212
―― 内部事項の運営に関する干渉 …… 207
―― 内部事項ルール …… 190, 192, 273
―― の意義 …… 190, 206, 273
―― 理論 …… 189, 206, 274

参　　考

アメリカ抵触法第２リステイトメント

第13章　会　　社
　第１節　設立，承認及び解散
　　第296条　設 立 要 件
　　第297条　州外における会社設立の承認
　　第298条　会社としての組織体の扱い
　　第299条　会社存在の終結又は停止
　　第300条　州外会社の清算
　第２節　会社の権能及び責任
　　第301条　第３者に対する権利及び責任
　　第302条　会社の権能及び責任に関するその他の争点
　第３節　株主，取締役及び役員
　　第303条　株　　主
　　第304条　経営及び利益への参加
　　第305条　議決権信託
　　第306条　多数株主の責任
　　第307条　株主の責任
　　第308条　株主の責任が強行されうる「法地域」
　　第309条　取締役又は役員の責任
　　第310条　取締役又は役員の責任が強行されうる「法地域」
　第４節　営業活動資格の取得
　　第311条　営業活動資格取得の必要性
　　第312条　営業活動資格の欠缺
　第５節　内部事項に対する干渉
　　第313条　州外会社の内部事項

著者略歴

河村博文（かわむら　ひろふみ）

1929年，広島県呉市に生まれる。

九州大学大学院法学研究科修士課程，博士課程，法学部助手を経て，

1967年，北九州大学（現北九州市立大学）商学部講師，助教授，法学部助教授，教授，名誉教授。

1995年，九州国際大学法学部教授，

現在にいたる。

〔主要著書〕

外国会社の法規制（九州大学出版会），改正会社法の研究（法律文化社，共著），基本セミナー商法２手形・小切手法（一粒社，共著），注解会社法下巻（青林書院，共著），論点会社法（同文舘，共著），全訂判例演習会社法（九州大学出版会，共著），会社会計法（中央経済社，共著），演習国際私法新版（有斐閣，共著），国際私法の争点新版（有斐閣，共著），会社法重要判例解説（成文堂，共著），会社法新商法講義２（法律文化社，共著），会社法要説（法律文化社，共著）等。

国際会社法論集《こくさいかいしゃほうろんしゅう》

2002年３月10日　初版発行

著　者　河　村　博　文

発行者　福　留　久　大

発行所　（財）九州大学出版会

〒812-0053　福岡市東区箱崎7-1-146

九州大学構内

電話　092-641-0515（直　通）

振替　01710-6-3677

印刷・製本／㈲レーザーメイト・九州電算㈱

ISBN4-87378-721-1